工信部"信息化工程师"认证系列教材
ERP应用人才资质认证系列教材

# ERP 应用基础教程

## （第二版）

ERP 应用教程编委会　编著

图书在版编目(CIP)数据

ERP 应用基础教程/ERP 应用教程编委会编. —2版. —上海:立信会计出版社,2017.7(2020.1重印)
ISBN 978-7-5429-5549-4

Ⅰ. ①E… Ⅱ. ①E… Ⅲ. ①企业管理—计算机管理系统—教材 Ⅳ. ①F270.7

中国版本图书馆 CIP 数据核字(2017)第 162831 号

策划编辑　　黄成艮
责任编辑　　黄成艮

**ERP 应用基础教程(第二版)**
**ERP Yingyong Jichu Jiaocheng**

| | | | | |
|---|---|---|---|---|
| 出版发行 | 立信会计出版社 | | | |
| 地　　址 | 上海市中山西路 2230 号 | 邮政编码 | 200235 | |
| 电　　话 | (021)64411389 | 传　　真 | (021)64411325 | |
| 网　　址 | www.lixinaph.com | 电子邮箱 | lixinaph2019@126.com | |
| 网上书店 | http://lixin.jd.com | http://lxkjcbs.tmall.com | | |
| 经　　销 | 各地新华书店 | | | |
| 印　　刷 | 常熟市华顺印刷有限公司 | | | |
| 开　　本 | 710 毫米×1000 毫米 | 1/16 | | |
| 印　　张 | 12 | | | |
| 字　　数 | 213 千字 | | | |
| 版　　次 | 2017 年 7 月第 2 版 | | | |
| 印　　次 | 2020 年 1 月第 2 次 | | | |
| 印　　数 | 3101—4200 | | | |
| 书　　号 | ISBN 978-7-5429-5549-4/F | | | |
| 定　　价 | 28.00 元 | | | |

如有印订差错,请与本社联系调换

# 序

随着中国企业与国际接轨，中国在经济发展上的一项重要战略任务就是，经济建设要走新型工业化道路，坚持以信息化带动工业化，以工业化促进信息化。随着信息化的广泛普及和应用，ERP在企业中开始变得越来越重要，社会和企业对信息化人才的需求与日俱增，企业需要的人才不再只是单一专业的人才，而是具有综合能力的、掌握ERP专业知识和技能的人才。

众所周知，ERP系统作为一个企业的管理工具，其核心围绕的是"人"，"人"的思维和意识是提升ERP成功应用的关键因素。要使ERP系统在企业中真正发挥作用，必须转变"人"的思维模式和行为方式，这不仅涉及工作习惯的转变，还涉及经营方式、管理方式等深层次的转变。具体落实在行动中，就是对"人"进行ERP培训和教育，而这一点在企业中往往会被忽视，仅仅将大量资金投入在软硬件上；在学校中又常常被局限，仅将ERP视为一种技术，在操作培训和教育方面难以和企业实际相结合。可见培养专业化、职业化的ERP应用人才已经成为企业、学校及ERP厂商所面临的重要任务。

鼎捷软件知识学院为加速提升企业管理及竞争力，已将人才培养及人才引介服务，列为公司的重要战略。我们以服务高校教育为己任，构建院校与企业人才输送的桥梁，整合行业及企业优势资源，打造ERP实验教学校企合作方案，愿意免费租用软件，免费提供相关教学教案，让老师轻松教学，让学生实践操作；鼎捷知识学院还正式推出ERP应用人才认证体系，同国家工业和信息化部联合颁发"信息化工程师"证书，希望以此为广大企业用户及有志于ERP相关工作的人士，提供一个专业人才资质验证的渠道，不仅能证明自身的专业能力，更能在信息技术应用能力愈趋重要的人才市场上增添竞争优势。此外，鼎捷知识学院还搭建了ERP人才网，为企业和个人搭建一个沟通平台，展现企业的需求和个人的信息，方便企业与ERP人才间的匹配，为企业客户提供ERP人才的第一手资料，保证企业招聘质量，提高ERP领域人才求职效率。

我们将ERP人才的培养作为我们的社会责任，愿意和广大有志于培养中国信息化人才高等院校、教育机构合作，为ERP行业人才的培养和ERP在中国的成功应用贡献出我们的一份力量。

叶子祯

2017年8月

# 前言

鼎捷知识学院根据未来市场对 ERP 复合人才的迫切需求,在总结多年 ERP 专业人才培训的经验的基础上,特别组织了行业专家和资深顾问成立 ERP 应用教程编委会,为高校师生、企业用户及社会在职人员,有针对性地设计了一系列"ERP 应用人才培训课程"。从 ERP 的发展史、实施方法、案例分析到 ERP 系统的实务操作,课程设计深入浅出,以最通俗、最贴近企业应用实务的思考模式来引导 ERP 初学者,使其对 ERP 在企业中的价值有正确的认知和理解并掌握其应用。

本系列教材是"信息化工程师"认证指定教材,是鼎捷软件知识学院以易飞 ERP 软件为平台所编写而成的。本系列教材共分为《ERP 应用基础教程》《ERP 供应链管理应用教程》《ERP 生产制造管理应用教程》《ERP 财务管理应用教程》四册。其中《ERP 应用基础教程》主要介绍基础理论和 ERP 实施方法,内容简练易学;《ERP 供应链管理应用教程》《ERP 生产制造管理应用教程》《ERP 财务管理应用教程》采用模拟企业实际经营场景与功能模块相结合的方法设计实验,引导学习者身临其境走进 ERP 世界。

为了协助学习者更好地理解 ERP 知识,更顺利地通过认证考试,更好地提升 ERP 系统的应用效益,经过鼎捷集团专家们的共同努力,还研发了配套的网络学习 E-Learning 教学课件,内容融合企业真实情境,并结合 ERP 应用经典案例解说,可以使 ERP 的更加高效、更加轻松自如!详情访问网站:http://122.144.128.6/50EZLMS/ mykstore.php。

本教材可作为高等院校信息管理、企业管理、生产管理、物流管理、财务管理、经济管理、工商管理、电子商务等专业的教材和教学参考书,也可作为从事企业管理、信息管理、企业信息化等高级管理人员的培训教材和参考用书。

在本书的编写过程中得到北京交通大学经管学院苟娟琼、常丹老师,中国人民大学信息学院李倩老师,湖北汽车工业学院科技学院陈永、宋萍萍老师,安徽商贸职业技术学院汪伟、王睿老师,中国地质大学人文经管学院安海忠、方伟老师,北京外国语大学国际商学院裴艳丽老师,武汉科技大学管理学院张志清、秦岭老师的大力支持和帮助,在此表示感谢。本套教材和课程体系我们努力追求尽善尽美,但疏漏之处在所难免,殷切希望读者批评指正。

编 者

2017 年 8 月

# 目录

第1章 ERP 的发展与趋势 ............... 1
  1.1 ERP 信息系统的发展历程 ............... 1
  1.2 21 世纪企业信息化面临的挑战与冲击 ............... 21
  1.3 ERP 信息系统与企业内部控制的关联 ............... 30

第2章 ERP 对企业营运效益 ............... 38
  2.1 ERP 实施上线改变企业的作业程序及信息联系 ............... 38
  2.2 易飞 ERP 模块架构与效益 ............... 45
  2.3 企业实施 ERP 应有的正确观念 ............... 49
  2.4 ERP 实施效益的衡量指标 ............... 53

第3章 ERP 上线方法论及组织架构 ............... 56
  3.1 ERP 实施方法论 ............... 56
  3.2 计算机编码原则 ............... 62
  3.3 商品 BOM 的规划 ............... 66
  3.4 导入 ERP 系统时,项目组织运作模式 ............... 69

第4章 易飞 ERP 的系统架构 ............... 74
  4.1 易飞 ERP 架构与安装前软硬件检查 ............... 74
  4.2 易飞 ERP 运作原理 ............... 76
  4.3 常见的 ERP 环境架构简介 ............... 77
  4.4 易飞 ERP 环境一览表 ............... 80
  4.5 异步处理(报表与批次作业)架构 ............... 82
  4.6 易飞 ERP 系统的用户及安全控管 ............... 83
  4.7 应用案例 ............... 85

第5章 案例公司基本概况介绍 ............... 89
  5.1 公司名称 ............... 89

5.2 公司基本资料 ·········································· 89
5.3 各部门工作内涵 ······································ 90
5.4 上线时点 ·············································· 94

### 第 6 章 易飞 ERP 基础操作篇 ···························· 95
6.1 登录系统方式 ········································· 95
6.2 系统界面简介 ········································· 98
6.3 录入作业界面简介 ·································· 101
6.4 录入作业基本操作说明 ···························· 103
6.5 工作日志管理 ······································· 116
6.6 凭证打印操作说明 ·································· 119
6.7 报表基本操作说明 ·································· 123
6.8 队列工作控制台 ···································· 127

### 第 7 章 管理维护子系统 ·································· 159
7.1 系统简介 ············································· 159
7.2 基础设置 ············································· 160

### 第 8 章 基本信息子系统 ·································· 168
8.1 系统简介 ············································· 168
8.2 基础设置 ············································· 169

# 第1章 / ERP 的发展与趋势

## 1.1 ERP 信息系统的发展历程

自从计算机发明后,企业就利用计算机快速精准的数据处理能力及信息分享的特质,来协助企业进行日常的行政营运管理,以降低企业的营运成本(例如,降低数据处理的人工成本)、缩短流程时间、实时的信息可以分享至企业的不同组织结构(例如,原物料的库存数量,不再是仓储部门的专有信息,任何一个需要原料库存量的部门人员,像业务人员、厂务人员及采购人员都可经过信息系统的授权,查询到仓库原物料的存货数量。)

ERP 系统起源于制造业的信息计划和管理,有关 ERP 系统的发展,从 20 世纪 60 年代发展到今天,经历了不同阶段,根据时间的先后,一般被我们简单地分成五个阶段,这五个阶段虽然名字和内容各有不同,但并不是后面的系统取代了前一个,而是后面每一个系统都是对前面系统的扩充和进一步发展。以下我们就以这五个阶段简单地进行说明,让大家更加了解 ERP 系统发展的演进历程。图 1-1 为 ERP 系统发展的演进历程。

### 1.1.1 经济批量的订货点法

在 20 世纪 60 年代前,企业生产能力较低,制造资源矛盾的焦点是供与需的矛盾,计划管理问题局限于确定库存水平和选择补充库存策略的方面。人们尝试用各种方法确定采购的批量和安全库存的数量,经济批量的订货点法成为最初的科学计划理论,如图 1-2 所示。

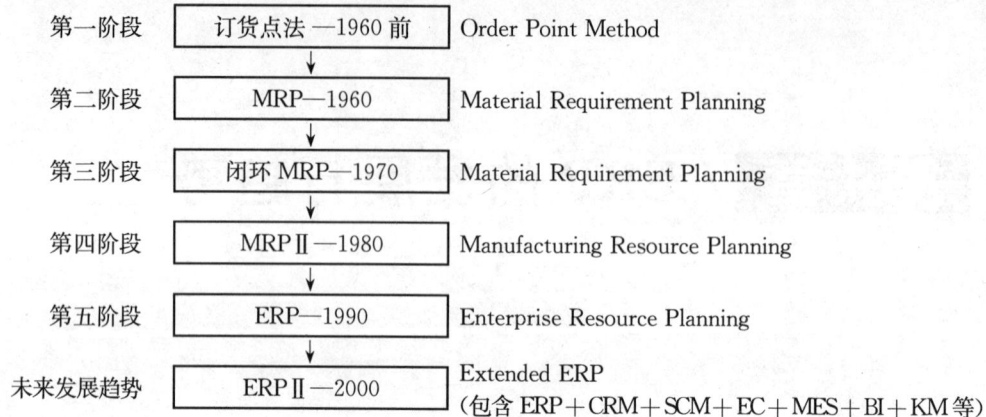

图 1-1　ERP 系统发展的演进历程示意图

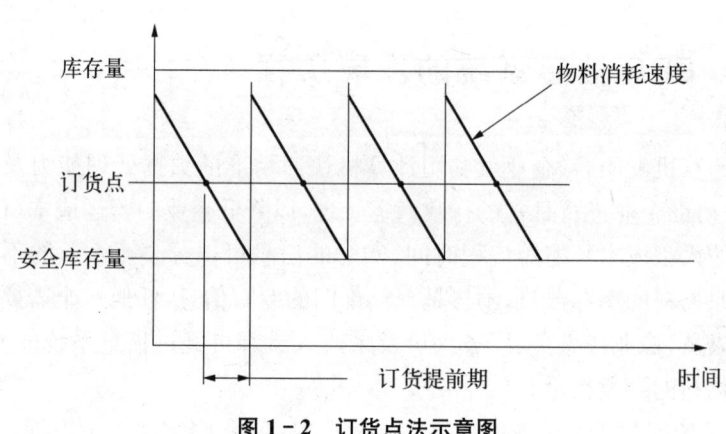

图 1-2　订货点法示意图

即：订货点＝单位时段的需求量×订货提前期＋安全库存量

注意这个时候采购和库存与生产是没有建立直接联系的。

订货点法应用的条件主要有：物料的消耗相对稳定；物料的供应比较稳定；物料的需求是独立的；物料的价格不是太高。

订货点法的有效性取决于大规模生产环境下物料需求的连续稳定性，适用于成品或维修配件等相对独立的物料的库存管理。但由于顾客需求不断变化，产品以及相关原材料的需求在数量上和时间上往往是不稳定和间歇性的，使得该方法的应用效果大打折扣。特别是在离散制造行业(如汽车、机电设备等行业)，由于产品结构复杂，涉及数以千计的零部件和原材料，生产和库存管理的问题更加复杂，由此促进了物料需求计划 MRP 的诞生。

## 1.1.2 物料需求计划 MRP

**1. 物料需求计划 MRP 的发展**

20世纪60年代初,多品种小批量生产被认为是最重要的生产模式,生产中多余的消耗和资源分配的不合理首先大多表现在物料的多余库存上。为了解决其原材料库存和零组件投产计划问题,美国 IBM 公司奥列基博士(Dr. Joseph A. Orlicky)首先提出了以相关需求原则、最少投入和关键路径为基础的"物料需求计划"原理,简称 MRP (Material Requirement Planning)。

MRP 将企业生产中涉及的所有产品、零部件、原材料、中间件等,在逻辑上统一视为物料。根据需求的来源不同,企业内部的物料可分为独立需求和相关需求两种。独立需求是指需求量和需求时间由企业外部的需求来决定,例如,客户订购的产品、研发试产的样品、售后维修需要的备品配件等;相关需求是指根据物料之间的结构组成关系由独立需求的物料所产生的需求,例如,半成品、零部件、原材料等的需求。

早期的 MRP 是基于物料库存计划管理的生产管理系统,为实现准时生产、减少库存提供了基本方法:将企业产品中的各种物料需求分为独立物料和相关物料,并按时间段确定不同时期的物料需求;基于产品结构的物料需求组织生产,根据产品完工日期和产品结构制订生产计划,从而解决库存物料订货与组织生产问题。MRP 系统的目标是:围绕所要生产的产品,在正确的时间、地点、按照规定的数量得到真正需要的物料;通过按照各种物料真正需要的时间来确定订货与生产日期,以避免造成库存积压。

MRP 的基本内容是编制零部件的生产计划和采购计划。然而,要正确编制零件计划,首先必须落实产品的生产进度计划,就是主生产计划(Master Production Schedule,MPS),这是 MRP 进行物料计算的依据。主生产计划是将生产计划大纲规定的产品系列或大类转换成特定的产品或特定部件的计划,据此可以制定物料需求计划、生产进度计划与能力需求计划。所以主生产计划在 MRP 中起到交叉枢纽的作用。MPS 在计划中要明确两点:具体化后的"最终产品";产品交货期与产出期。

MRP 还需要知道产品的零件结构,即物料清单(Bill of Material,BOM),即每个产品需要何种原料以及需要的数量,才能把主生产计划展开成需求零件计划;同时,必须知道库存数量才能准确计算出零件的采购数量。MRP 计算的依据是:主生产计划(MPS)、物料清单(BOM)、库存信息,它们之间的逻辑流程关系如图1-3所示。

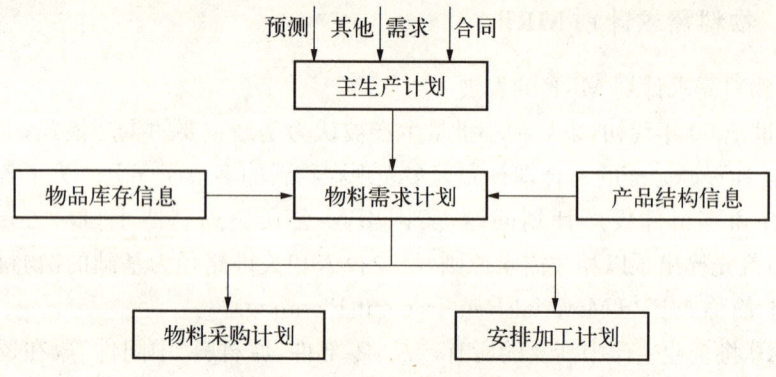

图 1-3 MRP 计算关系示意图

因此 MRP 的基本任务是：从所需求产品的生产计划（独立需求）导出相关物料（原材料、零部件等）的需求量和需求时间（相关需求）；根据物料的需求时间和生产（订货）周期来确定其开始生产（订货）的时间。主生产计划、物料清单和库存信息是 MRP 的三项基本输入数据，它们都是手工管理中不曾用到的新概念。其中，主生产计划决定 MRP 的必要性和可行性，另外两项是计算需求数量和时间的基本数据，它们的准确性直接影响 MRP 的运算结果。MRP 同订货点法的区别如表 1-1 所示。

表 1-1 MRP 同订货点法的区别

| 方 法 | 消 耗 | 依 据 | 相关需求 | 库 存 | 供 给 | 优先级 |
| --- | --- | --- | --- | --- | --- | --- |
| 订货点法 | 均衡 | 历史资料 | 不考虑 | 有余 | 定时 | 不考虑 |
| MRP | 不均衡 | 产品结构展开 | 考虑 | 减少 | 需定时 | 考虑 |

MRP 同订货点法有了质的进步，但还只是一个库存订货的计划方法，只说明了需求的优先顺序，没有说明是否有可能实现，所以也叫基本 MRP。20 世纪 70 年代初，MRP 由传统式发展为闭环的 MRP，它是一个结构完整的生产资源计划及执行控制系统。

2. 体现 MRP 思想的范例

MRP 物料需求计划的理论基础，就是以生产产品的用料清单（Bill of Material，简称 BOM）及生产与采购的前置时间，以及原物料的采购及生产为基本要件，来规划何时该采购？何时该生产？采购多少量？生产多少量？

当产品的用量料件品种众多时，这些规划及计算是非常耗时的，而且容易出错。MRP 的理论推算基础因应而生，举一个简单的例子来说明物料需求的概念。

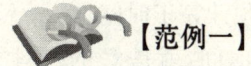
**【范例一】**

假设产品BOM和假日表如图1-4所示。

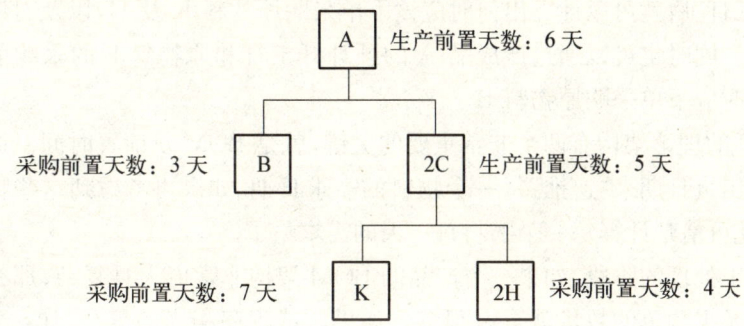

图1-4 产品BOM和假日表

A为"产成品",也就是业务销售的商品,它是由1个采购件B和2个半成品C所组合而成的。组合需要的时间为完整的六个工作天。

假设1号为星期一,星期六、日休假,产品A于本周星期一领料生产,需要完整6个工作天,表示需要星期二、三、四、五、及第二周的星期一、二。到第二周的星期二即9号才会完工(1号备料,2、3、4、5、8、9号动工,6至7号为假日)。这就是A的组装"生产前置时间",所以10号可以交货。

C为"半成品",1个半成品C是由1个K原料(采购件)与2个H原料(采购件)所组合制造而成。生产一个C的时间需要五个工作天。

B、H、K为"采购件",为了要生产成品或半成品需要从外购买的原物料。其中从采购到进货的时间为"采购前置时间"。

**【作业重点】**

MRP的理论架构,是以"订单"的出货时间当最后产出的时间,并往前推算,累加成品 A 的生产前置时间,就是 A 生产工单开工领料投料及预计完工时间。

以产成品 A 的生产前置时间,加上半成品 C 的生产前置时间,就是 C 的投料日期。我们就能算出 C 的生产工单的"预计开工日"及"预计完工日"。已知 C 的"预计开工日"后就可以计算出何时应该下单采购原物料 K 及 H,以及对应的预计进货日期。同时也可以通过产成品 A 的预计开工日和原物料 B 的采购前置时间推算出何时应下单采购原物料 B。

MRP 的理论架构有两个非常重要的关键,就是 BOM 及前置时间。通过最终产成品的出货日期来"逆推"每一个物料的需求日期,如果再考虑到这些物料库存可用量,就可清楚计算每一个物料每一天的需求量了。

在人工处理的阶段,如果一个产品的 BOM 架构非常庞大且复杂,那么要产出生产工单及采购单的数量就会有很多。如果制造程序相当的复杂(如:半成品很多),而且生产的前置时间又容易受车间制造管理因素所影响,那所规划出来的生产排程及采购单的信息就必须不断地调整,人工处理的流程容易陷入一片混乱当中。由于生产排程的不确定,导致原料进货也必须不断地调整,采购人员陷入催料环节中,而制造车间因用料的问题也将陷于不断调整生产排程以应付供料问题,这是一个永远无解的循环。靠人工纸上作业永远赶不上订单或者生产变动的速度,更何况还有众多的信息要计算和推算。

当 MRP 信息系统发展出来后,透过信息系统快速及精准运算的特质,这个问题被有效地解决了。在 15 年前,企业要跑完一个完整的 MRP 数据可能需要 10 小时,但现在跑一次 MRP 作业,大部分都能在 1 小时内完成。同时由于 MRP 的帮助,可清楚每一个物料在每一天的需求及供给数量。当发生变动时,可以协助规划人员进行事先的检验与调整。

MRP 用料的规划着眼于用料需求时间点的"供给量"及"需求量"间的关系,这个计算模式一般我们简称为"供需平衡计算",如下:

$$需求时间点的用料计划量 = 需求量小计 - 供给量小计$$
$$= 净需求$$
$$= 建议用料计划$$

【范例二】

一张订单的出货日期为 8 月 20 日,需要出货量为 100 单位,从投料组装需要 5 个工作天,8 月 20 日当天存货可用量为 60 单位,因此,主管部门知道如果该订单要如期出货,存货还缺少 40 单位的商品;所以需要在 8 月 19 日完工,才能满足 8

20 日订单出货量的需求。

那么生产 40 单位的成品必须要在 5 天前开始组装,表示组装材料应该在 8 月 13 日到货,即 8 月 14 日要开始生产。假设买这些组装的原料需要 10 天,表示 8 月 3 日所有的原物料都必须发出采购单通知供应商开始制造。如图 1-5 所示。

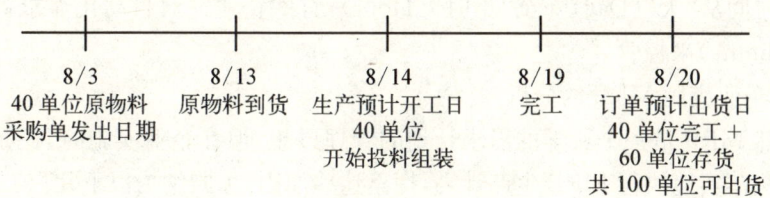

图 1-5 MRP 时间规划示意图

【作业重点】

1. 规划的重点时间点即

(1) 8 月 20 日出货时间点。

因为当天要出货 100 单位产成品,但是库存只有 60 单位,表示需求为 40 单位。

(2) 8 月 14 日开始投料生产的时间点。

因为比出货需求还缺少 40 单位,所以这些数量必须在此时间点开始投料组装。

(3) 8 月 3 日开始发出采购单的时间点。

因为 40 单位的产成品在 8 月 14 日开始生产,8 月 13 日原物料必须到货,同时要提早 10 天通知采购供应商制作原物料,供应商需要 10 个工作日,所以 8 月 3 日要发出采购单。

2. 料件或商品的供需计算

$$8 月 20 日的需求计划 = 需求量 - 供给量$$
$$= 8 月 20 日订单 100 单位 - 存货 60 单位$$
$$= 40 单位$$

3. 采购前置时间

定义的对象为采购的原物料件或商品。简单地说,是指从企业开始下原物料的采购单的时点,到供货商处取得原物料的时间周期称为"采购前置时间"。也可以定义为从通知供应商进货到原物料送达的标准天数。

以上范例的 40 单位原物料的采购时间，8 月 3 日至 8 月 13 日共 10 天就是采购前置时间，从原材料下单至最终原材料到货的时间。

注：过去，前置时间的衡量几乎都是用天数，但到了企业开始实施 JIT（Just In Time）生产管理及近几年盛行的物流管理，企业考虑到库存的储存成本与效益，将前置时间从"天"(Day) 降至"小时"(Hour)，有些企业针对自动化需求甚至降到"分"(Minute) 来控管。

3. 企业应用 MRP 的分析

虽然 MRP 是一个科学的需求计划的管理思想，但在企业实施时，还是有很多企业无法落实地执行 MRP 生产计划，探索这些原因，可归纳为以下几点：

(1) 制造与生产的前置时间（Lead Time）弹性过大。

相当一部分中小企业的产能弹性其实是潜力无穷的，除非完全受限于设备的生产时间，否则原定要 7 天完工的产成品，当发生急单需求时，就有潜能在 4 天甚至 3 天内赶工将其生产出来。企业可运用的方式，如加班、追加设备产能、委外生产等。因此由既定的前置时间推算出的 MRP 计划，通常容易会变成没有生产的能力，所以只能给相关部门作为参考的时间建议。有很多高科技厂商只将 MRP 计算当成用料计划的参考或短期计划，真正的采购需要依靠与供货商之间强而有力的协调机制，电子厂的 VMI 供货商管理库存（Vendor Managed Inventory）就应运而生。

(2) BOM 的用量结构不及时或不正确。

一般制造业企业的产品研发管理，往往欠缺有效的产品版号控管及实时的产品变更控制。经常会因为量产测试跟大量生产的差异，没有进行 BOM 的数据维护。这些 BOM 的不正确一旦发生，当物料需求以研发 BOM 作为依据来执行 MRP 计划时，就会发现计划产出与实际的制造车间出现差异。例如，原来设计时是用 10 颗 30 mm 的十字螺丝，而到最后变成 12 颗 32 mm 的十字螺丝。

因此，制造车间和采购部门就必须利用更多的时间来进行调整计划与排程信息。如果调整不实时或者被遗漏，计划就会有误差。这也是 MRP 运算逻辑在一般中小企业执行时，常常无法被落实执行的一个重要关键因素。

以我们在实施 ERP 项目的经验来看，企业的 BOM 正确率其实还算很高，比较大的问题，是因为客户 BOM 的差异化，或者说订单差异化的需求。例如，A 客户对产品的颜色要求是红色，而企业生产的产品默认是黑色的。当客户下订单时，就要记得在订单及生产工单上修改，否则生产出来的东西就不符合客户的需求。可见，当产品客制化需求更加频繁时，BOM 除了要正确之外，还需要设计另外的辅助信息系统，来协助调整 MRP 计算出来的采购计划及生产计划，或者从一开始就产生正确的结果。

目前有很多企业存在研发基地和制造基地分别处于不同的地区,制造基地一般选择在人工便宜的地区。这种状况生产和研发信息的实时管理就更需要通过信息系统来整合连接,以降低生产及采购错误产生的异常成本。目前热门的 PDM/PLM 信息系统(Product Data Management/Product Lifecycle Management)就是要解决研发与生产信息有效传递的问题。

(3)生产排程变动过大。

很多企业生产管理部门的生产排程不参考车间制造部门实际的生产进行派工,车间主管有权根据生产状况去变动排程,最常发现的状况就是订单的调动、并单生产等,而生产管理部门只能被告知或配合去调度其他的资源。在这种情形下,如果生产排程资料不实时更新,那么相关的半成品连动的生产及采购计划就不会正确,只能依靠人员不断地跟催。如果又发生不良品、紧急缺料、设备异常停工、生产变更调整、客户临时变更或取消订单等状况,就会造成生产排程变更愈加频繁。如此反复影响之下,生产管理部门或物料管理人员就不容易信赖 MRP 计划。

(4)库存账务实时性及正确性不佳。

库存管理是一个只要用心就能管好的课题,但也是最容易被企业忽略及感受到束缚的管理项目。例如,存货的门禁及点交管理落实度与实时性不佳;对于进出库房的商品及料件必须实时登账并完成点收的手续,才能使商品的账务正确。正常企业营运时这些要求都可接受,但是当制造车间出现紧急生产状态,有些管理人员就会省略这些流程,事先取料事后再补手续。这样慢慢就会造成账实不一致,在执行 MRP 计划时就不会正确了。

鼎捷软件有限公司(Digiwin software,简称 Digiwin)长期追踪中小企业实施 MRP 计划模块的状况,发现一般中大型企业几乎 100%都已有 MRP 模块上线,但是对于中小企业而言,大约有 60%的企业并未执行 MRP 计划,或并没有以 MRP 模块当成主要生产排程及采购计划的依据。其主要的原因就是以上所探讨的这些问题,另外目前客户订单多样化及交期变短的交货特性也造成上述的原因。

Digiwin 为了替广大中小企业解决这一问题,凭借丰富的企业信息化应用经验,以 MRP 理论基础为根基,研发了一套适合中小企业应用的物料需求计划,称之为"批次物料需求计划"(Lot Requirement Planning System,简称 LRP),来有效应对中小企业的产业特性需求。由于 LRP 系统的研发设计还是以 MRP 的理论基础为架构,Digiwin 是从以下几个方面进行规划:

- 将若干张订单或生产工单的产品视为同一批,赋予一个批次代号,作为 LRP 批次计划的依据。

- 使用这个批次代号来计算以产成品 BOM 展开的原料、半成品或产成品的生产计划及采购计划。
- 计算产生出的生产及采购计划都能被清楚地注记，可追溯计划来源是因哪一批号所产生的需求。
- 每一批号执行 LRP 运算时，都能选择以"净需求"或"毛需求"来产生计划，如果选择"毛需求"，一般表明生产管理部门对所产生的计划是采取保守态度，产生出的生产计划及采购计划一定可以满足生产所需，不会产生有缺料状况。

其实，这个概念是原始 MRP 逻辑中的紧急订单处理的概念，只是一般中小型的 MRP 系统无法做到这么复杂大架构的程序处理。因此 Digiwin 将此理念独立开发了 LRP 系统。这个系统受到广大中小企业的欢迎，系统上线率高达百分九十以上。主要原因如下：

- 中小企业基本上依订单生产，在材料控制上控管严谨，尽量会采取零库存政策，当订单来时再采购订单所需的原物料即可。
- 对于原物料中具共通性的材料以补货政策来规划，以安全库存的观念来管理，即设定特定的补货水平(或补货点)，当低于这个水平时，采购人员就直接下单购买。这种做法可以简化采购的工作及次数。
- 可简单地追溯产生计划需求的来源，以方便追踪生产计划或采购计划的来源批号。目的是为了当订单变更时，可轻易地追踪对应产生的生产工单及采购单，修改时更为方便，这可有效地处理订单变更所产生的差异。

但在执行 LRP 计划时，有三件事情需要企业特别留意：

- 如果企业的生产排程变化很大，建议在使用 LRP 系统同时应该一起应用 MRP 系统。MRP 系统每周至少执行两次，以协助监控当车间部门实际生产或物料控制发生差异时，能实时检视每一个时间点的供需平衡。
- 如果订单常常被取消，在执行 LRP 计划后，计划人员应针对关键性原物料、成本较高或体积较大的原物料、影响原料成本者(如：采购、储存及管理成本)，进一步确认需求的合理性。避免造成存货堆积或者原物料成本的上扬，这样反而不利于企业获利。
- 当 LRP 系统上线后，需要留意存货的增加情形。如果发现有存货增加，必须追溯原因进行分析。如果是因计划不良产生的状况，必须重新规划 LRP 的输入条件，或评估系统的适用性或进行适当的调整。

### 1.1.3 闭环 MRP

随着企业的发展需求和竞争的加剧，企业对自身资源管理范围扩大、对制造资源计划细化和精确化,单纯面向物料的 MRP 扩展到与生产能力相关的人力和设备等更多资源的计划与控制,这就是闭环 MRP。初期 MRP 能根据有关数据计算出相关物料需求的准确时间与数量,但它还不够完善,其主要缺陷是没有考虑到生产企业现有的生产能力和采购的有关条件的约束。因此,计算出来的物料需求的日期有可能因设备和工时的不足而没有能力生产,或者因原料的不足而无法生产。同时,它也缺乏根据计划实施情况的反馈信息对计划进行调整的功能。正是为了解决以上问题,MRP 系统在 70 年代发展为闭环 MRP 系统。闭环 MRP 系统除了物料需求计划外,还将生产能力需求计划、车间作业计划和采购作业计划也全部纳入 MRP,形成一个环形回路,称为闭环 MRP,如图 1-6 所示。

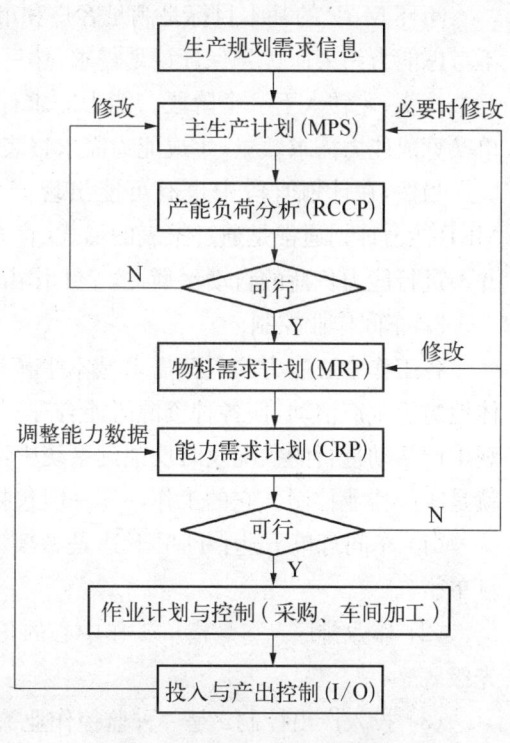

图 1-6 闭环 MRP 示意图

MRP 系统的正常运行,需要有一个现实可行的主生产计划。它除了要反映市场需求和合同订单以外,还必须满足企业的生产能力约束条件。因此,除了要编制资源需求计划外,还要制定能力需求计划(CRP),同各个工作中心的能力得到平衡。只有在采取了措施做到能力与资源均满足负荷需求时,才能开始执行计划。而要保证实现计划就要控制计划,执行 MRP 时要用派工单来控制加工的优先级,用采购单来控制采购的优先级。这样,基本 MRP 系统进一步发展,把能力需求计划和执行及控制计划的功能也包括进来,因此,闭环 MRP 则成为一个完整的生产计划与控制系统,能力需求计划与车间作业控制是其重要功能。

1. 能力需求计划(Capacity Requirement Planning,CRP)

在闭环 MRP 系统中,把关键工作中心的负荷平衡称为资源需求计划,或称为粗能力计划,它的计划对象为独立需求件,主要面向的是主生产计划;把全部工作中心的负荷平衡称为能力需求计划,或称为详细能力计划,而它的计划对象为相关需求件,主要面向的是车间。由于 MRP 和 MPS 之间存在内在的联系,所以资源需求计划与能力需求计划之间也是一脉相承的,而后者正是在前者的基础上进行计算的。

闭环MRP的基本目标是满足客户和市场的需求，因此在编制计划时，总是先不考虑能力约束而优先保证计划需求，然后再进行能力计划。经过多次反复运算，调整核实，才转入下一个阶段。能力需求计划的运算过程就是把物料需求计划定单换算成能力需求数量，生成能力需求报表。

当然，在计划时段中也有可能出现能力需求超负荷或低负荷的情况。闭环MRP能力计划通常是通过报表的形式（直方图是常用工具）向计划人员报告，但是并不进行能力负荷的自动平衡，这个工作由计划人员人工完成。

2. 车间作业控制

各工作中心能力与负荷需求基本平衡后，接下来的一步就要集中解决如何具体地组织生产活动，使各种资源既能合理利用又能按期完成各项订单任务，并将客观生产活动进行的状况及时反馈到系统中，以便根据实际情况进行调整与控制，这就是车间作业控制。它的工作内容一般包括以下四个方面：

（1）车间订单下达：订单下达是核实MRP生成的计划订单，并转换为下达订单。

（2）作业排序：它是指从工作中心的角度控制加工工件的作业顺序或作业优先级。

（3）投入产出控制：是一种监控作业流（正在作业的车间订单）通过工作中心的技术方法。利用投入/产出报告，可以分析生产中存在的问题，采取相应的措施。

（4）作业信息反馈：它主要是跟踪作业订单在制造过程中的运动，收集各种资源消耗的实际数据，更新库存余额并完成MRP的闭环。

通俗地说，MRP是一种保证既不出现短缺，又不积压库存的计划方法，解决了制造业所担心的缺件与超储的矛盾。所有ERP软件都把MRP作为其生产计划与控制模块，MRP是ERP系统不可缺少的核心功能。

## 1.1.4 制造资源计划 MRP Ⅱ

闭环MRP系统的出现，使生产活动方面的各种子系统得到了统一。但在企业的管理中，生产管理只是一个方面，它所涉及的仅仅是物流，而与物流密切相关的还有资金流等其他相关方面，闭环MRP无法反映执行计划之后给企业带来什么效益。

1977年9月，美国著名的生产管理专家奥列弗·怀特（Oliver W. Wight）在美国《现代物料搬运（Modern Materials Handling）》月刊上由他主持的"物料管理专栏"中，首先倡议给同资金信息集成的MRP系统一个新的称号，制造资源计划

(Manufacturing Resource Planning)系统,英文缩写还是 MRP,为了与原来的物料需求计划区别而记为 MRPⅡ。于是,20 世纪 80 年代,人们把生产、财务、销售、工程技术、采购等各个子系统集成为一个一体化的系统,称为 MRPⅡ。

MRPⅡ的基本思想就是把企业作为一个有机整体如图 1-7 所示。基于企业经营目标制订生产计划,围绕物料转化组织制造资源,实现按需按时进行生产;从

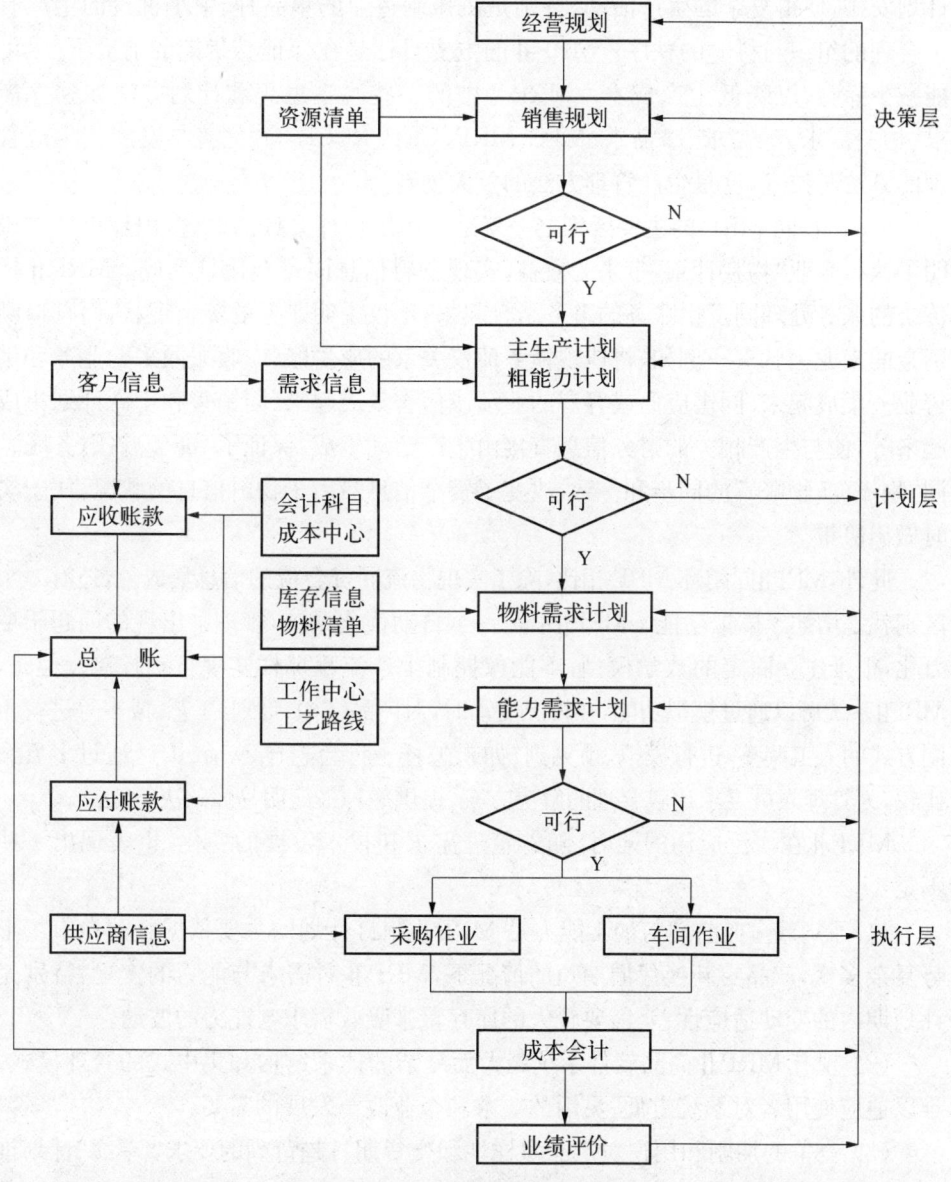

图 1-7 MRPⅡ系统示意图

整体最优的角度出发,通过运用科学方法对企业各种制造资源和产、供、销、财各个环节进行有效地计划、组织和控制,使它们得以协调发展,并充分地发挥作用。

MRPⅡ是一种计划主导型管理模式,计划层次从宏观到微观、从战略到技术、由粗到细逐层优化,但始终保证与企业经营战略目标一致。MRPⅡ以计算机为手段,能够以手工无法比拟的效率处理复杂的计划问题。由于事先的尽可能周密的计划安排,使得复杂的生产活动、特别是机械制造业的多品种、中小批量的生产有了合理的组织与科学的秩序。MRPⅡ的主要目标是在保证交货期的前提下,尽可能减少库存,以降低生产成本。MRPⅡ中的一些基本思想和计划方法如独立需求、相关需求、毛需求、净需求、MPS、MRP、CRP、RCCP等,完善与发展了生产管理的方法与技术,这是生产管理方法的重大创新。

MRPⅡ同MRP的主要区别之一就是它运用管理会计的概念,用货币形式说明了执行企业"物料计划"带来的效益,实现物料信息同资金信息集成。MRPⅡ把传统的账务处理同发生账务的事务结合起来,不仅说明账务的资金现状,而且追溯资金的来龙去脉——例如,将体现债务债权关系的应付账、应收账同采购业务和销售业务集成起来、同供应商或客户的业绩或信誉集成起来、同销售和生产计划集成起来等,使与生产相关的财务信息直接由生产活动生成,保证了"资金流(财务账)"同"物流(实物账)"的同步和一致,改变了资金信息滞后于物料信息的状况,便于实时做出决策。

此外,MRPⅡ同闭环MRP相比,除了实现物流同资金流的信息集成外,还有一个区别就是增加了模拟功能。MRPⅡ不是一个自动优化系统,管理中出现的问题千变万化,很难建立固定的数学模型,不能像控制生产流程那样实现自动控制。但是,MRPⅡ系统可以通过模拟功能,在情况变动时,对产品结构、计划、工艺、成本等进行不同方式的人工调整,进行模拟,预见到"如果怎样——将会怎样(what-if)",通过多方案比较,为管理人员寻求比较合理的解决方案,提供一种最简明易懂的决策工具。

MRPⅡ在广泛应用的同时,随着管理需求和技术发展的变化,也表现出一些不足:

(1) 需求量、提前期与加工能力是MRPⅡ制订计划的主要依据。而在市场形势复杂多变,产品更新换代周期短的情况下,MRPⅡ对需求与能力的变更,特别是计划期内的变动适应性差,需要较大的库存量来吸收需求与能力的波动。

(2) 现有MRPⅡ商品软件系统庞大而复杂的体系结构和集中式的管理模式,难以适应使用者对系统方便、灵活的要求和企业改革发展的需要。

(3) 竞争的加剧和用户对产品多样性和交货期日趋苛刻的要求,单靠"计划推动"式的管理难以适应。现在许多企业面临的主要问题并不在于准确而周到的计划。企业的库存水平与外部环境关系密切。大量企业并未从 MRPⅡ 获得预期的效益。

### 1.1.5 企业资源计划 ERP

从 MRPⅡ 的概念产生后的 10 年间，企业计划与控制的原理、方法和软件都成熟和完善起来。在此期间又出现了许多新的管理方法如 JIT(Just In Time 及时生产)，新的管理思想和战略如 CIMS(计算机集成制造系统)和精益生产 LP(Lean Product)等，信息技术更是飞速发展。各个 MRPⅡ 软件供应商不断地在自己的产品中加入了新的内容，逐渐演变形成了功能更完善、技术更先进的制造企业的计划与控制系统。20 世纪 90 年代初 Gartner Group 总结当时 MRPⅡ 软件在应用环境和功能方面主要发展的趋势，提出 ERP 的概念。

Gartner Group Inc. 是一家研究和分析信息技术重大发展和动向、在国际上颇有影响的顾问公司，经常对各种管理软件进行综合评价，不定期地发布有重要参考价值的研究报告，Gartner Group 提出 ERP 具备的功能标准应包括 4 个方面：

(1) 超越 MRPⅡ 范围的集成功能，包括质量管理、实验室管理、流程作业管理、配方管理、产品数据管理、维护管理、管制报告和仓库管理。

(2) 支持混合方式的制造环境，包括既支持离散又支持流程的制造环境，按照面向对象的业务模型组合业务过程的能力和国际范围内的应用。

(3) 支持能动的监控能力，提高业务绩效。包括在整个企业内采用控制和工程方法，模拟功能，决策支持和用于生产及分析的图形能力。

(4) 支持开放的客户机/服务器计算环境，包括客户机/服务器体系结构，图形用户界面(GUI)，计算机辅助设计工程(CASE)，面向对象技术，使用 SQL 对关系数据库查询，内部的集成工程系统、商业系统、数据采集和外部集成(EDI)。

此后，ERP 系统的研制与应用快速增长，ERP 在资源计划和控制功能进步的基础上，功能和性能得到极大地丰富和提高，主要表现在：其一是计划和控制的范围从制造延伸到整个企业和它的供应链；其二是资源计划的原理和方法得到进一步的扩充和发展；其三是 ERP 系统扩展应用到非制造业；其四是信息技术成果不断应用在 ERP 系统研制之中，构建了新的结构。

总体而言，ERP 的主要工作原理是首先制定主生产计划 MPS，然后根据 MPS 制定物料需求计划 MRP，并且通过能力需求计划 CRP 的检验和核实得以实行。MPS、MRP、CRP 构成了企业 ERP 的顶层，指导整个企业的生产，其主要关注点是企业的物流和能力等问题；在 ERP 的执行层，由采购管理、库存管理、车间管理、设备管理等系统根据生产计划和相关理论进行企业生产的专业化管理；在 ERP 的综合管理层,由账务系统、财务分析、成本管理、应收应付账管理等系统负责企业资金流的管理,由质量管理系统分析、控制和处理企业生产和管理中的相关质量问题,由人力资源管理系统调配企业各种人力资源,并进行薪酬、绩效考评等管理。此外,一些ERP系统还包含了分销资源计划系统,调配和控制企业分销网络中的各种资源。

从其主要模块构成可以看出,ERP关于生产制造的主要模块是三大计划模块,这仍然是ERP的主线;但是其企业管理的核心却是财务管理。ERP的主要思想之一便是企业一切的物流都要伴随着资金流和信息流的发生,这继承了MRPⅡ的思想,但在此基础上进一步发展,在企业整个生产制造过程中贯穿了财务管理和成本控制的思想,使得ERP更能够贴近企业重视提高收入、降低成本的经营目标。因此,ERP现已被世界500强企业中的80%所应用,还有20%也在ERP的实施过程中。

需要注意的是,在理解ERP发展历程中ERP的诞生和发展时,需要转变思考问题的方式:在MRPⅡ之前,系统以生产制造资源的计划和控制管理内容和能力的不断扩展为主,各阶段的比较重点在资源涵盖的多少、计划和控制的方法;而ERP阶段却更需要从企业竞争环境以及应对方法的变化,从企业信息技术应用发展趋势,以及企业与信息系统之间的互动去理解。

虽然Gartner Group最先提出了ERP的概念并对功能扩展提出了要求,但今天ERP供应商之多,功能扩展之迅速和多样,使得企业的信息需求可以较快地获得满足,正如达文波特所说,企业可以从ERP中得到"希望从计算机中能够得到的一切。"此外,ERP提出和发展的年代,正是全球经济生活快速变化、管理思想再次革命、信息化全面推进的时期,业务流程再造、信息共享与信息系统整合等思想迅速融入ERP系统的研制中。因此,ERP到底有多少功能并不是研究的重点,企业能够从中得到什么,能够解决什么问题,如何通过ERP的实施和应用改变企业的竞争状态,成为研究领域的重点和难点。

虽然ERP已广泛应用于非制造业企业,但MRPⅡ仍是ERP系统的核心功能,MRPⅡ中对资源的计划和控制思想,仍是ERP应用的核心所在。对于非制造业企业,即使并没有使用生产制造模块,同样是借助其他模块(如项目管理等)来应用和实现MRPⅡ中物流、资金流、信息流的集成以及系统功能的整合。因此,MRPⅡ中的管理方法和思想、ERP中的业务流程与系统整合是本书的重点研究内容。

## 1.1.6　ERPⅢ的发展

ERP在管理思想和信息技术不断发展的基础上,其管理模式和管理功能有了显著的变化,图1-8反映了其发展变化的趋势。

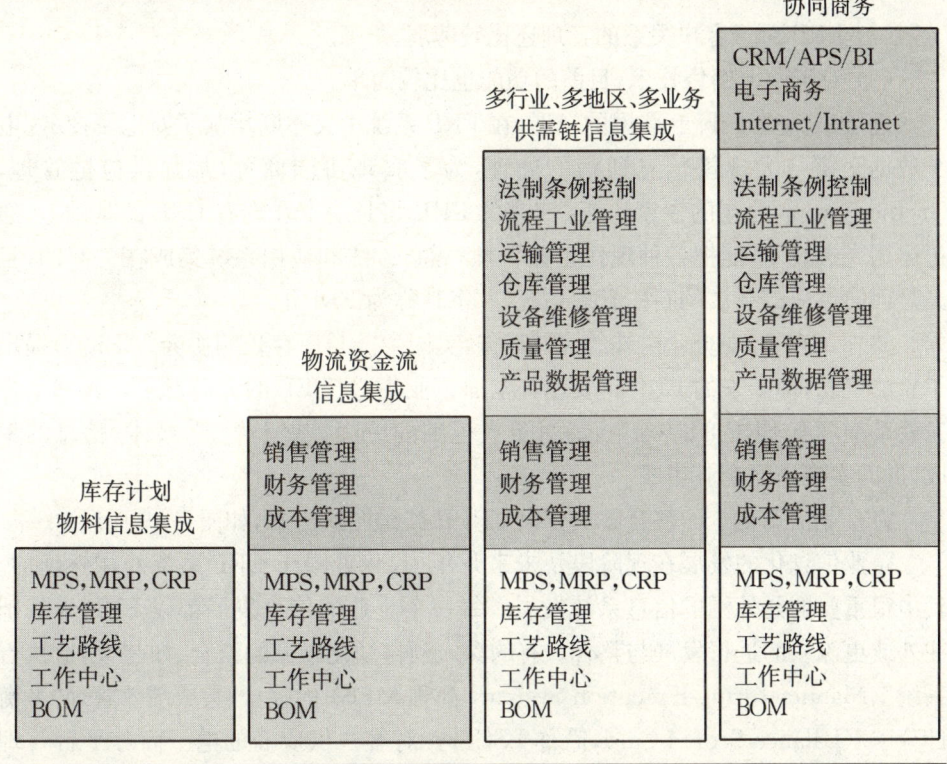

图1-8 ERP发展趋势图

随着管理环境的变化与技术的发展,ERP系统的功能不断扩展:

(1) 注重整个供应链上的信息,加强对合作伙伴与客户信息的管理。在已有的市场管理、销售管理、售后服务管理的基础上,发展成影响很大的客户关系管理(Customer Relationship Management,即CRM)。

(2) 注重人力资源开发和知识管理,加强信息与知识的收集、创新、传递与利用已成为许多企业增强竞争能力、提高其市场价值的战略措施。

(3) 加强决策支持功能,采用数据仓库、数据挖掘技术,工作流管理技术。

(4) 加强系统的集成性与开放性,应用Internet技术、移动通信技术等,促进与电子商务的集成。

这里,ERPⅡ是Gartner Group在总结ERP不足以及信息技术应用发展趋势的基础上提出的新的系统概念。Gartner Group专家认为ERP存在以下问题:

(1) ERP 本身注重的是供应链内部的管理和协调，没有考虑供应链以外的客户需求。

(2) ERP 对于客户关系的管理还比较薄弱。

(3) 对于网上销售技术，目前的功能也比较简单。

近年来，随着国际互联网的发展，在 ERP 系统中又不断增加了对电子商务、电子数据交换与大规模信息通信的处理，为了实现协同商务，加强供应链管理，Gartner Group 公司的专家认为：未来的 ERP 将是一个在现有 ERP 的基础上，通过运用先进技术，能把各种现代企业管理思想、方法和应用系统集成在一起的，且又是面向供应链开放的新的管理系统，并将其称为 ERPⅡ。

此外，为了实现企业内外的协同运作，美国生产与库存控制协会（APICS）提出了新的概念，即未来的 ERP 将要朝着全面企业集成（TEI）的方向发展。其基本含义就是在现有 ERP 的基础上，通过更大范围的应用扩展和管理、技术、信息的集成，进而实现全面企业集成。

将企业信息化全面整合解决方案 ERPII 架构图绘出来，如图 1-9 所示。

企业信息化的发展在现阶段及未来几年中，将着眼于 ERP 系统的往外延伸。其中很重要的是外围的信息系统发展。每一个企业的信息发展都以 ERP 为基础往外或更深入的进行发展与整合。有的深入到自动化领域的结合，如与"制造执行系统"（Manufacturing Execution System，简称 MES）的整合；集成绩效管理"平衡计分卡"（Balance Scored Card，简称 BSC）；针对客户供应商的电子商务平台管理及 e-Service 的服务。由以下的架构图，不难看到未来信息系统的发展趋势及信息整合对企业发展与竞争优势之间的关联。

(1) BSC 平衡计分卡（Balance Scored Card）。

平衡计分卡是一种全新企业综合测评体系，代表了国际上最前沿的管理思想，它的一个最为突出的特点就是：集测评、管理与交流功能于一体。围绕企业的战略目标，利用 BSC 可以从财务、顾客、内部过程、学习与创新这四个方面对企业进行全面的测评。在使用时对每一个方面建立相应的目标以及衡量该目标是否实现的指标。

财务方面：其目标是解决"股东如何看待我们？"

顾客方面：其目标是解决"顾客如何看待我们？"

内部过程方面：其目标是解决"我们擅长什么？"

学习和创新方面：目标是解决"我们是在进步吗？"

BSC 就是要对上述四个方面进行平衡，BSC 中各项测量指标并不是孤立地存在，它们与一组目标相联系，而这些目标自身又相互关联并最终都以种种直接或间

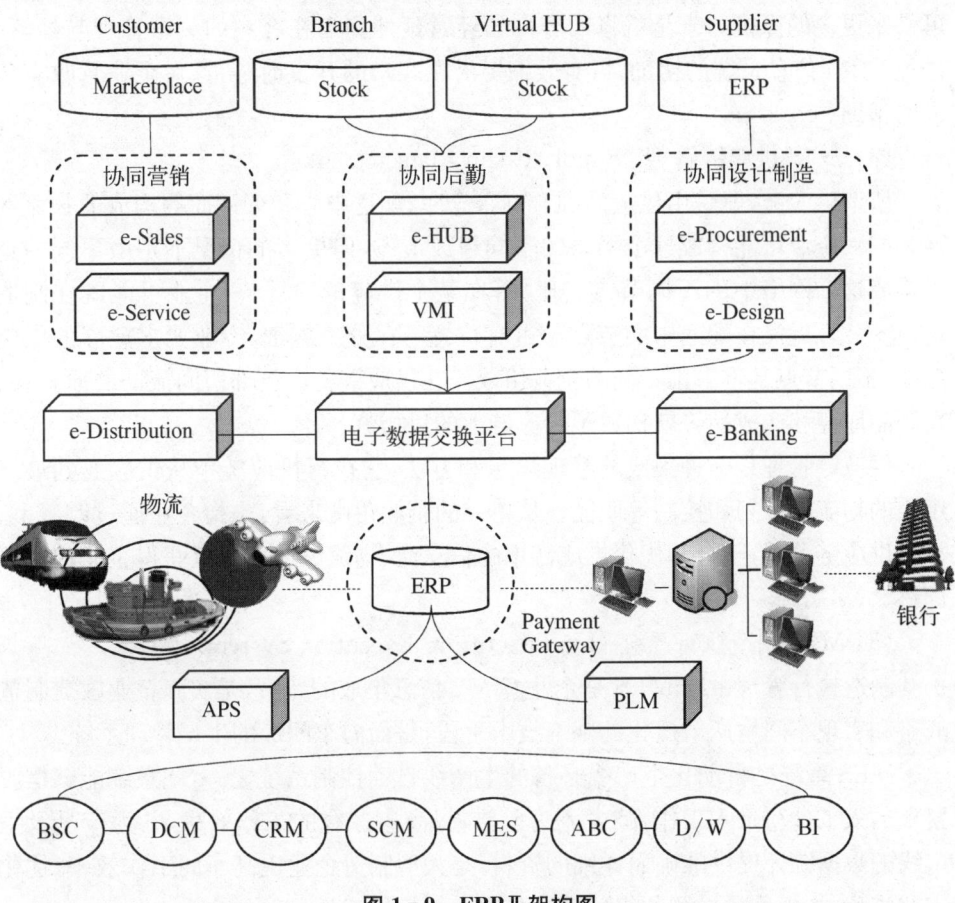

图1-9 ERPⅡ架构图

接的形式与财务结果相关联。

(2) DCM 需求链管理 (Demand Chain Management)。

过去制造业的生产量取决于销售部门的销售计划或者市场预测。如果市场的经营具有不同渠道模式,如经销商、总代理商等,那么从制造商到最终用户间环节就非常多,所需的流程也非常长。而且会发生一个预测或生产预算的超额问题,也就是说渠道的每一关都有可能被虚增预测,导致生产过剩及存货增加的问题。因此,如何精准地进行需求链的预测管理及控制是一门学问。

(3) CRM 客户关系管理 (Customer Relationship Management)。

企业的获利利润来自客户的支付,产品或服务交付给客户后,如何让客户满意变得非常重要。在1990年,企业感受到客户售后服务的重要性,因此采用新的流程来处理回复及管理客户的问题,这时发展出一个服务管道"客服中心 Call-center"。CRM 的发起是源于企业在经营中发觉老客户的服务及关系若建立得好,可带来更多的商机。于是就将旧客户的经营延伸到潜在客户的关系管理与经营。透过 CRM 信息系统的协助,可有效缩短潜在客户的开发时程,这对企业营收有莫大的帮助。

(4) SCM 供应链管理(Supply Chain Management)。

所谓供应链,就是由供应商、制造商、仓库、配送中心和渠道商等构成的物流网络。同一企业可能构成这个网络的不同组成节点,但更多的情况下是由不同的企业构成这个网络中的不同节点。比如,在某个供应链中,同一企业可能既在制造商、仓库节点,又在配送中心节点等占有位置。在分工愈细,专业要求愈高的供应链中,不同节点基本上由不同的企业组成。在供应链各成员部门间流动的原材料、在制品库存和产成品等就构成了供应链上的货物流。

供应链管理是一种集成的管理思想和方法,它执行供应链中从供应商到最终用户的物流的计划和控制等职能。从单一的企业角度来看,是指企业通过改善上、下游供应链关系,整合和优化供应链中的信息流、物流、资金流,以获得企业的竞争优势。

(5) MES 制造执行系统(Manufacturing Execution System)。

制造执行管理系统 MES 是企业 CIMS 信息集成的纽带,是实施企业敏捷制造战略和实现车间生产敏捷化的基本技术手段,是面向车间级的生产管理系统。

MES 系统是自动化生产线必备的生产线自动控制系统之一,此系统能够摆脱繁重的人工抄写录入工作,减少人为差错,提高生产线的工作效率,并为产品及生产线的数据统计提供准确而详细的资料,是大型制造企业提高车间工作效率,优化工艺流程,加强质量检测和售后维修与服务的最好工具。

制造企业通过实施 MES,可以实现车间生产计划和调度、生产任务查询、生产过程监控、智能数据采集、质量检测与控制、物料跟踪、原辅料消耗控制、车间考核和管理、统计分析、人力资源和设备管理等功能,彻底帮助企业改善生产车间管理的暗箱操作。

(6) ABC 成本法(Activity-based Costing)。

ABC 成本法,即作业成本法,是以作业为核心,确认和计量耗用企业资源的所有作业,将耗用的资源成本准确地计入作业,然后选择成本动因,将所有作业成本分配给成本计算对象(产品或服务)的一种成本计算方法。

ABC 成本法的指导思想是"成本对象消耗作业,作业消耗资源"。ABC 成本法把直接成本和间接成本(包括期间费用)作为产品(服务)消耗作业的成本同等地对待,拓宽了成本的计算范围,使计算出来的产品(服务)成本更准确真实。

作业是成本计算的核心和基本对象,产品成本或服务成本是全部作业的成本总和,是实际耗用企业资源成本的终结。

(7) 数据仓库(Data Warehouse)。

数据仓库是一个面向主题的、集成的、不可更新的、随时间不断变化的数据集合,它用于支持企业或组织的决策分析处理。数据仓库英文名称为 Data Warehouse,可简写为 DW。

数据仓库之父 Bill Inmon 在 1991 年出版的"Building the Data Warehouse"一书中所提出的定义被广泛接受。数据仓库(Data Warehouse)是一个面向主题的(Subject Oriented)、集成的(Integrated)、相对稳定的(Non-Volatile)、反映历史变化(Time Variant)的数据集合,用于支持管理决策(Decision Making Support)。

(8) BI 商业智能(Business Intelligence)。

商业智能的概念于 1996 年最早由 Gartner Group 提出,将商业智能定义为,商业智能描述了一系列的概念和方法,通过应用基于事实的支持系统来辅助商业决策的制定。商业智能技术提供使企业迅速分析数据的技术和方法,包括收集、管理和分析数据,将这些数据转化为有用的信息,然后分发到企业各处。

目前,学术界对商业智能的定义并不统一。商业智能通常被理解为将企业中现有的数据转化为知识,帮助企业做出明智的业务经营决策的工具。这里所谈的数据包括来自企业业务系统的订单、库存、交易账目、客户和供应商资料及来自企业所处行业和竞争对手的数据,以及来自企业所处的其他外部环境中的各种数据。而商业智能能够辅助的业务经营决策既可以是操作层的,也可以是战术层和战略层的决策。为了将数据转化为知识,需要利用数据仓库、联机分析处理(OLAP)工具和数据挖掘等技术。因此,从技术层面上讲,商业智能不是什么新技术,它只是数据仓库、OLAP 和数据挖掘等技术的综合运用。

## 1.2 21 世纪企业信息化面临的挑战与冲击

就 Gartner Group 的观察,从 2000 年开始企业信息化应用向 ERP 应用的趋势发展。ERP 应用从单纯的企业内部资源规划整合过渡到企业外部的需求链及供应链中,以提升企业的竞争优势。从长期观察信息产业动态的角度来看,这一两年来,对 ERP 系统效益的认知已经比较普及,在企业有 ERP 系统项目需求时,根本不需要软件提供商或实施规划人员再去说明 ERP 的效益或目的。企业对 ERP 系统的期望,已经从过去降低行政成本与提升管理效率,提升到现在的企业经营所必备的基本能力与工具阶段。因此面对 ERP 系统应用时,更多的营运调整及与其他信息系统的整合需求逐一被提出。

以下我们将通过一些案例来描述,ERP 的导入正慢慢地改变了企业的运营模式,已经从过去系统面的应用工具,跃升为企业经营管理的重要工具。

1. 企业接客户订单需要借助 ERP 系统

(1) 过去企业接客户订单是通过传真或邮寄订单来确认订单的有效性,但在进入信息化应用的时代,销售订单交易程序的模式已经发生重大的变革。所有销售订单的书面凭证开始慢慢消失,取而代之的是电子媒体或加密认证过的数据文件。我们发现越来越多的订单透过档案传输下载到供应商端,甚至客户将订单直接传输到供应商的 ERP 系统界面中,而且客户要求以小时为单位进行快速的销售订单信息响应,企业如有迟疑,订单就稍纵即逝。

(2) 接到客户订单从报价到受订 30 分钟内要确认完成。越来越多的信息显示,网络交易平台的发展已经是必然的趋势,当需求端有商品采购需求时就会发出信息,在一个交易平台上公告、竞标、议价及发包,其中包含确认订单单价、数量、出货方式、交易条件等讯息。企业更需要一套完整的信息系统,协助支持订单的审查、核准及计划,最重要的是要有效防止接错单的风险。

(3) 从订单成交到出货,企业主动或被动地提供给客户完整的生产交货信息。有越来越多的企业,愿意提供更完整的订单信息给客户,以提升客户的满意度及信心。因此企业若没有借助 IT 应用及信息系统,企业如何处理相继而来的实时庞大行政处理与联系工作呢?

2. 全球运筹管理,营运决胜于分秒必争中,ERP 提供企业营运所需完整信息

(1) 企业全球化的布局,不再是单一据点的运营模式,研发、采购、组装、渠道、营销及发货仓储都有可能散布在不同的国度与区域中。要整合一个完整的运营机能,必须要靠 IT 技术,要依赖完整共享的信息资源整合。ERP 正是管理这些资源的系统,没有 ERP 系统的协助,企业就会像盲人般的无助。

(2) 应用信息系统从过去的区域分散应用,已经渐渐的整合连连成为实时性的集团营运系统。过去几年跨国集团的营运据点、子公司或关系企业,会依据其企业规模选择适合自己的应用信息系统来应用。但这两年的趋势发生了改变,集团营运的据点正以集团 ERP 系统为中心慢慢地在进行系统整合。这些据点或分公司在面临着第二次的 ERP 系统更新,并已逐渐淘汰当时的独立系统,选择与母公司或营运总部相同的平台、数据库及应用系统。原因是什么呢? 降低整合界面以提升信息效能,时间和反应速度是 21 世纪企业竞争优势的关键因素。

3. 企业经营策略的执行

策略执行需要更多的经营成果分析与模拟,信息科技的应用正逢其时。知识经济时代,快速的反应及更快速的变革是企业生存必备的条件。信息科技创造的效益正得以有效地发挥,从趋势分析、数据收集、分析、整合、模拟及决策,这些都是过去需要花费庞大的人力、成本及时间才能获得的,而现在靠着 ERP 衍生的 SEM、EIS、DDS 及 BI 系统的应用,企业就能轻松获得效益。

4. 信息化的范围扩及核心知识

过去的经营者担忧核心竞争知识在信息化的整合或集中化后,如果出现不妥善的管理,很容易造成机密外流,而造成企业的营运风险或产生负面的影响,所以企业只对日常的业务流程进行了信息化。这样的观念在现今的经营理念中慢慢地改观了,我们发现越来越多的 CEO 或 CIO 开始努力把所有营运模式整合到信息系统中,凭借信息化的优势和效益来拉大与竞争对手间的差距。

举例来说,过去 10 年中企业信息化时,我们有时会遇到一些忧心忡忡的经营者,他们只愿意将 BCD 分类的客户(非重点出货客户)放到信息化系统中,因为担心重要的数据容易被窃用,所以重要的客户使用另一套管理流程。除此之外,他们还会担心内部的制造成本被员工或他人知道,造成利润曝光,影响接单或经营。所以很多的企业存货管理都只有数量没有成本,要问成本或报价就得去问财务部,当然财务部就必须单独有一套存货的计价方式,那么财务账上的存货数量跟存货账就有可能数量不符。

而现在呢?企业除了内部的资源管理,连潜在市场的经营都需要通过信息化来管理,客户关系管理系统 CRM 是典型的例子。CRM 系统中必须就潜在客户的营销、客户经营轨迹一一地建档登记,并进一步地分析及控管,以便尽快促成交易。这样的管理在过去是比较难让企业经营者接受的,因为潜在客户的经营更加机密,稍一疏忽都会出现更多的竞争对手。又如制造的实际成本计算的精密度还不够,现在还要精算到 ABC(Activity-based Costing)作业基础成本会计制度。

经营者难道不再担心这些重要的经营信息外泄吗?当然担心的。但是经营者更担心由于信息管理的不到位,丧失了获利的商机。所以风险要评估,然后还要控管,经营者的 IT 应用观念已经越来越成熟与积极。

5. ERP 应用的深度及广度正快速地成长及发展

更多的系统整合需求正在急速的蔓延中,对企业及 ERP 软件供应商来说,都是一种更艰辛的挑战。在过去,有 20 个模块的信息系统就算功能庞大了,但现在神州数码易飞 ERP 系统已经超过了 30 几个功能模块,即使这么多的模块被陆续开发出来,还是无法满足企业整体运营的需求。目前企业在 ERP 应用中,约 95％的企业都有个案二次开发的需求。在过去,属于企业运营管理核心的关键性模块,如:研发管理、CAD 系统、MES 系统、CRM 系统、绩效考核系统、自动仓储系统、流通的派车调度系统等,往往被认为不需要跟信息系统整合,甚至被要求不能整合的。目前企业的思维方式不断改变中,在 ERP 供应商选型中,企业开始要求提供整合成功案例以证明整合能力,不难看出企业对整合的需求迫切及重视度。

下面举一些系统整合的案例,从这些案例中可以看出 ERP 系统与其他系统整合的需求概况。

【案例 A】 ERP 与条形码/RFID 的整合如图 1-10 所示。

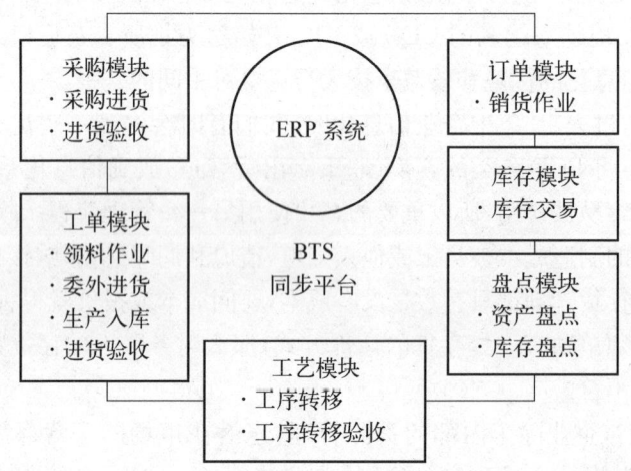

图 1-10 ERP 与条形码整合图

过去的制造业中,条形码最常应用在商品的存货盘点及固定资产盘点上。所谓商品的存货盘点是在储存的料架上或包装上,将品号数据转换成条形码卷标,粘贴在架上。当盘点时利用扫描机将条形码读入,只要将数量登录就好,如此可简化盘点的流程。如图 1-11 所示。

除了盘点的功能,企业还可将采购的重要信息,如采购单单号序号、数量及日期等转换成特殊的条形码标示,要求供应商交货时将这些条形码贴在外包箱上,透过数据扫描仪读取,数据比对数量核对无误后,可自动产生进货单。这样不仅可以提升进出货数据输入效率,还可以降低人员输入错误的风险。

条码简单易用、成本效益高,已成为应用最广、最久的向企业应用提供精确数据的有力工具。企业信息化软件的效能的进一步改善在很大程度将依赖于条码和通讯技术的应用和发展。目前在企业应用中,比条码更有前途的自动识别和数据

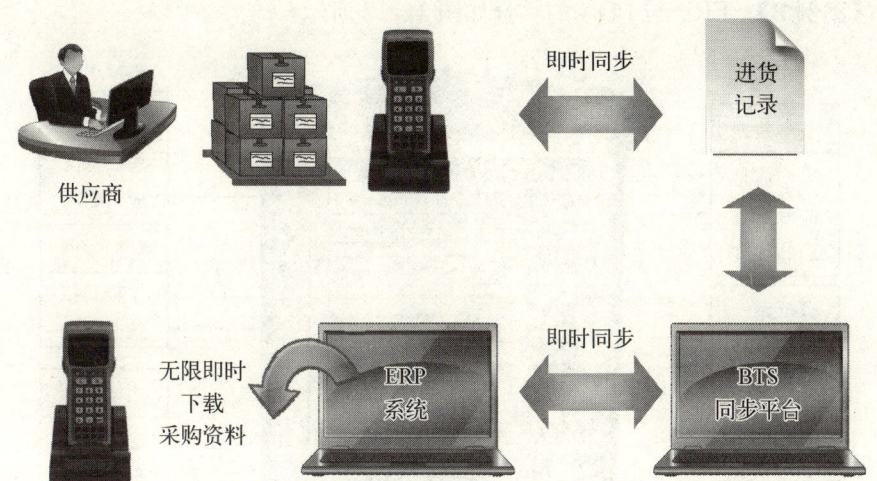

图 1-11　企业盘点流程示意图

采集技术是射频识别 Radio Frequency Identification（RFID）技术。

物流行业 RFID 的应用已经深入人心，可是在企业信息化中，RFID 如何发挥其优势，许多人并不了解。当 RFID 与 ERP 走到一起，它们的结合给制造业带来了新的发展。

RFID 技术和 ERP 系统的集成，可以帮助企业全程跟踪它们的产品。在制造业环境中，货物会带有一个 RFID 标签，标签上含有一个被称作全球贸易识别号（GTIN）的独特电子代码，以及一个可在供应链上的任何一点识别货物的序列号。货物被单独或成批打包之后会被统一放置在托盘上，托盘也带有一个 RFID 标签。当货物离开工厂经过大门时，RFID 读写器将会读取托盘和货箱上的标签，对所有的产品进行识别，并自动生成货物清单。标签上的信息将会在配送中心或仓库中再次被阅读，以确认其到达，然后传入存货系统。每次读取都会提供既完整又准确的接收信息以及后台和前台的存货情况。最后这些信息将被传输到 ERP 系统。

必须看到，随着多数企业和产品的生产模式从 MTS 向 ATO 或 ETO 模式转变，从大量生产方式向精益方式转变，对包括原材料、在制品、零件和最终产品等所有物料的跟踪和控制就显得越来越重要。物料和质量的跟踪将是 ERP 系统的繁重任务。而采用以条码/RFID 等自动识别和数据采集手段，则是化解这日益加重的信息识别和采集问题的有效方法。

我们认为，条码/RFID 等先进自动识别技术与 ERP 的集成，不仅是对 ERP 数据处理手段的补充，还对实现 ERP 真正的物流、信息流的集成、对充分发挥 ERP 的功效起着强有力的杠杆作用。

【案例 B】 ERP 与 PDA 的整合如图 1-12 所示。

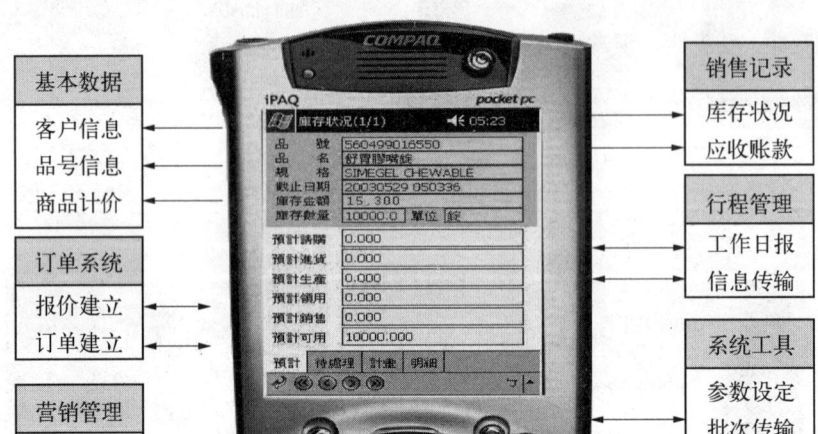

图 1-12　ERP & PDA 整合架构图

PDA 对现代的精英白领来说，已经是不可或缺的个人行政助理了，业务人员几乎人手一机，最常被使用的功能就是行事历管理、电话簿及记事本等。企业信息整合首先就希望透过 PDA 来协助业务人员提升接单的效率及有效的客户管理。

业务人员在拜访客户时，常常要将 ERP 的客户基本数据导入 PDA 中，如客户地址、联络电话，如果有订单未出货的，还要准备数据逐一记录，免得当场被客户询问无法应对。如果客户的应收账款未有效地催收，也会造成公司的损失。如果拜访客户是为了接到更多的订单，还要准备商品的资料，如规格、单价、促销价格及目前库存等信息。否则一趟客户拜访完了，就有一连串的行政工作要做，查商品单价、折让、促销价格、查生产产能、查哪一个发货仓库有货、查不同交运方式、不同受订数量的单价等等。如果再遇到信息不完整的状况，还要电话联系或是第二次拜访客户，报价单要一次命中的机会实属少数，二至三次报价流程几乎是家常便饭。

因此，企业经营者开始思考有没有机会将 ERP 中跟业务部门的报价接单或客户管理有关的信息下载到 PDA 上，业务人员可以在客户那里就把报价单处理好，甚至数据输入完整。需要同客户协商的可以当场确认，如果没问题回到公司就可打印正式报价单了。在客户端就能有效地完成报价流程，这不仅提升业务人员的作业效率，对客户缩短采购周期也是一个双赢的策略，当然是皆大欢喜的结果。

也许有些企业经营者会担心这些客户商品的资料万一泄露出去会怎么样？所

以适当的数据切割及权限管理是必要的。风险总是存在,所以数据风险控管必须更加小心与谨慎。

【**案例 C**】 ERP 与自动仓储系统的整合如图 1-13 所示。

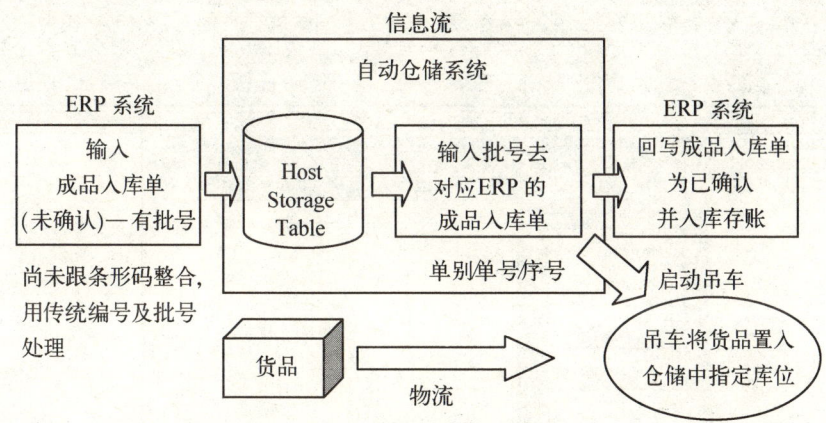

**图 1-13　ERP & 自动仓储整合架构图**

这是一家精密零件制造工厂的案例,因商品体积非常小,商品种类繁杂规格差异又不大,属于高单价高附加价值的商品,存货管理要求较高。因此企业搭建了一套自动仓储系统,来储存及管理这些精密商品。这个系统跟 ERP 的整合主要在商品的出入库时实体与账务间的整合。

(1) 当车间制造成品完成后,将成品交到仓库,并直接在 ERP 系统输入生产入库单。

(2) 当仓管人员接到实体货品,查对 ERP 批号及实体货品无误时,将实体送到自动仓储的入口,在自动仓储系统记录完整的入仓及储位后,启动吊车归位。

(3) 自动仓储货品定位时,会将数据讯息通知 ERP 系统来执行单据确认。

从以上业务流程可以看出,账务在 ERP 系统控管,而成品的实体位置是在自动仓储系统控制的。

【**案例 D**】 ERP 与 CAD 系统的整合如图 1-14 所示。

有些企业的商品种类很多,规格差异又不大,所以希望在商品进出库、加工生产或者采购时,能让人员看到图面再次确认。这样可以算是一种预防,也可以说是一种辅助信息。所以在一些关键的 ERP 作业中,如 BOM 变更单、采购单、工单、进货单或出货单等单据的录入作业中,新增了与 CAD 链接的界面或功能,只要有"品号"的字段,都可同时开启 CAD 的查询图档。

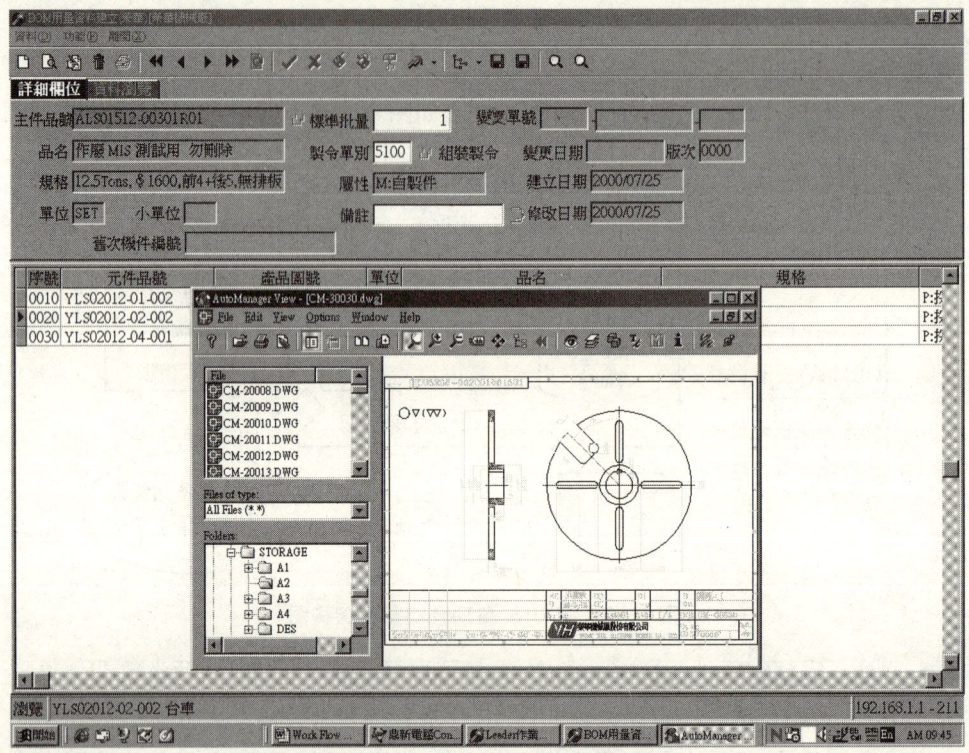

图 1-14 ERP&CAD 系统整合图

【案例 E】 ERP 与 MES 系统的整合如图 1-15 所示。

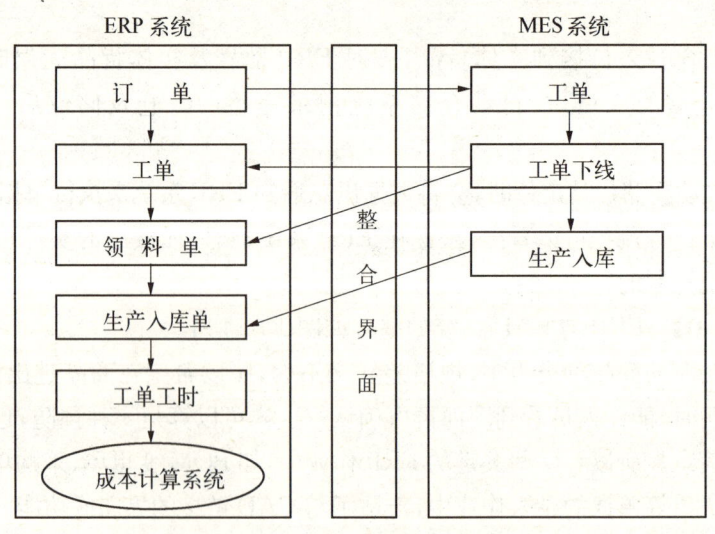

图 1-15 ERP&MES 系统整合图

自动化的生产形态对高科技产业来说一点都不陌生,生产的派工及执行一般都通过 MES 系统来计划及执行,然后将其生产过程的信息通过 MES 系统来搜集、记录、保存与统计分析。

这个案例是企业需要通过 MES 系统来控制生产程序,但是需要 ERP 系统来管理接单、采购、存货及计算实际生产成本。所以,两个系统就有了整合的需求。

(1) 在 ERP 系统输入订单

(2) 通过整合界面将数据抛转给 MES 系统

(3) 在 MES 系统控制设备的派工与生产,当完工后,将完工的信息包含生产量、机器耗时、人工耗时等数据,通过整合界面同步生成工单信息到 ERP 成本计算系统

(4) 在 ERP 系统中执行成本计算,最终得到完整的商品制造成本

从以上业务流程可以看出,MES 系统无计算实际成本和存货管理的功能;当然 ERP 系统也不能直接驱动自动化设备、记录设备生产的生产条件等。所以 MES 系统和 ERP 系统是两个技术领域,两家的系统供应商也不会跨越对方的专业领域,所以整合是必经之路。

【案例 F】 ERP 与地磅系统的整合如图 1-16 所示。

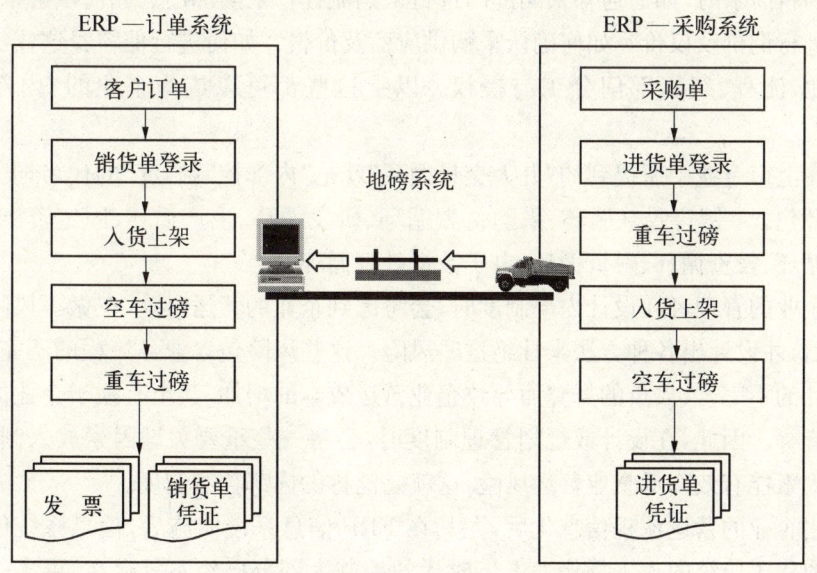

图 1-16 ERP & 地磅系统整合示意图

这是一家钢铁厂的案例,地磅系统是钢铁厂必备的度量工具。ERP 中有采购

原物料的进货单、钢筋或钢条的出货单。但正确的计量重量却来源于地磅系统的输出信息，如果要节省去两个系统中分别录入信息的行政成本，同时又为了防止信息时差或误差等问题，两个系统的整合需求就是必然的。这个案例将系统连接在一起，数据同步，整合虽然不复杂，但是却很实在和实用。

通过以上六个案例，可以体会到 ERP 的发展与异构管理系统整合的意义及趋势，这些整合并没想象中的困难和复杂，但却会成为未来几年企业信息化的主要项目。希望通过这些案例能协助您了解 ERP 的普及和在企业应用的趋势。

## 1.3 ERP 信息系统与企业内部控制的关联

如今，企业的管理者越来越意识到必须建立一套完整的内部管理制度，来协助并更有效地管理一家企业。为何要建立管理制度呢？简单地说，建立一套管理机制能让组织的运作更加有效率，这制度包含组织的分工与授权、作业流程、各项标准及表单、激励与奖惩办法等。

有了一套管理制度，企业就有了做事所遵循的依据。比如，当客户来电要求报价时，应该如何填写报价单，报价单要经过什么流程的核准才算有效？当生产部门有原物料需求时，如何通知采购部门进行采购流程？采购部门又如何填写采购单？如何进行询价及议价？如何确认采购供应商及价格？如何进行催料？这些都涵盖着表单、流程、组织部门分工与授权。以上这些都可以成为企业的"内部管理制度"。

在上市企业中所提到的"九大交易循环"就是"内部控制制度"的代名词。这九大循环包含：销售收款循环、采购付款循环、研发循环、生产循环、固定资产循环、薪资循环、投资循环、融资循环、电子数据处理循环。

企业的管理者在设计内部制度时，会考虑到企业的营运风险，在做了风险评价分析后，才设计出各种方法来杜绝这些风险。这些风险包含业务流程的不完整、制度设计的不完善、人员的舞弊而导致企业营运成本的增加，甚至有损于企业的获利或商誉等。因此，在设计或规划管理制度时，会将一些重要关键因素放入制度中，这些因素能有效降低企业营运风险，这就是泛称的内部控制制度。

当企业的营运流程信息化后，尤其在 ERP 信息系统实施后，信息系统的作业流程取代了传统的人工操作。人工时代的控制大部分已经不复存在，更多的控制是由 ERP 系统来取代或执行。

所以在学习和研究 ERP 系统之前，就有必要了解 ERP 系统的控制模式。了解控制模式的目的,更加有利于在学习 ERP 系统中更深入理解 ERP 作业与管理之间的关联。

针对 ERP 系统中常见的控制模式列举了七种类型,下面对每一种类型的控制方法进行简单的说明。

- 授权控制——新增、修改、删除、审核、输出。
- 参数设定——事前有效杜绝风险或控制风险发生的途径。
- 流程控管——利用流程来控制监督风险。
- 数据控管——数据 Input/数据切割/数据增修、删除/Output/数据库管理。
- 实时警示讯息提醒——信息监控或预期报表提示。
- 事后差异分析——统计报表、异常检视报表、趋势分析。
- 利用 IT 技术、网络环境、硬件及技术的控管。

1. 授权控制——新增、修改、删除、审核、输出

信息化最大的效益就是信息和数据的共享,只拥有信息系统的最高权限,任何人都可以执行数据的新增、修改、删除、查阅及数据输出。过去有关管理风险的控制是通过制度、组织、分工授权等来进行控管。当信息化后就必须靠 ERP 系统的每一模块作业的权限来控制。

举例来说,"采购管理系统"的"录入供应商信息"是登记供应商基本数据的地方,包含供应商的付款信息、地址、电话等。这个基本数据过去是由采购人员来管理,因此当企业信息化后,每一个供应商信息的新增、修改权限,也应该由采购人员来管理,不该授权给仓储人员或业务人员进行新增或者修改。当然对于报表的输出,也要做权限控管,不允许员工轻易地将书面数据带出工作场所,以防止数据的泄密。如图 1-17 所示。

2. 参数设定——事前有效杜绝风险或控制风险发生的途径

ERP 系统中一般有非常多的参数设定作业,这些参数设定作业一方面是信息系统供应商为了更有弹性地设计 ERP 系统,以面向不同企业管理模式的需求;另一方面也是一种控制模式,有些企业在制度上有些特殊的规定,这些规定会影响后续业务流程。

举例来说,企业的"存货计价方式"会采用"标准成本制"或者是"实际成本制",不同的选择产生的库存存货价值是不同的。存货计价方式一般有其延续性,不应该在会计年度期间内随意修改调整。一旦设定后一般都会沿用多年,所以在 ERP 系统上线初期就应该设定完成。如图 1-18 所示。

又例如,企业的"税率",目前规定一般纳税人增值税税率是 17%,故可以将税率设在参数设定中,这样在进货及销货时税额就会依据这个"税率"来计算。

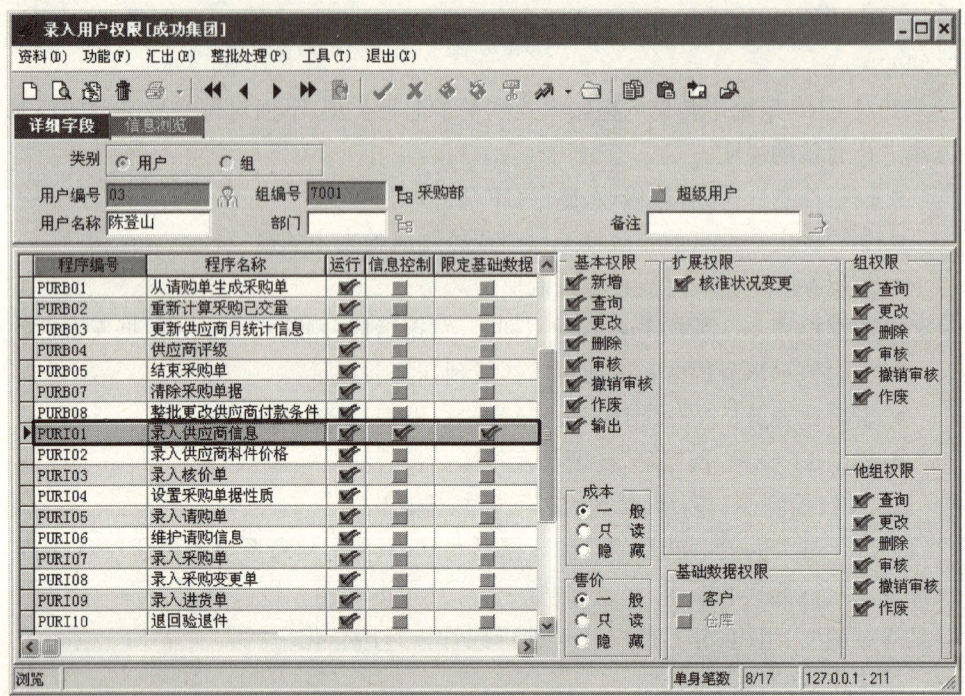

图 1-17　录入用户权限示意图

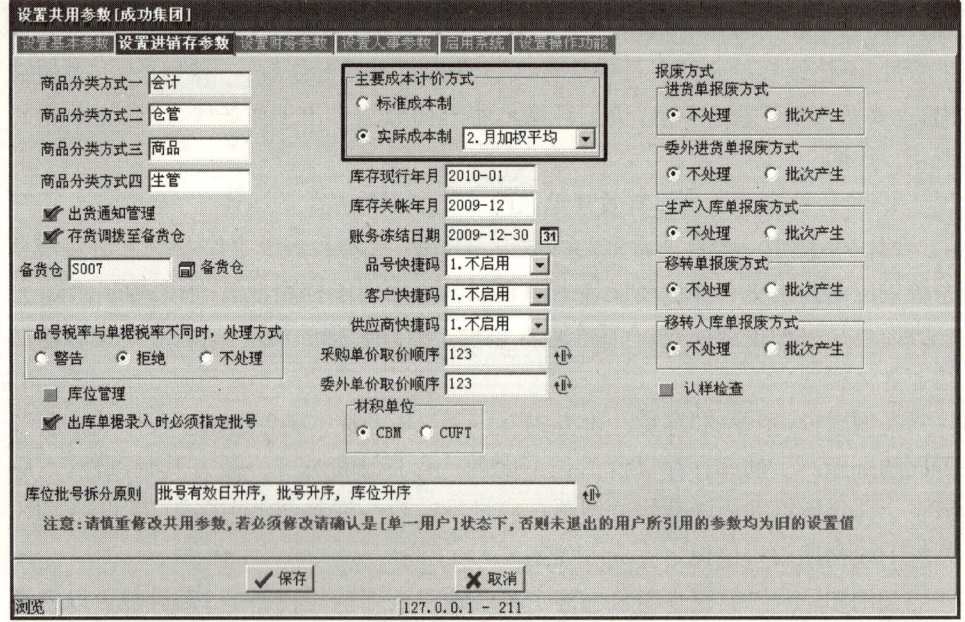

图 1-18　设置公用参数—进销存参数示意图

需要注意的是，参数设定作业的权限应该要赋予特定专人管理，不得随意修改，因为会影响整体公司的运作流程。如图 1-19 所示。

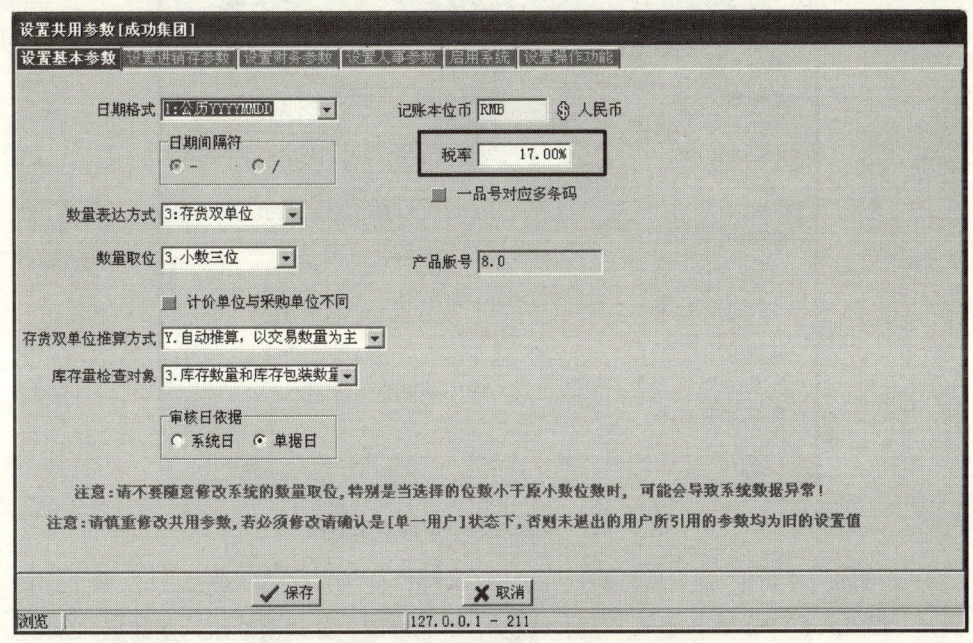

图 1-19　设置共用参数—基本参数示意图

3. 流程控管——利用流程来控制监督风险

举例来说，企业在进行收料时，为了确保收料货品的时间、规格、数量都是正确的，通常会要求供应商在送货单上标示出原始的采购单号，以方便收料人员核对采购人员递送过来的采购单（仓储联），核对没问题后，才可以进行点收的作业。核对作业常常耗用很多数据检验的时间，并且效率不高。

当 ERP 系统导入后，我们可以在"录入进货单"中，输入采购单的编号，这样可轻易找到采购的商品信息。如果商品信息跟实物不相符，就不进行点收。如果采购单号不存在，当然更不能允收货品。有关这个流程的关联设定就在"采购管理系统"的"设置采购单据性质"作业中，可以通过进货单据的"核对采购"选项进行设定。如图 1-20 所示。

4. 数据控管——数据 Input/数据切割/数据增修与删除/数据 Output/数据库管理

举例来说，"存货管理子系统"的"录入品号信息"作业会依不同职能拆解成不同的作业程序，有仓管、采购、业务、会计、Shipping 及品管等，这样设计是为了让数据的新增、修改等权限更加精准，让数据在不同职能中有管理范围的区分。

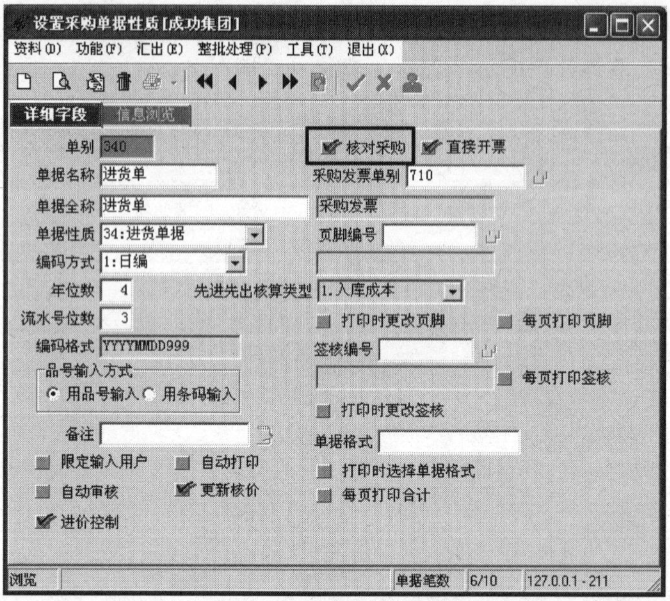

图 1-20　设置采购单据性质示意图

又例如为了防止"录入品号信息"的"库存数量"及"库存金额"被误改,这两个字段只是 DISPLAY ONLY(仅显示),表示只显示,不能修改。如果要修改这些数据,必须通过跟库存有关的交易单据来调整,绝不能自行在此作业中修改。如图 1-21 所示。

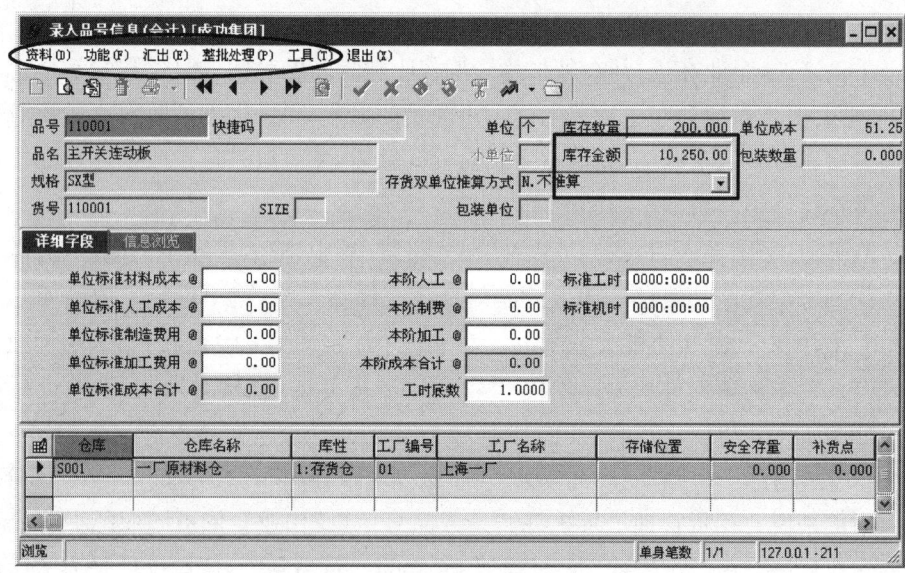

图 1-21　录入品号信息(会计)示意图

### 5. 实时警示讯息提醒——信息监控或预期报表提示

如果仓库在到货点收时,计算机就能提出信息告诉收料者,这笔货品属于缺料中的品号,则有助于仓库人员尽快处理该货品的收料及验收,以降低制造车间停工待料的时间。

另外,亦可以设计一些条件在实时监控程序中,例如,有延迟进货超过 5 天的、或是应收账款超过 60 天的数据,能自动产生报表,以 BB-CALL 方式通知相关人员发生资料异常应尽快处理。如图 1-22 所示。

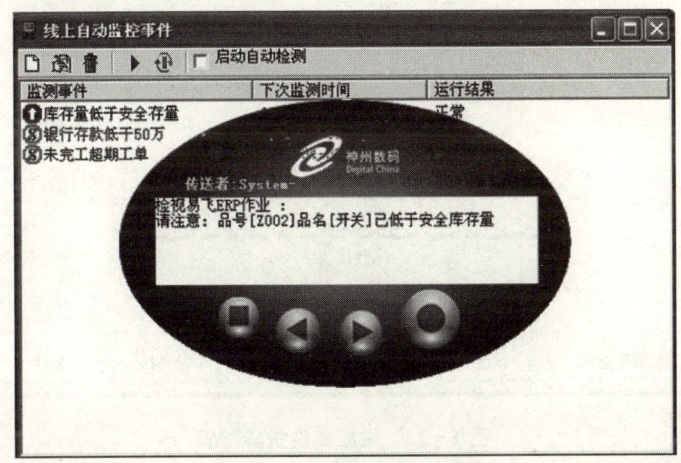

图 1-22　线上自动监控事件

### 6. 事后差异分析——统计报表、异常检视报表、趋势分析

ERP 中有些作业流程是有风险的,但是为了考虑作业绩效、客户满意度或者工作效率,会将一些简单的决策授权给一线的执行人员,以下举两个例子来说明。

[例1] 当收料人员进货时,可能会遇到供应商交货的特殊状况,如超收、迟交料、提早收料等情形。这些状况的发生多少都会影响到存货的成本,或者车间制造费用的增加。但是如果在收料当时去逐笔审查追踪这些状况,又不符合实际管理,因此企业常常会在每月定期地由负责人员来产生报表进行分析。"采购管理子系统"中的"供应商供货异常表"就是一张很好的事后分析报表。如图 1-23 所示。

[例2] 采购人员在进行采购作业时,可能因为特殊状况必须更换主要供货商,或者调整已经经过审核的采购单价。为了要让采购业务能够顺利进行,企业一般都会授权给采购人员去管控。但是事后管理者应该有管理机制来分析采购人员做得好与不好,有没有需要进行调整的。"采购管理子系统"中"采购价格异常表"也是一张很好的事后管理报表。如图 1-24 所示。

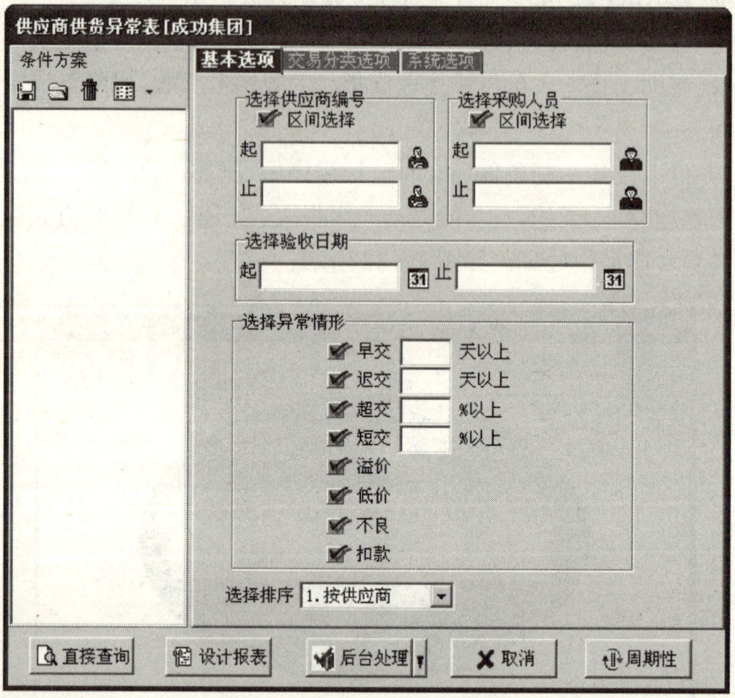

图 1-23 供应商供货异常表

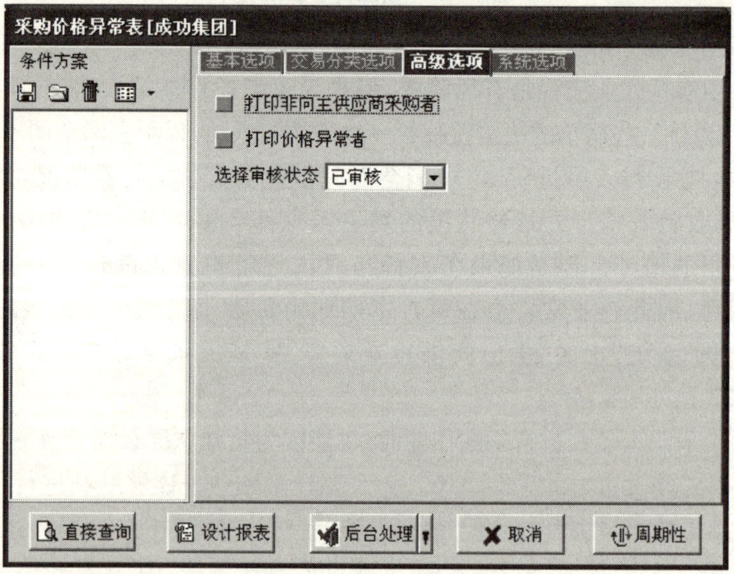

图 1-24 采购价格异常表

7. 利用 IT 技术、网络环境、硬件及技术的控管

这一类型的控制方向可以放在信息安全控管及公司信息安全的策略设定上，以下举简单例子来说明：

(1) 担心企业的内部研发机密外泄，研发部门的信息系统为一个封闭的网络，跟其他信息系统不完全连接，就算有连接，其网络设计也应该区隔出来。

(2) 为防止公司数据外泄，全部的 Client 端没有磁盘驱动器，同时禁止使用 USB 可移式的硬件装置。所有刻录设备一律禁止。

(3) 关键性文件的取用须经过多重的授权，或由数据管理中心统一取得。

(4) 设定报表印制中心，特定敏感性报表的输出，必须通过统一管理。

企业营运流程尚未信息化前，会分析营运流程的风险，因此会设计很多的制度及标准来防范风险的发生。当企业将作业流程以信息系统来执行或控管后，事实上有些风险会被规避、杜绝或降低。但是，同时也可能产生另外的风险。目前，信息安全策略的管理是这个阶段非常热门的议题，被广泛地讨论并建立了很多的机制，甚至发展出很多的技术，都是为了防止或降低信息化所产生的另外的风险。

因此，最后提醒所有 ERP 的学习者，除了学习 ERP 系统如何操作外，更应该了解 ERP 信息系统在企业内部管理中所扮演的角色。

# 第 2 章 / ERP 对企业营运效益

## 2.1 ERP 实施上线改变企业的作业程序及信息联系

企业为了达成公司组织目标,掌握营运流程,从而设计公司组织、规章和流程来协助营运管理。那么这些流程包含有哪些方面呢?其中包含了销售收款、采购付款、生产、研发、人力资源、固定资产、融资、投资和电子数据处理循环这些企业管理中的九大循环,这些管理循环的内容非常复杂,每一个循环内容都涵盖了特定的内容。为了让大家更清楚企业信息化对企业营运的影响,下面我们通过销售循环的流程来进行说明。

### 2.1.1 从销售收款循环的流程来看企业营运的复杂度

销售收款循环的流程如图 2-1 所示。

图 2-1 为企业销售收款循环流程图,从图中我们可以看出,销售收款管理循环包含 17 个小单元,其中每一个小单元又包含许多的管理内容,从表 2-1 销售收款循环流程与办法中可清楚看出每一个小单元所包含的运营流程。

### 2.1.2 从销售的报价流程来详细说明企业营运流程运作的复杂度

在销售人员给客户报价之前,为了满足客户要求的报价信息,销售人员必须事先准备好完整的商品信息记录,那主要包含哪些信息呢?从图 2-2 可以看出,主要包含客户基本资料、商品目录与价格、产成品库存记录、商品包装方式、客户历史报价单、商品 BOM 及成本表、运输进度表、生产排程表、商品生产顺序表。

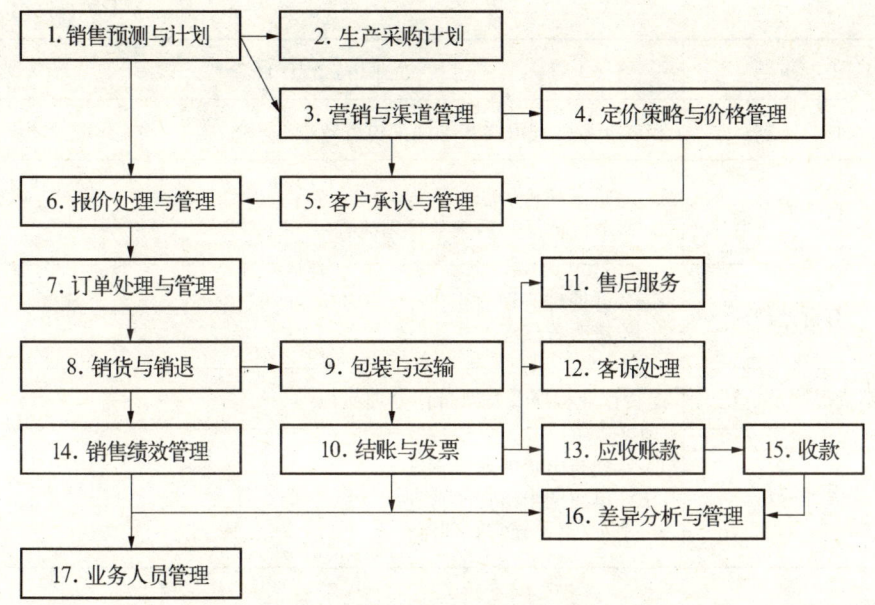

**图 2-1 企业销售收款循环流程图**

**表 2-1 销售收款循环流程与办法**

| 主 题 | 企业运营程序涵盖 |
| --- | --- |
| 销售计划 | 销售计划管理办法 |
| 客户资格审核 | 1. 客户信用管理办法<br>2. 客户管理与评级办法 |
| 订单处理 | 1. 接单审核管理流程<br>2. 订单变更管理流程<br>3. 新商品销售管理流程<br>4. 促销方案管理办法<br>5. 商品定价策略管理办法<br>6. 合约审核签订管理办法<br>7. 经销商/协销管理办法<br>8. 客户文件信息管理办法 |
| 销货处理 | 1. 销货作业流程—不同销货模式<br>2. 开发票处理流程 |
| 应收账款 | 1. 账款处理流程<br>2. 应收账款管理流程<br>3. 坏账处理流程 |

(续表)

| 主　题 | 企业运营程序涵盖 |
|---|---|
| 收　款 | 收款冲账管理流程—不同支付方式 |
| 售后服务 | 1. 退货商品售后服务流程<br>2. 服务性商品售后服务管理流程 |
| 客诉处理 | 1. 客诉处理流程<br>2. 质量改善流程 |
| 销货退回及折让 | 退货作业程序及发票折让处理流程 |
| 差异分析 | 1. 计划与出货的差异管理<br>2. 订单超期未出货的管理<br>3. 销货/销退异常管理流程 |

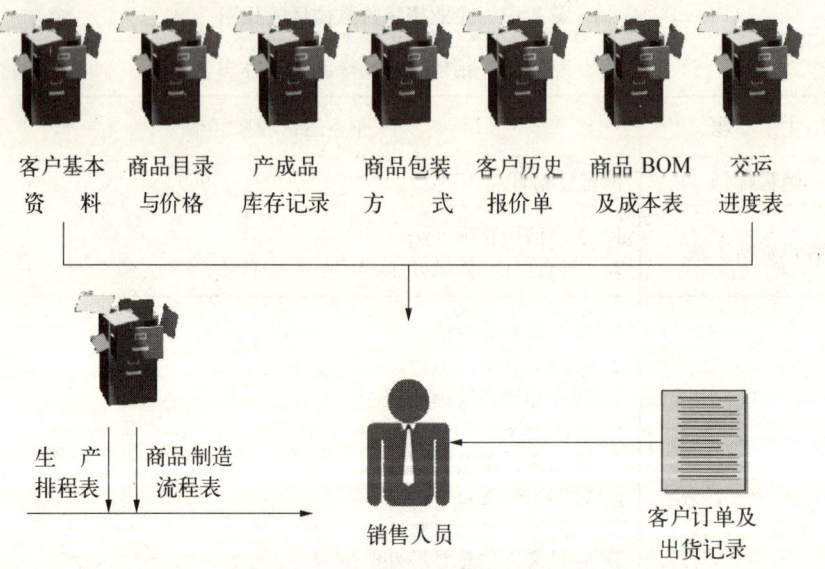

图 2-2　销售接单的众多信息需求

而从图 2-3 又可以看出从客户要求报价开始,销售人员有大量的实时信息需要汇总。

所以,当销售人员接到客户商品报价需求时,

■ 销售人员必须先了解客户要求的商品品名、数量、期望交货时间及预算、交

第 2 章 ERP 对企业营运效益 | 41

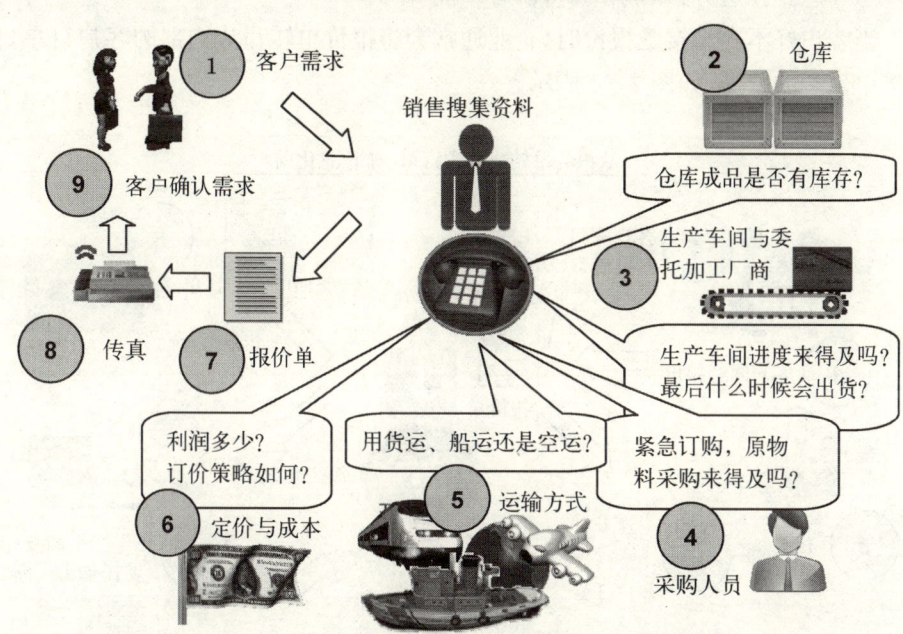

图 2-3 销售人员接到客户报价需求时的信息汇总

易条件、交货方式；
- 然后仓管人员会检查成品仓库是否有足够的库存；
- 如果没有就必须询问生产管理部门，是否有能力如期生产交货或者最近一次的交货日期为什么时候？
- 如果不能生产时，能不能委外呢？外包的成本会比较高吗？
- 当厂内的产能没问题时，有没有原材料进货来不及的困扰呢？
- 如果有，紧急采购来得及吗？需要通过采购人员进行协助催料吗？
- 交货给客户的方式是否有特别的地方，需不需要特别联系处理呢？
- 这批订单的利润是否低于预期，需不需要请财务会计部门协助计算单价成本及利润？
- 尤其有些报价单若是新产品或特殊新增元件，还必须通过研发部门的审查测试与验证，而某些订单金额超过信用额度，或者有罚款赔偿条款等报价数据，企业可能会有一套风险控制体制来进行控制。

因此一张报价单的程序从开始处理到结束，整个的响应的时间单位已经不是"小时"，应该是"天"。假如企业内部信息管理及联系不当，更有可能必须要"周"的时间才能完成。

想一想！在这分秒必争的时代,客户能等吗？

当客户好不容易接受报价时,企业通常会将报价单转写成内部的客户订单,作为接单生产的依据,如图2-4所示。

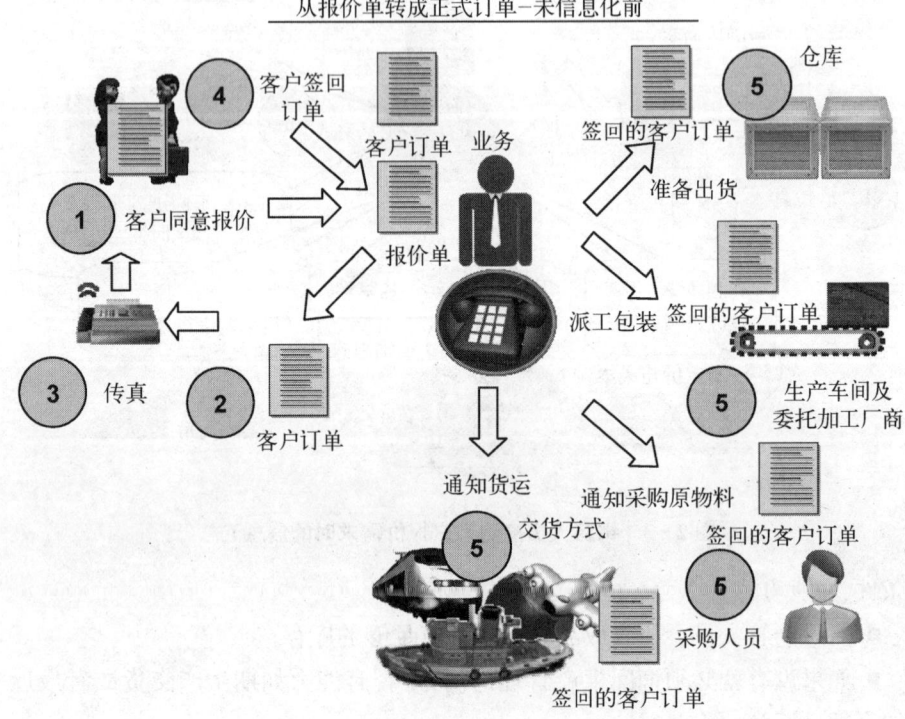

图2-4 销售从报价单转成内部订单的程序

通常,企业的报价单是给客户看的,内容包含商品品名、规格、单价、交货方式、交货日期、包装方式等,这些信息都跟订单出货有关,但这些属于外部的信息并不适合将其直接当成内部信息来传递。所以销售部门就会把对外的报价单转换成内部的"客户订单"。有些公司还会要求客户签回正式的订单,作为订货的依据。

从上述报价到接单确定的这个例子中,我们应该不难发现,一张订单的成交是需要经过多少道流程、单据、管理及控制流程。当全球化生产布局后,组织分工更细,跨区域的营运模式更加广泛时,处理这些流程就不能再用传统的方式来进行,信息化是唯一的解决方案。以下我们来看信息化后的数据处理到底有何不同？

信息化后销售人员只要启动计算机,就可看到许多已经授权的信息。从图2-5可以看出企业信息后,信息规格标准化,信息维护、分工更加细腻。

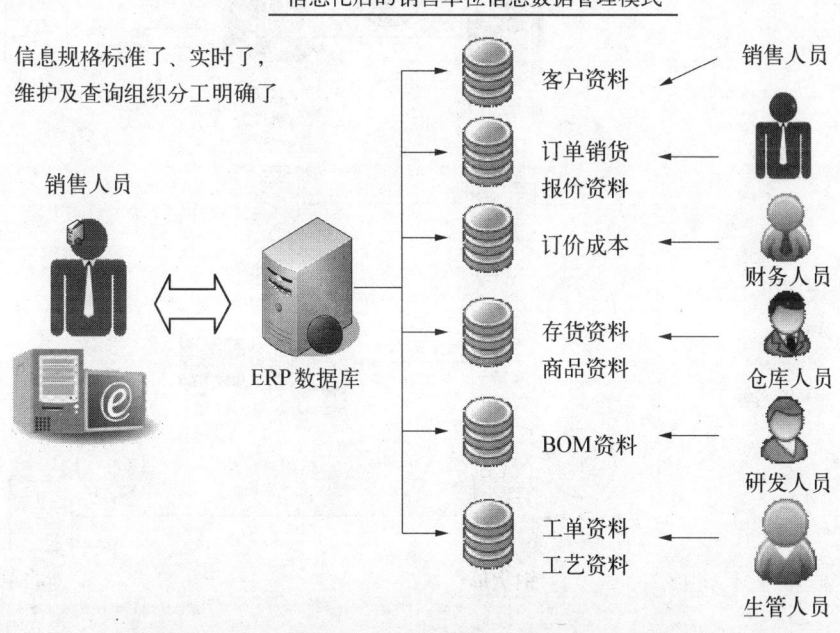

**图2-5 企业信息化时——销售部门的需求信息文档化**

信息化的第一件事就是要把营运所需要的数据进行分析与规划,把这些数据建立在一个完整的数据库中,而且针对这些数据的输入、修改、删除进行规范与分工,让这些数据由各责任部门来进行维护。当销售人员需要这些信息来支持时,不需要通过电话与面对沟通,只需要启动程序,在任何时间点,所有的信息全部得以瞬间掌握。

若维护的人员资料不够正确与实时,则前端的销售人员取得资料就不会正确了。不过如果企业真的有这样的问题,并不会在信息化后才会发生,数据不正确的问题可能发生在任何一个时间环节。

销售部门流程信息化后,改变了作业流程及数据流。

通过数据库的管理功能,将有联系的单据,通过复制的功能关联起来,如客户订单可通过复制报价单产生;销货单通过复制客户订单产生,这样就可以提升很多销售人员的行政效率,让销售人员免去录入单据的时间,从而有更多的时间可以花在客户的开发、经营及管理工作上。图2-6为销售部门流程信息化后的单据数据与ERP系统的关联,从这张图,我们可以清楚了解在所有程序中数据只要有联系就不需重复登录。

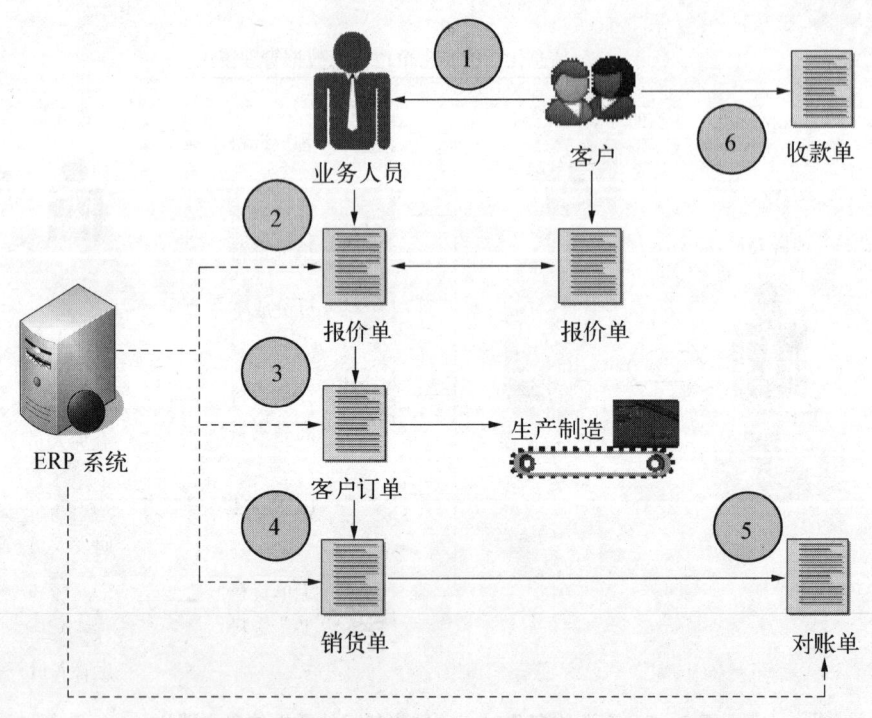

图 2-6　销售部门流程信息化后——单据数据与 ERP 系统关联

### 2.1.3　企业营运流程哪些有信息化的需求

当企业清楚了解信息化对营运流程的效益时,经营者就开始思考哪些流程需要进行信息化？哪些流程可以信息化？图 2-7 是以企业营运五大职能的信息化方向为基础,经过管理分析和系统分析,设计出涵盖这五大职能的主要信息化流程。

ERP 系统在开发时需要事先设计管理架构及标准流程,根据 ERP 系统的市场定位、产业特性(制造业组装加工、流通、买卖等)、目标客户的企业规模(企业人数或交易规模大小)、管理营运模式(流程控制、系统控制、监督机制等)及前人的信息化成功经验来进行分析设计,这样才能开发一套符合行业特性的 ERP 系统。到 2008 年年底已经突破 1 300 家客户实施易飞 ERP,全国已有近 50 家的大专院校购买易飞 ERP 作为教学使用,易飞 ERP 是目前市面上最成熟和热门的 ERP 系统之一。

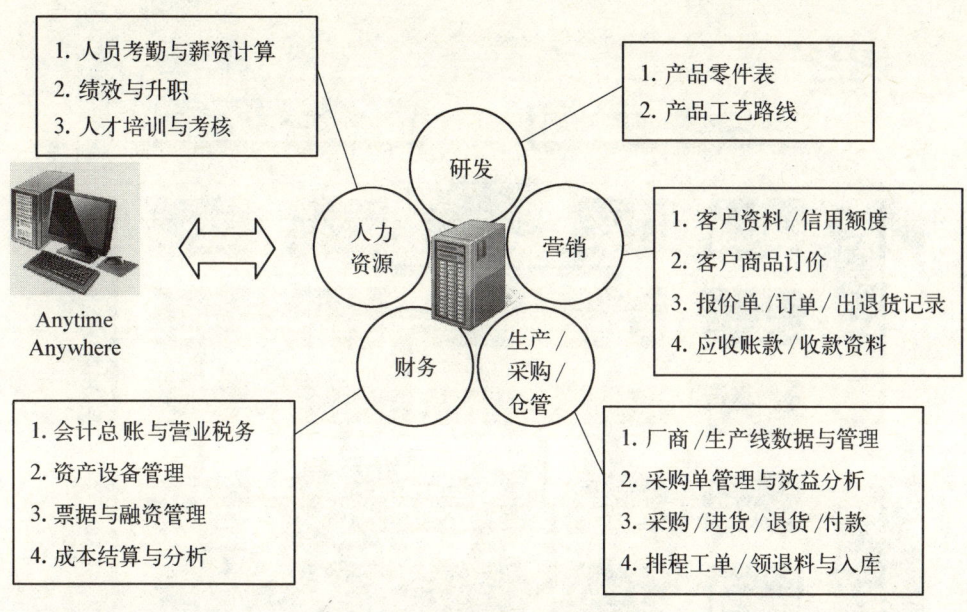

图 2-7 企业信息化范围的构思

## 2.2 易飞 ERP 模块架构与效益

### 2.2.1 易飞 ERP 模块架构

易飞 ERP 的开发从系统分析到初期成功上市销售历经了 2 年多的时间。初期上市时只是先完成企业常用的十几个模块，发展至今已经发展到三十几个模块。除了企业营运必备的二十几个模块是企业必选的，为了满足企业信息化的深度，还特别开发了一些特殊管理模块。这些模块都是相互关联的，只要企业有信息化的需求，选购模块后都能轻松上线。图 2-8 是易飞 ERP 7.0 版本的系统架构图。

那么易飞 ERP 涵盖了哪些模块呢？

从表 2-2 易飞 ERP 全模块一览表中可看出各模块的名称等信息，企业在实施这些模块时，并不是一开始就全部一起上线，通常企业会分阶段来实施。最常见的可分为三个阶段：第一阶段为基础模块从 1~17；第二阶段为整合性模块，待基本模块上线成功后，再逐步地实施，如表中模块 18、19；而第三阶段就是管理决策分析模块，如表中 39~43。其他的模块是一些选择性的系统，要根据企业的预算

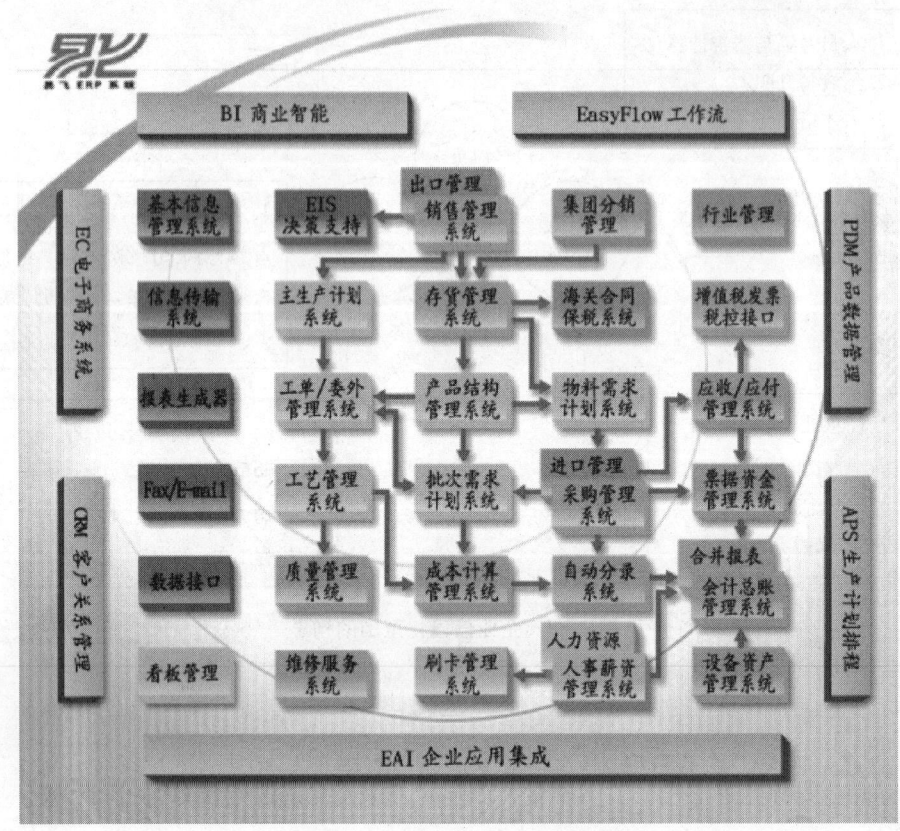

图 2-8 易飞 ERP 系统架构图

及管理需求来进行规划,不是一定要选择的,不过这些模块并不能独立上线,都必须在基本模块上线后才能上线。

表 2-2 易飞 ERP 全模块一览表

| 系统名称 | 系统代号与全名 | 主要职能部门 |
| --- | --- | --- |
| ◆ 基础模块 | | |
| 1. 管理维护子系统 | ADM:Administrator System | MIS |
| 2. 基本信息子系统 | CMS:Common Data Management System | |
| 3. 存货管理子系统 | INV:Inventory Management System | 仓管 |
| 4. 产品结构子系统 | BOM:Bill of Material Management System | 研发 |
| 5. 销售管理子系统 | COP:Custom Order Processing | 销售 |

(续表)

| 系统名称 | 系统代号与全名 | 主要职能部门 |
| --- | --- | --- |
| 6. 营业决策支持系统 | SAS：Sale Analysis System | 销售 |
| 7. 采购管理子系统 | PUR：Purchase Management System | 采购 |
| 8. 工单/委外子系统 | MOC：Manufacture Order Control System | 生管/车间 |
| 9. 人事薪资子系统 | PAL：Payroll Management System | 人力资源 |
| 10. 刷卡管理子系统 | AMS：Attendance Management System | 人力资源 |
| 11. 批次需求计划系统 | LRP：Lot Requirements Planning System | 生管/采购 |
| 12. 应付管理子系统 | ACP：Account of Payable | 财务会计 |
| 13. 应收管理子系统 | ACR：Account of Receivable | 财务会计 |
| 14. 票据资金子系统 | NOT：Note of Receivable/Payable | 出纳 |
| 15. 自动分录子系统 | AJS：Auto Journal System | 财务会计 |
| 16. 设备资产子系统 | AST：Asset Management System | 总务 |
| 17. 会计总账子系统 | ACT：Accounting Management System（General Ledger System） | 财务会计 |
| 18. 物料需求计划系统 | MRP：Material Requirements Planning System | 生管/采购 |
| 19. 成本计算子系统 | CST：Cost Accounting Management System | 财务会计 |
| ◆选择性系统 | | |
| 20. 报表生成器 | RGR：Report Generator | MIS |
| 21. 进口管理子系统 | IPS：Import Order Management System | 采购 |
| 22. 出口管理子系统 | EPS：Export Processing System | 业务 |
| 23. 工艺管理子系统 | SFC：Shop Floor Control Management System | 生管/车间 |
| 24. 主生产排程系统 | MPS：Master Product Schedule | 生管 |
| 25. 信息传输管理系统 | FTS：File Transfer System | MIS |
| 26. 质量管理子系统 | QMS：Quality Management System | 质检 |
| 27. Fax/Email 处理系统 | FEP：Fax and Email Process System | MIS |
| 28. 人力资源管理系统 | HRS：Human Resource System | 人力资源 |
| ◆产业特性需求模块 | | |
| 29. 维修服务系统 | RMA：Return Material Authorization | 仓管 |
| 30. 多角贸易子系统 | MTP：Merchanting Trade Process | MIS |

(续表)

| 系统名称 | 系统代号与全名 | 主要职能部门 |
|---|---|---|
| 31. 财务合并报表系统 | FCS：Financial Consolidation System | 财务会计 |
| 32. 财务上报数据系统 | FRS：Financial Report System | 财务会计 |
| 33. 药品经营质量管理系统 | GSP：Good Supply Practice | |
| 34. 药品生产质量管理系统 | GMP：Good Manufacturing Practice | |
| 35. 税控接口管理系统 | TIS：Tax Interface System | 财务会计 |
| 36. 易飞软件英文语言包 | | |
| 37. 看版管理系统 | KBS：Kanban Management System | |
| 38. 海关合同保税系统 | CUS：Customer Order Processing System | 销售 |
| ◆ 高阶管理信息系统 | | |
| 39. 存货决策支持系统 | EII：Inventory Executive Information System | 高阶管理 |
| 40. 生产决策支持系统 | EIM：Manufacture Executive Information System | 高阶管理 |
| 41. 人力资源决策支持系统 | EIP：Payroll Executive Information System | 高阶管理 |
| 42. 财务决策支持系统 | EIF：Financial Executive Information System | 高阶管理 |
| 43. 商业智能决策系统 | BIS：Business Information System | MIS |

## 2.2.2 ERP 各系统模块与公司功能组织的关联

ERP 系统是为了解决企业各职能部门的流程及管理问题，以下我们简单地将这些模块与企业职能的对应关系做一归类，用图 2-9 来表示。

从下图我们可以看出：

- 企业在进行信息化时各部门都与信息化模块有着密不可分的联系。
- 每一个 ERP 的模块都是为解决企业部门的营运需求而设计的，所以各部门的人员或主管，要多花时间来了解 ERP 各模块的功能效益。

ERP 模块定义跟企业部门间的职能划分有密切关联，下图示意只是指该模块与哪一个部门关联比较大，并不表示和其他部门就完全没关系。

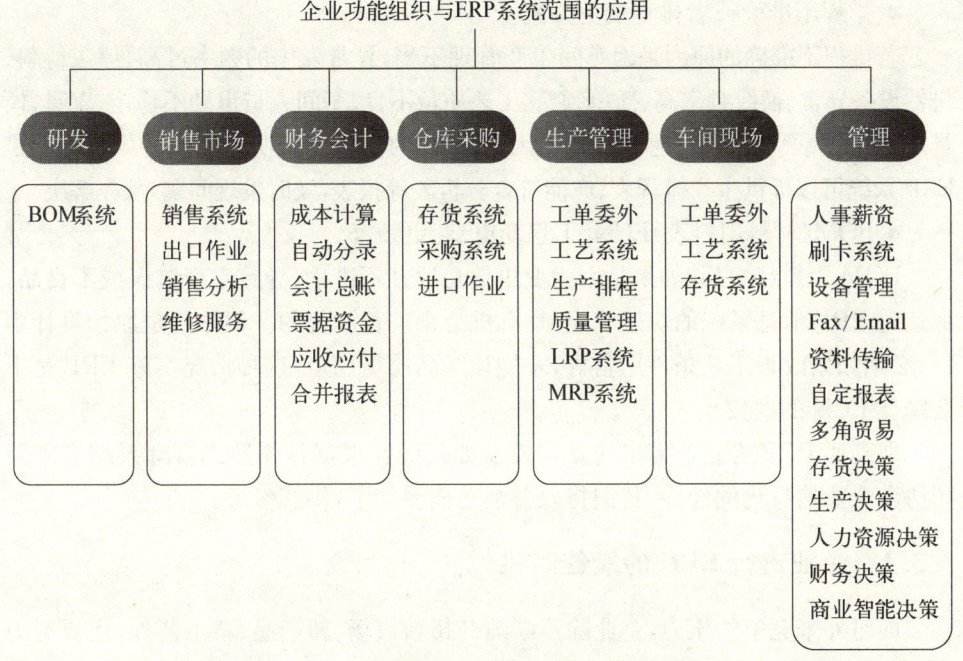

图 2-9　ERP 模块与企业功能组织的应用

附录我们将提供 ERP 常用的一些重要模块的主架构及功能效益。

## 2.3　企业实施 ERP 应有的正确观念

企业经营者对 ERP 实施后的预期效益可以列出很多，例如：降低存货金额 20％，降低间接人员 15％，提升营业额 25％等，但这些期望甚至已经神话了 ERP 的效益，让 ERP 实施供应商在给客户实施上线时，不得不为 ERP 的真正效益捏把冷汗，其实企业的管理能力及执行力的落实才是 ERP 实施成功的关键。

例如，A 企业目前的存货备货时间为 45 天，其中有大约两周的时间是用来防止采购前置时间不稳、排程不准确或者排程变更频繁、BOM 变更频繁。企业能否借助 ERP 的实施来解决这类问题呢，是不是有机会来降低存货备货时间呢？现在我们来逐一分析：

- 采购前置时间不稳定

这是供应商的产能问题，如何找到稳定的供应商，或另找合格供应商是问题的关键。这一点 ERP 系统无法解决，但 ERP 系统可以提供采购进货的跟催报表，提前与供应商联系，透过采购人员的催料来降低供货迟交率。

- 排程不准确或者排程变更频繁

若排程不准确的原因是因车间生产管理不当,异常发生的频率过高,停工待料、机器设备异常、换线频率高、插单频繁、工艺质量不良、车间人员出勤不稳定、工具、模具发生异常等等,这些问题也不容易因为 ERP 的实施而有明显的改善效益。但是 ERP 系统可以提供生产排程表、产能符合分析表等报表,及时发现问题,预先解决。

- BOM(材料用料表)ECN(工程变更)变更频繁

BOM 用料变更后,如果是因为变更信息通知不准确,导致生产错误或不良品,那透过 ERP 信息系统的快速响应,是有机会来进行改善的。但是若是原始设计不良,必须频繁改善工艺条件用料等,才能让产品质量稳定,这种情况实施 ERP 是不会降低 ECN 的次数。

那到底 ERP 为企业带来的真实效益如何呢？根据神州数码管理系统有限公司协助企业信息化的经验,我们将效益汇总摘要如下,供您参考。

## 2.3.1 企业进行 BPR 的最佳时机

面对外来竞争的压力,企业除不断地开拓新市场、新产品、新工艺外,还要努力地调整企业的组织或管理模式,以适应外在的需求与挑战,流程变革必须随时要进行而且持续地进行及落实。现今企业在进行 BPR 过程中,绝对不可忽略 IT 及信息系统的作用,因为 IT 角色在企业 BPR 过程中扮演着极为重要的关键角色。

举例来说：企业希望缩短接单生产前置时间由 20 天变成 15 天。经过分析后企业发现真正生产加工的时间是 12 天,其中 8 天是行政处理时间,必须要经过 20 道手续行政检查,20 道手续经过 18 个人的手中,还要有公文书面递送,每一个人处理的时间约 1 小时,但公文收发最少要半天的时间来处理。

以往企业进行流程优化的第一步骤就是进行流程分析,重新检核 20 个行政程序的目的及对流程管理的需求,试图透过流程的重组、删除、合并的方法将原来 20 个程序变成 12 个或更少,或要求签单时间变成 1~2 小时,从而缩短 8 个工作日到 3 工作日。但是如果经分析后这 18 个程序都没办法降低呢？而确实签核地点就是那么远,无法达成。怎么办呢？当然还有方法就是透过决策程序将 20 道程序直接降低成 10 个或更少,但这个方法可能要承担流程减少所带来的风险。

那么怎么办呢？实施一套电子表单系统将 ERP 流程嵌入电子表单系统中,那么公文不用再通过纸面传递,假如每一道流程最长花费时间是 1~2 小时,透过邮件系统及内部网络系统的联系及提醒,一天就可以处理 5~6 个流程,那么就有可能达成 15 天的生产前置时间目标。

另一个例子是透过 PDM(Product Data Management)/PLM 系统来协助企业

降低 ECN 设计变更所带来的损失。

假设当研发部门发现产品工艺中有一个零件设计不良会影响到最终产品的质量时,他就会开始进行设计研发,经过一段时间的研究,发现其中有原物料必须要变更,生产条件要重新设定、模具要修改等。假如研发中心在上海,生产部门在昆山,采购原物料供应在安徽时,当这张 ECN 变更通知发出去时,经过层层的协商沟通、数据的转换及单据的签核通知。有可能安徽那边采购接到讯息是 3 天以后;而昆山的生产车间可能要 5～7 天才能收到。试想,这 3 天可能已经采购了多少不正确的原物料呢? 如果产品是连续生产的,这 7 天的产出有多少可能是次级品或不良品呢?

这样的管理如果通过产品研发管理系统 PDM 及 PLM 系统来管理,透过信息系统的整合及实施,争取第一时间将产品研发的变更信息传递到采购、生产部门,就可以让损失降到最低。

### 2.3.2 利用 ERP 来执行企业的内部控制,降低营运管理的风险

企业未信息化前,主管对流程及单据的审查核准就是为了授权及风险控制,通过审查让企业的营运风险降低,例如,采购单金额超过 100 万元者,需要经过采购经理审查,且必须经过财务主管审查,因为财务主管需进行有效营运资金控制。又例如为了降低应收账款的坏账风险,对于应收账款超过信用额度范围的客户,继续接该客户的订单就要通过销售经理的审核。从这两个例子中,我们可以看出来审核发起必须是以"人"为主动。假设销售人员不跟经理说就接受了,而经理又没有每张订单都详细地查看,是无法事前防范的。只能等到财务部门发现应收账款回收状况不良时,才能开始控制。那有没有机会在接单时就能够开始控制呢? 利用 ERP 的系统控制,是有机会达成的。

因为 ERP 系统设计时会将企业内部通用性的控制点写成系统参数进行设定或者直接将控制融合于流程中。只要录入的数据条件触发了这些控制点,系统就会自动启动风险控制,有效降低风险损失。以下这些控制点就是 ERP 系统常用的。例如:

(1) 进货单可追溯采购单,采购单可追溯进货单,防止供应商供货错误。
(2) 应付账款不会重复处理,避免重复付款。
(3) 物料需求必须可追溯原始订单或工单,发生需求变更时可快速地调整。
(4) 客户的信用额度控制,降低应收账款坏账风险。
(5) 有效的供货商的评核与采购策略等,可以降低质量成本。

### 2.3.3 利用信息化来改善作业流程,提升作业流程的行政效率

例如:

(1) 未信息化前的单据签核是走书面凭证核准,而 ERP 系统与电子表单相结

合,由系统透过 e-mail 通知,从而缩短单据签核的时间。

(2) 自动分录系统将完全解除会计人员录入日常会计凭证的工作负荷。

### 2.3.4 利用 IT 技术快速处理大量数据的功能,降低人力负荷与人为错误率

例如:

(1) 透过 MRP 系统来处理大量的采购单及生产工单。
(2) 大量的应收账款应付账款的结算,精确处理账款。
(3) 生产排程取代人工排程的工作负荷。
(4) 产品成本系统,快速结算产品单位生产成本。

### 2.3.5 透过信息的整合,提供各种管理查核报表,协助主管管理与改善

例如:

(1) 订单逾期未出货明细表,可协助降低客户迟交率。
(2) 应收账款账龄分析表,可提供客户信用及账务控制。
(3) 采购异常分析表,可降低采购成本或质量成本。
(4) 进货异常分析表,可降低存货成本。
(5) 呆滞料分析,可降低存货及储存成本。
(6) 采购超期未交明细表,可降低提供待料的异常发生。
(7) 客户 ABC 分析,可协助有效的客户价值管理。
(8) 产品 ABC 分析,可协助产品营销管理。
(9) 渠道 ABC 分析,可协助渠道的价值管理。

### 2.3.6 透过信息化来整合上下游的信息,提升竞争力

例如:

(1) 与代工工厂的"多角贸易子系统"进行三边贸易的采购、销货、进货的数据连动及整合,降低数据重复登录的成本及避免人员数据输入错误风险。
(2) 实时用料需求信息与供应商进行信息交流,缩短生产交货时间。
(3) 实时提供在线存货信息,使得供应商提前降低双方存货成本。

### 2.3.7 信息分享与整合,将信息提升知识再创新的竞争优势

例如:

(1) ERP 与 BI 的整合让信息的价值有效提供主管决策依据或方向。

(2) ERP 与 PDM 或 PLM 的整合。

## 2.4 ERP 实施效益的衡量指标

通过上面的描述，想必您已经清楚企业实施 ERP 了，那么衡量企业实施 ERP 的效益有没有比较明确的衡量指标呢？表 2-3～表 2-7 是我们收集企业常用的衡量基础，提供给您参考。但是请切记一点，要比较效益就应该有实施前跟实施后的指标值才能做比较。而事实上我们常发现企业实施前这些数据有可能根本无法取得，所以只能得到实施后的实际值。其实这样的结果也是不错的，至少企业经营者有量化的衡量指标来衡量企业营运的成效。

表 2-3 信息化程度

| 衡 量 指 标 | 公式或衡量方式 |
| --- | --- |
| 1. 流程信息化的程度(%) | 已经信息化的流程数/可信息化的流程总数 |
| 2. 表单信息化的程度(%) | 信息化表单数/总表单数 |
| 3. 管理决策依赖信息化的程度(%) | 如销售预测或产品策略或仓库策略 |
| 4. 关键流程的流程处理时间(%) | 订单/销货/服务/采购/验收/领料 |
| 5. 关键流程的签核流程长度(%) | 接单/销货/服务/采购/验收/领料 |
| 6. 销售成本降低或加值(%) | 间接人工产值($)或人数 |
| 7. 关键单据处理成本/人员(%) | 订单/销货/采购/领料 |
| 8. 信息化的深度 | MRP 系统/MPS 系统/成本系统/自动分录/电子表单/EIS/CRM/自动仓储/SCM/电子商务 |
| 9. 上下游供应商的信息化整合程度 | EDI/SCM/数据交换与交互认证的程度 |
| 10. E-Service 服务程度或满意度 | 网络订单数/总订单数或<br>网络下单顾客数/总订单顾客数 |

表 2-4 营业管理

| 衡 量 指 标 | 公式或衡量方式 |
| --- | --- |
| 1. 客户需求到订单确认时间 | 小时或天 |
| 2. 订单到出货的交货时间 | 天数或小时 |
| 3. 客户服务满意度—信息化流程(%) | 客户满意度(%) |

(续表)

| 衡 量 指 标 | 公式或衡量方式 |
| --- | --- |
| 4. 应收账款天数 | 天数或金额改善 |
| 5. 客户的再续购率(%) | 续购客户数/总客户数或续购订单金额/总订单金额(AB级客户) |
| 6. 客户延迟交货次数率(%) | 延迟交货次数/总预计交货次数 |
| 7. 客户迟交订单平均延迟天数(%) | 天数或小时数 |
| 8. 客户抱怨次数 | 服务及交货生产相关的次数 |
| 9. 客户呆账或坏账的降低率(%) | 本年度金额/上年度金额 |

表 2-5 存货管理

| 衡 量 指 标 | 公式或衡量方式 |
| --- | --- |
| 1. 存货金额降低率 | 实施前存货总金额与实施后存货水平的降低 |
| 2. 呆滞料金额降低率 | 实施前后呆滞料金额的降低率 |
| 3. 不良逾期储存成本降低率 | 期限商品或料件逾期的损耗 |
| 4. A类或关键原料存货周转率 | |
| 5. 存货天数 | 存货金额/平均月销货金额 |
| 6. 紧急采购率 | 次/月或次/每周或紧急次数/总采购次数 |
| 7. 采购成本降低率 | 元/采购单每张 |
| 8. 进货迟交批次降低率 | 次/月或迟交次数/总预计交货批次 |
| 9. 进货品质不良退货批次或比率 | 退货次数/月或退货批次/进货总批次 |
| 10. 供应商评核效益与进货成本降低 | D级供应商的淘汰及议价效益 |
| 11. 存货料账准确率 | 盘点差异率 |
| 12. 存货账务实时性 | 实时准确性——天或小时衡量 |
| 13. 盈亏损耗降低率 | 改善前金额/改善后金额 |

表 2-6 制造生产

| 衡 量 指 标 | 公式或衡量方式 |
| --- | --- |
| 1. 信息异常产生的生产力损失 | |
| 2. 生产排程变更次数 | 次数/月或次数/周或异常工单单数/该月总工单单数 |

(续表)

| 衡 量 指 标 | 公式或衡量方式 |
| --- | --- |
| 3. 无效工时比率 | 无效工时/总投入工时 |
| 4. 停工待料次数或时间 | 次数、%或金额/生产部门 |
| 5. 异常质量成本 | |
| 6. 质量成本 | |
| 7. 异常换线成本或次数 | |
| 8. 机器设备率 | |

表 2-7 财务

| 衡 量 指 标 | 公式或衡量方式 |
| --- | --- |
| 1. 应收及应付账款结账日期 | 每月 3 日、5 日,或 10 日或 15 日 |
| 2. 产品成本结算延迟天数 | 延迟 15 日或 1 个月或 2 个月 |
| 3. 财务报表结算天数 | 延迟 10 天或 15 天 |
| 4. 资金周转率 | |
| 5. 人员生产力(间接) | 万/人月 |

企业拟定实施 ERP 效益的指标不是在企业实施 ERP 后再来设定,应该在企业实施 ERP 前的规划阶段,由公司高层管理人员把衡量实施 ERP 效益的指标拟定好,将指标达成纳入 ERP 实施过程的重要监督项目,时时地检查实施 ERP 的方向成果,随时督促信息部门或项目小组成员,努力朝预期的目标前进。这样企业实施 ERP 的效益比较容易达成目标。

# 第3章 / ERP 上线方法论及组织架构

## 3.1　ERP 实施方法论

　　由前一章节大家不难看出 ERP 系统是一个既庞大又复杂的应用工具，一般来说评估一个 ERP 系统快则三个月，慢则半年，从开始安装到基础模块上线（到 LRP 批次需求计划）短则半年、长者一年亦是稀松平常的案例。企业上线期间到底投入多少成本呢？购买硬件、软件及建置成本 200 万算是一般的投资，这些投资还不包含企业内部的成本。我们简单来估算企业要花多少钱？

　　聘任两位专职信息人员，一位薪资 5 000 元/月，一般企业的用人费用大概是薪资的 2 至 2.5 倍（包含管理成本、福利、奖金等人事成本），两人的人事成本约 2.5 万元/月，一年预估需要 30 万元。而五大营运部门在上线期间需要内部工作权责人员一起参与讨论、接受训练、资料搜集、建文件登录参与会议等。不用很多，相关的我们就预估第一年每个部门需要 0.5 个人年的参与，所以 5 个职能大约 2.5 人/年，总共预算 75 万元，这些还不包含高阶主管的参与成本，各种各样的加总，超过 150 万元的投资可能性很高。

　　企业投入这么高的人力物力来上线 ERP 系统一定会成功吗？不见得的。还是有些失败的案例与成效不佳的个案发生。为了让企业在上线时能有所借鉴，我们将实务上容易造成失败的原因进行归纳及分析如下，与大家分享，希望透过这些分析，让有心上线 ERP 的企业可以事先规划与预防。

表 3-1　上线失败原因分析表

| 失 败 归 因 | 原 因 分 析 |
|---|---|
| 信息化进程失控 | 有项目计划却没有有效地执行,或未设定项目各阶段的重要管控点,导致进程控制失当或效益不佳 |
| 未落实制度,系统使用效果不好 | 未将 ERP 的管理理念完整地引入企业程序中,只流于输入单据的数据处理,影响 ERP 的效益 |
| 部门沟通效果不好 | 当用新的信息化思维来变革企业流程时,遇到工作重分配或权责重划分时,不能公正公平及有效地重新思考组织的目的与职权,相互争夺或推诿责任,导致 ERP 推动缓慢或未达预期成效 |
| 作业流程设计不足或效果不好 | 当现行流程与 ERP 标准流程不符时,未充分分析及沟通,导致流程不顺,降低 ERP 的效益 |
| 基本资料规划效果不好 | 编码设计效果不好、BOM 规划效果不好、基本数据不正确等都会导致 ERP 产出数据的正确性及实时性 |
| 经营者或高阶主管的决心及支持度不佳 | 高阶主管若未能亲身参与支持项目计划,在项目进度推展时,若发现资源使用的瓶颈时,又不能实时处理,就容易影响到项目的质量与效益 |
| 信息人力及能力的不足 | 公司信息化相关人员的基础能力及概念不足,影响 ERP 项目推动的进度。若信息人员的经验能力不足,也会多走冤枉路。遇有信息人员异动频繁也将拖长项目时程 |

为了节省企业成本,下面介绍我们一套完整简单的 ERP 实施方法论,透过这个方法论结与有经验的 ERP 上线顾问师协助,企业在第一阶段上线的成功率几乎达到 95%。以下我们就与您分享这个方法论。

依 ERP 上线的时序将项目阶段分成六大阶段,以下我们将介绍这 6 大阶段的目的及重点如图 3-1 所示。

1. 项目计划阶段

项目计划阶段是 ERP 上线成功的关键。这个阶段的目的有两个:一是让 ERP 系统供应商了解企业的营运模式及了解企业上线 ERP 的效益与期许,另一个是拟定一个可执行、有效的 ERP 项目计划。

制造车间的参观是本阶段的实施顾问师的工作重点,ERP 实施顾问师通过此须了解企业的组织、生产形态、生产程序及营运模式,让 ERP 顾问师慢慢进入企业的营运机制,建立起与企业沟通的共同语言与沟通默契。

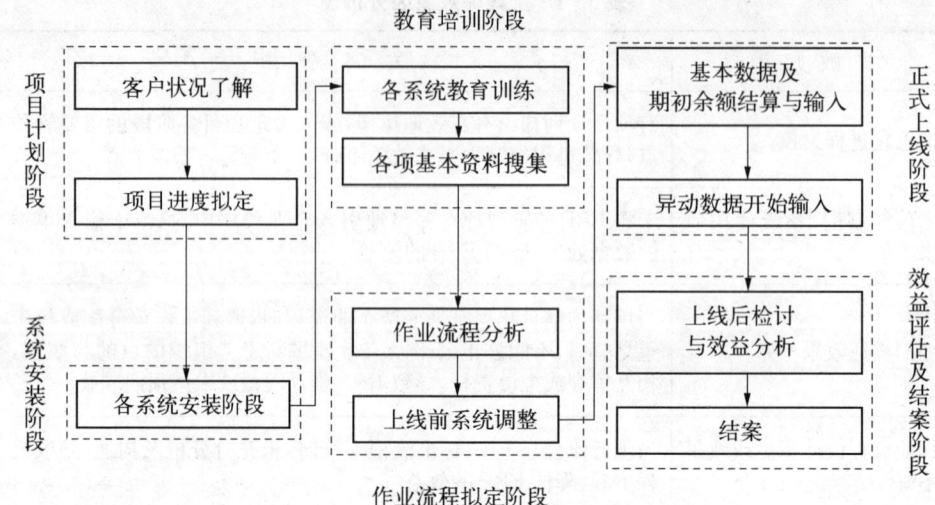

图 3-1 ERP 上线方法论——六大阶段

项目计划拟定完成时,"甘特图"进度表是一份非常重要的产出结果。它产出记载每一阶段的工作环节与职责分工,通常这份项目进度表会变成企业与 ERP 系统公司双方交付的一份重要文件。这份文件必须经过企业经营者核准,然后公布于企业内部,要求企业内部参与项目的人员随时注意,并时时督促完成自己的工作权责。有些企业为慎重起见,会集中相关部门主管召开一个"誓师大会",这好比是要开始打战前的宣誓,宣誓这个信息化项目只准成功不准失败。这个会议包含说明 ERP 上线的目标、计划时程、组织分工、部门或个人的权责及企业经营者对上线 ERP 的支持与决心,要求全体同仁全力以赴。

这个阶段还有一个很重要的重点,就是信息化过程信息部门的定位是否适当,这对信息化推动是很有影响力的,请详后续说明。表 3-2 是我们截录一些进度追踪格式给您参考。

而进度规划要细到 ERP 系统的详细时程,包含:基本数据的搜集、作业流程及期初开账的数据都要细致地记录下来。如表 3-3、表 3-4 所示。

2. 系统安装阶段

本阶段主要完成软硬件安装集成,包括网络状况等。布线工程的品质会影响数据传输的品质及效率,最好能由工程单位进行验收检查,确认所有网络配置的运作正常。软硬件安装需要和企业确认软硬件需求状况,包括服务器配置、客户端机器、软件环境需求、软件兼容等问题。

表3-2　上线甘特图

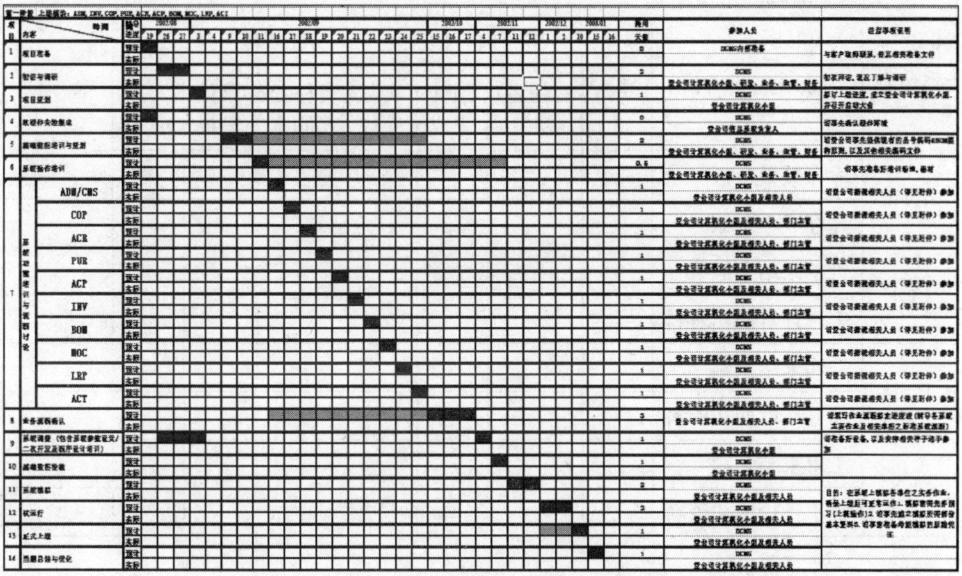

表3-3　主要阶段基础数据准备进度表

| 主要阶段系统(I) | | | | | | | 客户简称： |
|---|---|---|---|---|---|---|---|
| 系统别 | 基础数据项目 | 讨论日期 | 编码者 | 数据建立 | | | 备注 |
| | | | | 责任者(部门) | 预计完成 | 实际完成 | |
| □ADM<br>管理维护<br>系统 | 1. 登入者代号 | | | | | | |
| | 2. 群组数据 | | | | | | |
| | 3. 使用者权限 | | | | | | |
| | 4. 多公司数据 | | | | | | |
| | 5. 电子表单关联建立 | | | | | | |
| □CMS<br>基本数据<br>管理系统 | 1. 共用参数设定 | | | | | | |
| | 2. 公司数据 | | | | | | |
| | 3. 厂别数据 | | | | | | |

表 3-4  主要阶段期初余额导入进度表

客户简称：_____                                   填表日期：    /    /

| 系统别 | 余额项目 | 导入 | 资料搜集 | | | 资料录入 | | | 备注 |
|---|---|---|---|---|---|---|---|---|---|
| | | | 责任者/部门 | 预计完成 | 实际完成 | 责任者/部门 | 预计完成 | 实际完成 | |
| INV | 库存数量余额 | | | | | | | | |
| | 库存成本余额 | | | | | | | | |
| COP | 订单未结余额 | | | | | | | | |
| | 客户计价期初资料 | | | | | | | | |
| PUR | 采购未结余额 | | | | | | | | |
| | 品号厂商期初资料 | | | | | | | | |
| MOC | 工单未结余额 | | | | | | | | |
| | 加工计价期初资料 | | | | | | | | |

3. 教育培训阶段

这个阶段其实最简单，不过也最难落实。目的是教会企业的程序人员，利用 ERP 系统功能来完成他们的日常程序。常常碰到培训效果不好的情形，主要是企业若无信息化的经验，一些人员连 Windows 及输入法都没基础概念时，那学 ERP 系统操作及功能就可能难上几分。所以很多的使用者都会用很多方法来逃避上课及培训，这时企业如果不能落实其执行力，那上线时肯定手忙脚乱。培训时建议一线主管能一马当先担任培训的种子人员，有他们的参与协助，上线信心就会加强。

培训后很重要的就是要开始搜集基本资料，如：客户数据、供应商数据、品号数据、BOM 数据、生产线数据等，要逐一将这些数据依 ERP 系统的基本数据建立数据字段内容并搜集妥当。数据经过正确性审查后，就由操作者开始按部就班地将数据建立到 ERP 系统中。

在基础设置规划中，有两项非常重要，一是跟计算机化相关数据的"编码原则"必须拟定，其中比较关键的是"物料编码"，另一是影响生产管理规划及单位成本结构非常重要的成品"BOM 分阶原则"。这两项规划的良莠会影响 ERP 上线过程的复杂度及将来信息的提供，下一个单元我们将会详细说明。

4. 作业流程拟定阶段

作业流程拟定阶段对 ERP 实施顾问师来说最难，不过，好的实施顾问师可从这个阶段的成果显示其信息化经验及能力。一般 ERP 系统的流程全模块大大小小算一算应该超过 100 个流程以上(例如,"订单管理系统"就有"客户审查流程"、"商品核价流程"、"报价流程"、"订单处理流程"、"订单变更流程"、"销货流程"、"现销流程"、"销货退回处理流程"、"销货折让处理流程"等),实施顾问师必须在这个阶段将企业现行的流程或引导、或套用、或整体变革成 ERP 的系统流程,然后一一地要求用户逐一练习新的作业流程,让用户适应及熟悉新的改变。

在这个阶段,实施顾问师工作是吃力与辛苦的,有些企业主管事先对 ERP 系统的效益有很大的期待,观念上是没错,不过,当要其放弃十几年的作业模式、查询联系模式及控制模式,改而面对 ERP 系统处理时,往往就有却步、质疑、担心、抗拒的情况发生。又当发觉现有流程或权责分工需要调整时,就常常会说那是企业竞争关键,动不得、改不了。所以,实施顾问师的专业、经验及说服力很重要,项目会不会需要修改及调整很多程序和功能,就要靠实施顾问师的实力了。

5. 正式上线及效益评估阶段

前面的准备工作完成后,就等一个最佳的时间,将所有的程序完全改变,我们称之为"上线日"。从这一天开始,企业将以 ERP 系统的流程来替代过去的营运程序,面对第一天上线时的突发事件,每一个人都必须严正以待。有些企业要求全体主管在上线前三天不得外出,是希望主管协助 ERP 上线成功,当然这亦是企业经营者要求上线成功的决心显现。而上线顾问师被要求一定要到场主持坐镇,实施顾问师的在场除了让使用者安心外,亦必须防止上线遇上小问题,未能实时判断与处理,导致企业担心,没信心地喊停。

ERP 的效益显现,简单可分成数据分享、程序及风险控管、实时有效的经营分析与经营效率提升等四类。

(1) 数据分享。这在上线的第一天就显现出 ERP 系统的效益。例如,所有想查库存的人不需要再去问仓库的管理人员,他只要启动 ERP 系统进入查询即可。而业务人员想要了解订单的生产排程及进度,只要执行报表作业就能看到他要的完整信息。

(2) 程序及风险的控管。ERP 系统内含有许多的风险控制模式,当 ERP 系统启动时,控制就产生。如:进货单必须有采购单才能办理到货;进货的数量不得超过采购数量;客户超过信用额度就拒接订单等。这些控制以前可能都存在企业内,不过都是透过人员来控管,现在呢? 系统控制百无一疏。

(3) 实时有效的经营分析信息提供决策管理参考。ERP 系统中几乎有 70%

的程序跟报表有关,有列表式、汇总式、统计式、分析式、异常稽核式、预防式、矫正式报表等,如果这些报表管理者使用得当,那绝对可以提升行政管理效率。如:"存货的呆滞料分析表"可以让经营者知道采购及资材管理的疏失;"采购预计进货表"可以提前进行催料,避免停工待料的状况发生,"订单进度排程表"可以事先预防订单延迟交货的情形;"销货利润分析表"可得知订单获利的情形等。这些报表的效益,只要 ERP 系统的数据是实时与正确的,主管是非常容易分享这种伴随而来的效益。

(4) 经营效率的提升。这类的效益不容易快速地显现,一般通常需要 ERP 系统上线三个月后,才能感受到成果。这类指标如前一章所提的 ERP 系统衡量指针。有时候这些指标上线后的前三个月内,还有可能比上线前退步的情形发生,不过这是企业对 ERP 系统运作模式未能熟悉与适应所产生的结果。不用太过悲观,过了半年后,只要规划正确、执行落实,绝对会有其预期成果。

## 3.2　计算机编码原则

### 1. 哪些数据需要设定"编码原则"

数据的计算机编码是企业信息化时一个很简单但非常重要的议题。"编码"是一种识别,防止数据的重复,提升数据登录的时效。在建立到 ERP 系统前,需要有计划地分析与规划"数据","编码原则"的拟定就是第一步。一个 ERP 系统有多少数据需要定义其编码原则呢?要详列可真的不少,只要去找寻在 ERP 系统各模块数据输入时,有需要输入"××代号"的这种字段数据,严谨来说,都需要有一套编码原则。但是如果是这样,你可能会发现 ERP 系统的基本数据有上百种,那每一种都要设计编码原则,这样工作就会很多了。

因此,在 ERP 系统上线时,通常实施顾问师会建议企业客户,数据如果超过 20 笔以上者(没有绝对性,必须包含未来预期量),就应该设定数据的编码原则比较好。如果少量的数据,只要用户容易识别,就不需要大费周章地去讨论设定一些原则。譬如仓库只有两个,一个原料仓、一个成品仓。企业内部有人说原料叫"001 原料仓",有人主张要称为"A 原料仓",为了将来仓库类别做扩充准备,又有人说应该要设定编码原则。在此建议企业,除非您在未来明确的时间就有这些扩充的计划,有需要定义一套严谨的原则来思考讨论,否则初期用协商就好。一般企业大多会将表 3-5 中的数据设定编码原则。

表 3-5 编码原则资料

| 较常有编码原则的资料 | 编码的权责部门或参与部门 |
| --- | --- |
| 原物料编码原则 | 研发、采购、资材或仓管 |
| 半成品编码原则 | 研发、生管、财务、资材或仓管 |
| 成品商品编码原则 | 研发、生管、业务、财务、资材或仓管 |
| 客户编码原则 | 业务 |
| 供应商编码原则 | 生管、委外单位、采购 |
| 员工编码原则 | 人事 |
| 固定资产编码原则 | 总务 |
| 会计科目编码原则 | 会计财务(财政机关有一套基本参考原则,建议直接使用) |
| 核算项目码原则 | 会计财务 |
| 工艺路线编码原则 | 研发、生管、制造车间 |
| 存货批号编码原则 | 生管、物管 |

2. 计算机编码的基础原则

以下我们举一些简单的编码原则的例子来说明。

原则1：编码原则应有唯一性。这个原则很简单,就是同一商品不会有两种编码的情形发生,或者不会有一个编码代表两种品项,再简单说就像身份证号码一样。

原则2：编码原则应该具有扩充性。举例来说员工编码从0001至9999,采四码流水编码,如果企业持续营运50年,员工超过万人,这个编码原则就会废掉。因此编码原则要考虑,不过,不要太贪心设计一个8码的员工编码,在导入的十年间,所有员工在输入数据时都要很努力地去数已经有输入多少个"0"(零)了。

原则3：编码应该反应分类。编码如能反应分类,则在打印报表时,同类之数据才会被汇总于一处,如：应用信息系统开窗查询时,同类的料件或数据亦会在同一区间,方便数据的比较、汇总或查看。

原则4：变动属性不应纳入编码。有些数据的某项属性,如果在未来有可能发生变动,则绝不可将该属性纳入编码中,否则一旦发生变动,是否要修改编码将会成为十分困扰的抉择。例如,员工所属部门就不可纳入员工编码中,因为员工调动部门是经常可能发生的。

原则5：编码长度适中。编码之目的在求简化,因此编码位数愈少愈好。如此,可以节省阅读、抄写、输入的作业时间,增加数据处理的效率。再者,由于编码简短,在处理的过程中出错的几率也能够因此降低。

原则 6：尽量避免采用有意义编码。有些企业在设计编码时，都希望让编码反映某些意义，目的在使编码容易记忆或者可以"望字生义"。因此，往往以英文单词前缀或缩写字母冠于编码上。在编码时，则喜欢把一些规格、尺寸等属性直接反映于编码中。

而事实上，品号仅是料件的代码。是在计算机化时作为用户与计算机之间的沟通工具而已。它甚至可以不需要具备任何意义，就像我们的身份证号码一样。如果能体现这一观点，那么即使有上万笔的料件，也可以在短短两三周内就完成整个编码工作。在国外，有许多公司甚至干脆就用随机数法，直接赋予料件编码，而丝毫不会影响计算机作业的进行。因为在料件笔数庞大的计算机化作业中，我们不需要、也不可能去记忆一个编码所代表的料件。我们要知道的只是料件的品名、规格（Description），而所有的数据在打印或显示时，品名、规格都会伴随着编码出现。

原则 7：避免使用英文字母或与数字交替使用。亦就是说，最好全部用阿拉伯数字来编码。一则可使键入编码的作业效率提至最高，二则可避免数字与某些英文字母因为形象或读音雷同，而产生混淆的情形（如数字"0"与英文字母"O"）。如果非用英文字母的话，则英文字母最好排在编码之前几码，且位数必须一致。

若是企业全部以条形码或其他识别方式来解决输入界面的问题，则本原则就可适度地忽略，因为如果 ERP 数据输入还保留在用键盘的输入模式，要操作者费力寻找键盘中的英文数字是一种非常严重的人力浪费。

原则 8：避免使用特殊符号。有人为了使编码段落分明而在编码中使用"-"符号，或者在编码中夹杂"＊"、"."、"/"、"…"等特殊符号。使用这些符号将影响输入之效率，而在口述编码时，亦会造成不便，因此最好避免采用。这些特殊符号的限制，除了输入上的效率困扰外，应用系统的数据库是否有基础的限制，都必须先行询问与掌握。

原则 9：编码长度应求一致。编码长度一致可使阅读或输入时一眼即可发现异常错误。再者，一致的长度在我们附加检查号码时也将方便许多。如果在实际编码时，很难求取编码位数的一致，则至少要求同一类者其位数一致。譬如在编码时，成品和原料的编码就可能长短差距很大，但我们可以让成品编码与原料编码长度一致。另外一种方式就是将编码短的位数以"0"来补齐。

原则 10：编码应有防错功能。当编码位数愈长时，除非使用条形码识别系统，否则在数据输入一串阿拉伯数字或字母时，容易因为疏忽而发生错误，或挑选到非目标商品的品号，一时的疏忽造成一连串的错误，是会导致数据张冠李戴的严重后果。因此，只要编码长度超过六码以上者，就应该考虑在编码后加上一码"检查号码"，而视为编码的一部分。如此我们即可用计算机系统逻辑来判断并警告数据输入时发生的错误。身份证号码的检查码就是一个好范例。

3. 编码范例

以下举简单范例如表 3-6 所示。

表 3-6　物料编码、物料分类、会计科目的关联

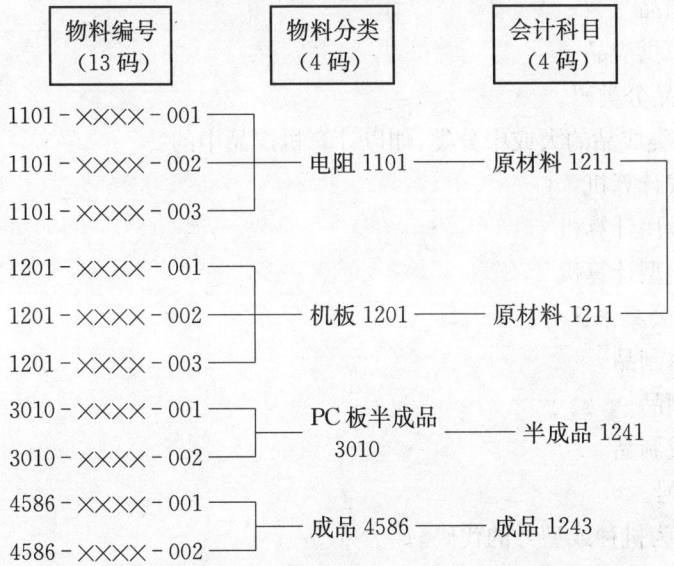

用途：

| 物料编号 | 物料分类 | 会计科目 |
|---|---|---|
| ① 识别数量及成品<br>② 报表及数据查询排序 | ① 统计及汇总存货金额 | ① 汇总资产总金额<br>如：库存明细表<br>　　进耗存统计表 |

4. 成品编码原则

（1）编码形态。

```
 X    X    XX    XXX   XX
 成   成   序    规    流
 品   品   码    格    水
 标   分              序
 识   类              号
 符   码
```

（2）成品标识符。

用来区分原料、物料、半成品及成品的区别。

① 原材料

② 物料

③ 半成品

④ 成品

⑤ 代销品

⑥ 客户供应品

(3) 成品分类码。

用来分类成品的大或中分类,如以计算机产品中的:

① 台式计算机

② 工业用计算机

③ 笔记型计算机

如以办公桌来区分:

① 原木制品

② 铁制品

③ 合成制品

(4) 序号。

序号可为机种或型号的代码。

(5) 规格。

可为成品特殊规格之管制项目,如:颜色、材质、尺寸或表面处理方式编以代码呈现于产品编码上。如:

- 五金产品中使用钢材的代号属于材质的一种如:S2、8660等钢材代号。
- 五金产品中长度的规格,如:25长、30长、20长,此长度若为一行业间的标准,则可将其作有意义的编码于物料编码上。
- 零件加工表面处理方式,如:热处理、喷沙及染黑等。

(6) 流水编码。

编码必须确保一物一料,以上所定义外的其他变动因素,(如:产品开发之顺序)均须编入流水序号。

## 3.3　商品 BOM 的规划

### 3.3.1　BOM 的管理意义与分阶

BOM (Bill of Material) 分阶规划的好坏对 ERP 来说非常的重要,它包含后续生产排程的品号、工单及领料单、生产入库单据数的多寡与结算制造单位成本的单位对象。这些种种都跟 BOM 的设计有密不可分的关联。BOM 的规划具有非常专业性的需求,因为要考虑的范围非常广,从营销、生管、生产制造及成本结算的角度来设计。所以协助企业拟定 BOM 的分阶原则,是 ERP 实施顾问师的一项关键价值。而为了有效地规划 BOM 分阶原则,一般实施顾问师会希望企业的研发、生管、业务、采购及财务(成本会计)的部门主管或资深人员一起参与,这样设计出来的 BOM 分阶原则,比较适合及契合企业发展的需求。以数码相机这个案例来说明 BOM 的结构,如表 3-7 所示。

表 3-7 数码相机 BOM 结构

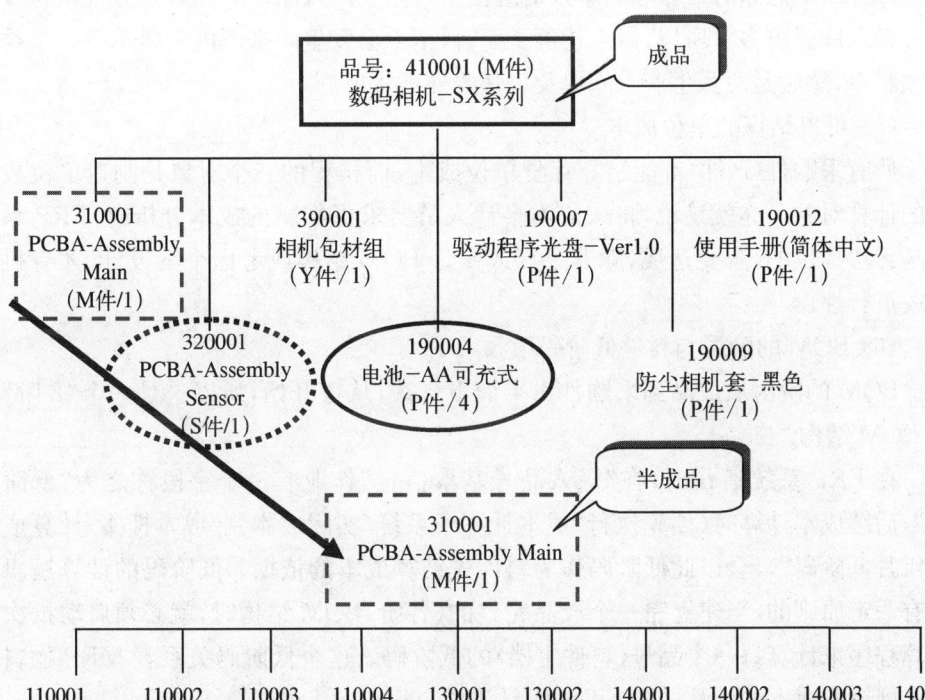

注:另委外加工件 320001-PCBA-Assembly Sensor(S 件/1)为一个单阶的 BOM,不再赘述。

将成品的用料数据及生产过程中的半成品用结构性的图标关联绘出来,我们称为企业商品的 BOM。从这个 BOM 中我们看到几件事情:

(1)企业有委外加工的生产特性。320001-PCBA-Assembly Sensor(S 件/1)是加工品号,所以有委外系统模块的需求。

(2) BOM 有虚设料件—390001—相机包材组（Y 件/1）表示很多成品的包装方式都一样。

(3) 生产排程对象最少要排三种品号（工单数量）：
- 品号：410001（M 件）数码相机—SX 系列。
- 品号：310001（M 件）PCBA - Assembly Main。
- 品号：320001（S 件）PCBA - Assembly Sensor。

其中两张厂内工单，一张委外工单。亦就是将来主管部门要透过 ERP 系统来了解生产进度，仅此三个品号。

(4) 至少要处理三次领料及三次入库程序。

一张工单意味着一张领料单及对应至少一张生产入库单。但若是分批领料或是分批入库就更多。所以，以上述例子而言，至少会发生两张厂内领料单及一张委外领料单，然后是两张生产入库单及一张委外进货单。

(5) 可以结算的单位成本

所有采购件（P 件）都能结算存货单位成本，而排程的三个对象是制造单位成本的计算对象。亦就是说，将来成本会计人员要求更细腻的成本分析时，ERP 系统是无法提供的，若要达成，除非手算或修订 BOM 结构或考虑个案设计，才有机会或可行性。

(6) BOM 的阶层与料件低阶码

BOM 的阶次从成品到采购件由上而下计数，从零开始，所以这是一个"2 阶"的 BOM 结构。

在 ERP 系统运作时，在"录入品号基本信息"作业有一个字段称之为"低阶码"，后续成本计算时（须先执行"成本计算子系统/实际成本制/成本搜集/计算成本年月低阶码"），会以此低阶码作为料件先结算成本的依据。低阶码的计算逻辑是有一定原则的，当建立完一个成品完整的（各阶）BOM 结构时，就必须启动批次计算程序来计算每一个品号（料件主档）的低阶码。这个低阶码关系着 MRP 物料需求展算及成本的计算逻辑，很重要，请不要忘记。

### 3.3.2　BOM 的分阶原则

在进行 BOM 分阶时，有以下八个基本原则需要遵守，可提供参考：

原则 1：有计划库存者或需要进行存货管理者须断阶。

原则 2：半成品有直接销售需求者须断阶。

原则 3：半成品有直接委外加工或依生产制造需求分离加工生产者（如：代工等）。

原则 4：适应 BOM 的管理效益必须设为虚设料件或者有群组连动关系者。

原则5：半成品在后序加工会发展成多样性组合商品者或者有需要并单生产者。
原则6：需要管制生产排程进度，内部或外部需要查询实时信息进度者。
原则7：是财务会计部门的成本计算或分析的目标单位者。
原则8：BOM分阶的复杂度需考虑企业管理组织规模及管理能力的可行性。

### 3.3.3　BOM分阶的小技巧

BOM分阶规划时除了要遵循基本的分阶原则外，还有些小技巧可以协助，以下提供简单重要的原则。

原则1：找生产管理部门。取得目前生产部门的生产排程表，得知生产排程单位，大概可知BOM的阶次及管理重点。

原则2：找财务会计人员。取得并试着了解成本计算的相关分析、统计报表。

原则3：找业务部门了解客户下单的情形。了解客户下订单对商品规格的要求，组合的变化，想想BOM成品的分阶特色。

原则4：到车间及仓储区域走一走。了解这些区域堆积储存的料件是否有异常的情形。若发生了，是生产的问题？还是管理的问题？存货管理的需求如何？

原则5：工单工艺取决应注意事项。

（1）如果B-1、B-2、B-3均有库存，且均可销售则必须分阶。

（2）如果B-1、B-2、B-3为加工过程，特殊状况才有库存且加工时间很短，又隶属于同一个生产部门（课或组），可不断阶。

（3）BOM分阶后应查看编号原则是否有遗漏的品号，尤其是工单与工艺的分界。

原则6：从观念解说到商品的实际拆解，由生管或研发人员亲自绘制BOM。取一个目前正在生产的产品出来解释BOM的结构，并将它画在白板上，解释BOM分阶的管理意义，确定企业相关主管清楚其BOM分阶意义。BOM分阶最大的意义是生产排程的模式。企业的生产排程到底是工单的观念或者是工艺的观念，实施顾问师必须清楚仔细地厘清，因为对后续的影响非常大。必要时去车间走一走，得出判断的依据。

## 3.4　导入ERP系统时，项目组织运作模式

企业导入ERP系统的时程，会因为上线的模块不同而时间长短不一，一般约在半年到两年间，要视企业的规模、上线的模块及范围而定。依过去上线的经验，第一阶段大概在半年到一年间完成，第二阶段大概在一年到一年半完成，如果企业

过去已经有信息化的基础设置,则时间还可加速约 3～6 个月,在这么漫长的上线时间内,信息化推动的组织规划、上线方法及项目控制的好坏是影响信息化成效的三大关键因素。在组织规划上有两个重点是我们要来谈的,一为信息部门(MIS)的定位及权责,另一是企业推动 ERP 的项目组织。

1. MIS 的组织定位

常见的 MIS 组织如下。

(1) MIS 隶属于二阶组织部门(如图 3-2 所示)。

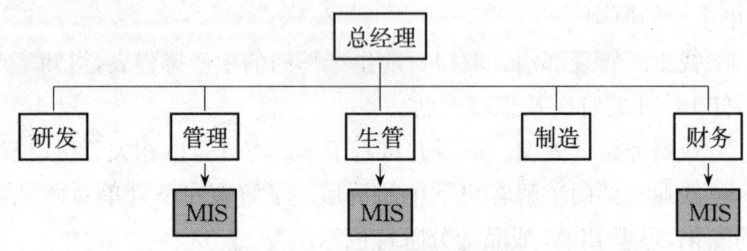

图 3-2　二阶部门组织架构图

缺点:MIS 部门等级不足,当需要进行跨组织、跨部门协调时,需要上级主管协商,上级主管与其他部门又是平行组织,协商若困难,信息化推动容易流于单位的流程或计算或数据处理工具,信息化整合效率难提升。

(2) 隶属于一阶的平行部门(如图 3-3 所示)。

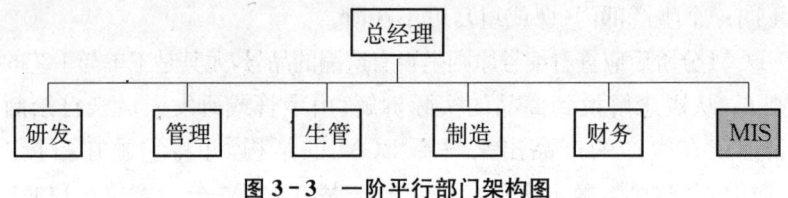

图 3-3　一阶平行部门架构图

缺点:比第一种组织来得好,但因为 ERP 推动与组织的流程及管理重点息息相关,MIS 部门主管若本身不具备非常优良的管理、整合及沟通协调能力,信息化的成功可能事倍功半。

(3) 较佳的 MIS 部门定位(如图 3-4 所示)。

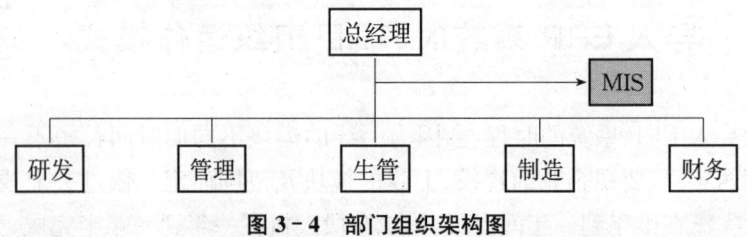

图 3-4　部门组织架构图

优点:把信息化当成经营管理的变革机会,从营运角度出发,运用信息系统工具提升营运效果,这样的组织定位是优化的,当信息化遇到阻力须化解或强势沟通协调或者决策时,经营者就应该发挥他的职责,必要时利用组织的行政力辅佐提升成功率。

企业的竞争优势已从过去生产力的依赖,转战企业策略及信息竞争,企业对信息技术及应用系统的依赖度将越来越高,经营者要掌握经营契机,那就是必须要掌握信息发展的脉动及 IT 的效能,唯有提升信息部门的位置才能达到组织的效能。

2. ERP 推动的项目组织如何设计

企业为了推动 ERP,通常会与 ERP 的系统供应商共同成立一个阶段性任务组织,这个组织主要的任务,是在项目时程内让 ERP 顺利上线并且达成 ERP 的上线目标。如图 3-5 所示。

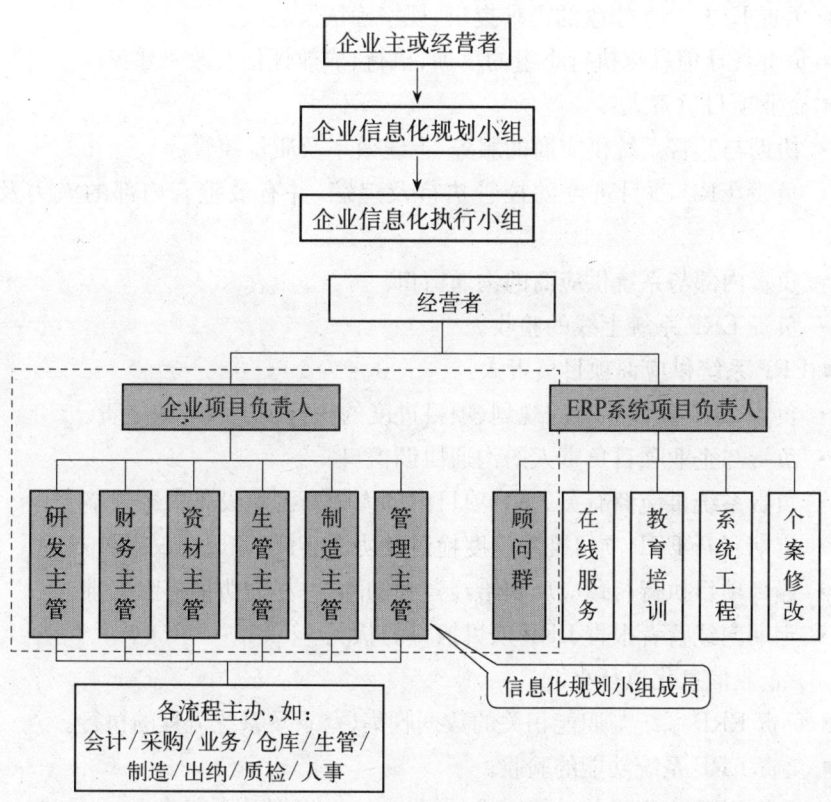

图 3-5 项目组织规划图

3. 组织的主要权责

(1) 经营层级。

■ 设定组织明确信息化目标及信息化策略,时时关心信息化进度,积极参与规划及变革，明确掌握信息化进度及阶段性目标，时时勉励与鞭策信息化效益的达成。

- 定期召开会议检讨项目进度的成果，并随时修正信息化的进度或方向。
- 决策影响项目进度执行相关的阻碍及资源不足等问题。

(2) 信息化规划小组。

- 为企业 ERP 上线成功而负责。
- 负责与参与 ERP 上线过程中的项目规划、系统规划、组织规划、流程规划、参数设定及基本数据等规划。
- 参与 ERP 上线相关培训课程。
- 当 ERP 系统与现行作业发生异常时，负责内部协商及提出决策建议。
- 负责 ERP 个案修改的需求提出、规格确认及验收。
- 负责督导信息化执行小组的培训、执行、成效评估及改善建议。
- 企业项目负责人：
  - 协助与监督系统供应商的服务、上线效率及质量控管。
  - 负责 ERP 项目进度的控管执行及追踪，并有效整合内部的人力及物力资源。
  - 负责内部与系统供应商的沟通窗口。
  - 负责 ERP 系统上线的验收。
- ERP 系统供应商项目负责人：
  - 负责 ERP 上线项目的规划、项目进度的执行及上线成败之责。
  - 负责与企业项目负责人的沟通协调窗口。
  - 负责系统供应商有关 ERP 项目内部人力资源及设备资源的整合。
  - 定期召开 ERP 项目推动进度检讨及协调会议，完成会议报告。
  - 遇到项目执行瓶颈应反映给经营者知悉，并尽力协助排除困难。
  - 定期向经营者报告 ERP 项目执行的状况。

(3) 企业信息化执行小组。

- 负责 ERP 系统与职能相关的数据收集、登录及系统流程的执行。
- 负责 ERP 系统功能的验收。
- 负责 ERP 个案设计功能需求的提出、协助规划及个案验收。
- 参与相关模块的 ERP 系统培训并参与培训验收。
- 协助组织 ERP 系统的推动及信息化目标的达成。

4. 企业上线 ERP 项目，所有人员应有的正确观念

企业过去以"人"及"作业"为管理流程的传统时代，已随 IT 信息科技及人力资

源结构快速发展而改变,ERP是目前最完整的企业营运管理工具,因此,企业上线ERP已经势在必行,如何快速及成功有效地上线是企业全体同仁的责任,面对新的工具应该更加努力学习、耐心聆听、有毅力地完成,如此才能有效提升企业竞争力,让企业能永续成长。

# 第4章 / 易飞 ERP 的系统架构

## 4.1 易飞 ERP 架构与安装前软硬件检查

### 4.1.1 易飞 ERP 架构简介

易飞 ERP3-Tier 系统架构在逻辑上是一个多层式的架构,区分为前端使用者界面、中间应用程序服务器与后端数据库。Client 端程序集中于储存及放置,企业逻辑集中于 Middle Tier,容易维护,确保一致性,弹性扩充 Middle Tier Server,数据库修改或重整时,不会影响到 Client 端程序、以降低网络传输负荷、有效管理系统资源,控制各交易的优先级,适用于多营业点、多工厂等分布式企业环境,产品安装与布置比较简单,产品维护更新也比较容易,完全的行动运算环境。

### 4.1.2 安装前软硬件检查

**1. 安装易飞 ERP 软件前置作业检查**

当您要安装易飞 ERP 前,首要动作应先检查您的软件版本及硬件规格是否合适,所以我们针对软件及硬件规格建议如表 4-1~表 4-4 所示。

表 4-1 易飞 ERP 软件环境

|  | 操 作 系 统 | 其 他 |
|---|---|---|
| Database Server 数据库服务器 | Microsoft Windows NT Server 4.0 SP4<br>Microsoft Windows 2000 Server SP4<br>Microsoft Windows 2003 Server SP1<br>或以后版本 | Internet Explorer 6.0 或<br>Microsoft SQL Server 7.0<br>Microsoft SQL Server 2000<br>Microsoft SQL Server 2005 |

(续表)

| | 操 作 系 统 | 其 他 |
|---|---|---|
| Application Server 程序服务器 | Microsoft Windows NT Server 4.0 SP4<br>Microsoft Windows 2000 Server SP4<br>或以后版本 | Internet Explorer 6.0<br>或以后版本 |
| Client 客户端 | Microsoft Windows 98<br>Microsoft Windows NT Workstation<br>Microsoft Windows 2000 Professional<br>Microsoft Windows XP Professional | Internet Explorer 6.0<br>或以后版本 |

以上规格会随着产品版本变更而变动,最新信息详见神州数码相关规划及服务单位。

2. 安装易飞ERP硬件前置作业检查

表4-2　Database SQL Server主机端配置需求

| 设　备 | 配　　　置 |
|---|---|
| CPU | Pentium-Ⅲ 450以上 |
| RAM | 1 GB以上(30～50人2 GB,50人以上3 GB) |
| HDD | 40 GB以上(建议SCSI HDD & RAID 5或RAID5-E,视数据量而定)必须有3到4个的硬盘 |
| CD-ROM | 24 X以上 |
| Tape Driver | DDS2以上(视数据量而定) |
| Modem | 56 K(遥控软件PCAnywhere使用) |
| UPS | 规格依需求 |

注:若企业ERP已经上线多年,或者每年累计的事务历史记录超过10万笔以上,数据库的负荷亦会直接影响ERP的速度,因此Database Server的规格就应该有效地升级会比较适当。

表4-3　Application Server主机端配置需求

| 设　备 | 配　　　置 |
|---|---|
| CPU | Pentium-Ⅲ 450以上 |
| RAM | 512 MB以上(30～40人1 GB,40人以上建议2台Application Server) |
| HDD | 10 GB以上 |
| CD-ROM | 24 X以上(Option) |
| Tape Driver | DDS3(12 G)(Option) |
| Modem | 56 K(Option) |

注:Application Server的规格会影响数据运算的速度,若企业运算复杂数据量大,Application Server的规格及数量就应该加强规划设计。

表 4-4 工作站端配置需求 PC

| 设　　备 | 配　　置 |
|---|---|
| CPU | Pentium-Ⅲ 400 MHz 以上 |
| RAM | 256 MB 以上（建议 512 MB） |
| HDD | 8 GB 以上 |
| CD-Rom | 24 X 以上(Option) |
| Modem | 56 K(Option) |

## 4.2　易飞 ERP 运作原理

ERP 的系统环境架构为两层或三层性架构的应用软件，如图 4-1 所示，其三层指的是系统信息的分工定义：

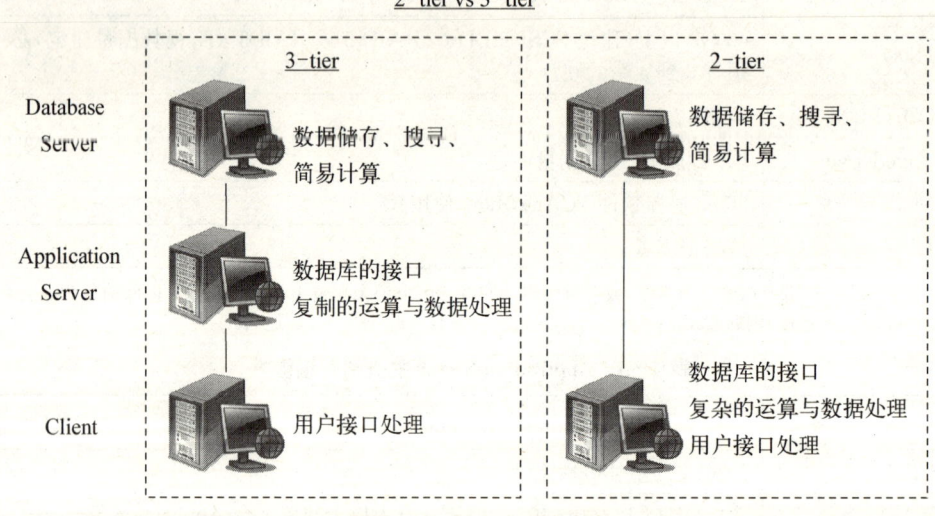

图 4-1　易飞 ERP 架构

（1）Client 端：指一般使用者 INPUT 环境，即输入单据的所在工作端(有 AP 程序)。

（2）Application Server 端：即存放 ERP 运算程序的主机。

（3）Database Server 端：存放数据库的主机。

Client-Server 架构跟程序的写法有绝对关联，易飞 ERP 系统亦可以架设在两层式的架构下,如图 4－2 所示。

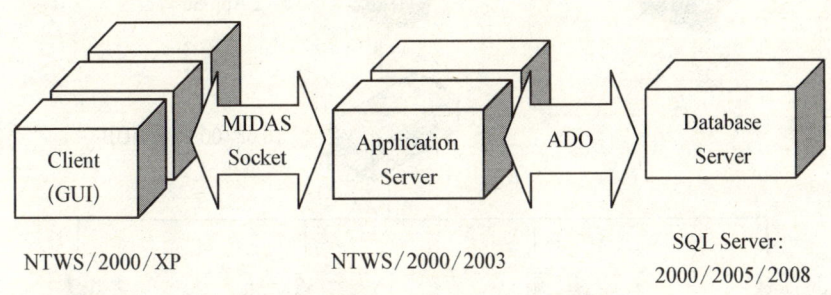

MIDAS：Multi-tier Distributed Application Services
ADO：ActiveX Data Object

图 4－2　易飞 ERP 程序及数据处理架构

## 4.3　常见的 ERP 环境架构简介

1. 单一主机(适合一般中小企业)(如图 4－3、图 4－4 所示)

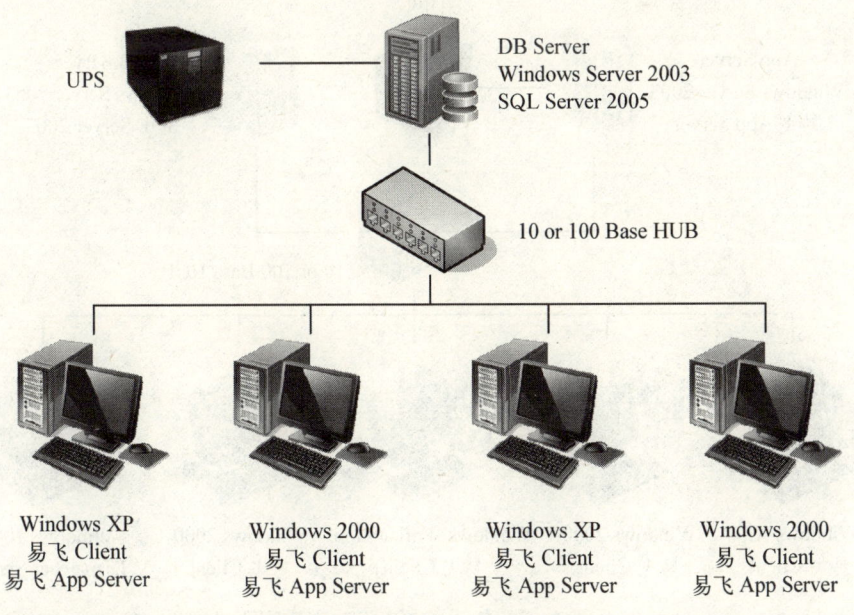

图 4－3　单一主机——案例一

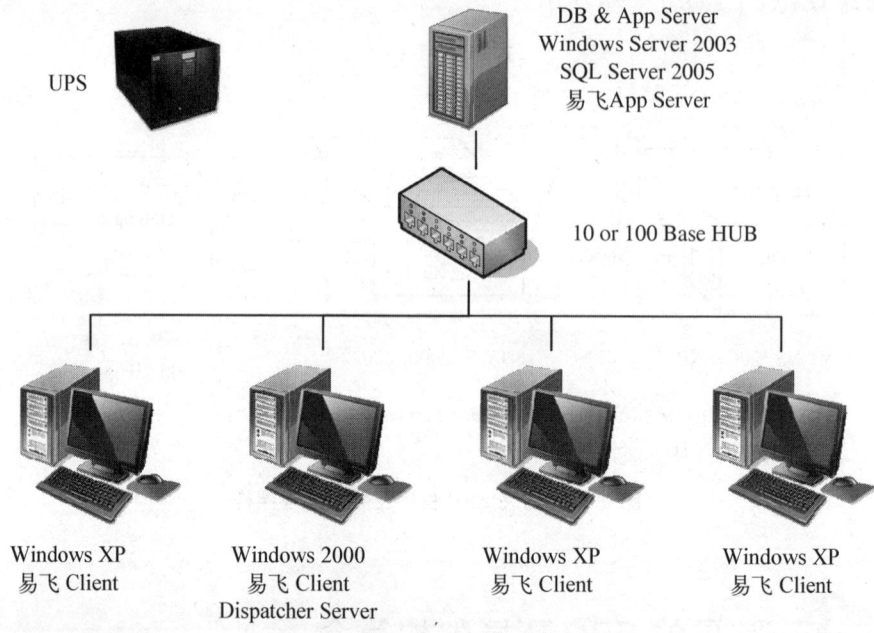

图 4-4　单一主机——案例二

2. 多 Server(3-Tier)(如图 4-5 所示)

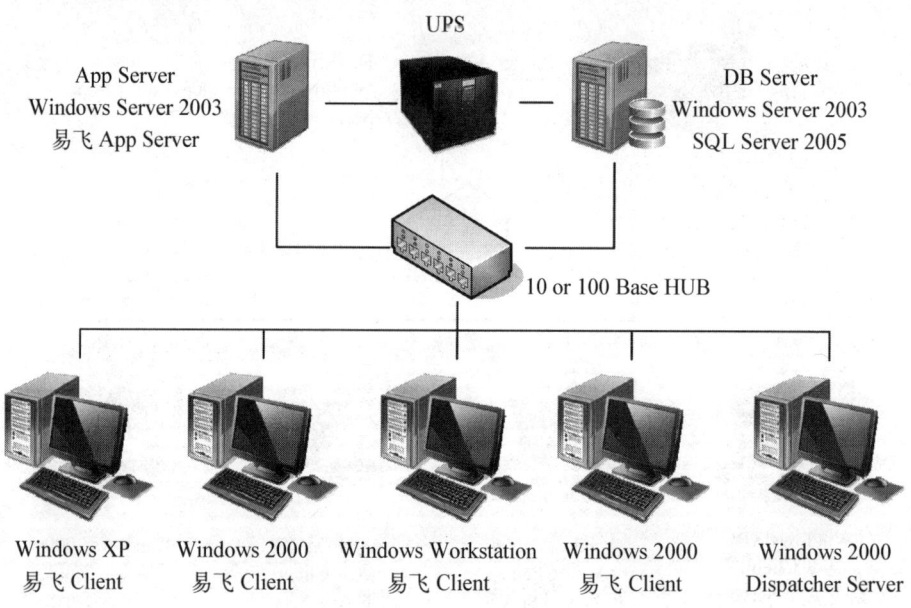

图 4-5　多 Server(3-Tier)案例图

3. 远程联机(如图 4-6 所示)

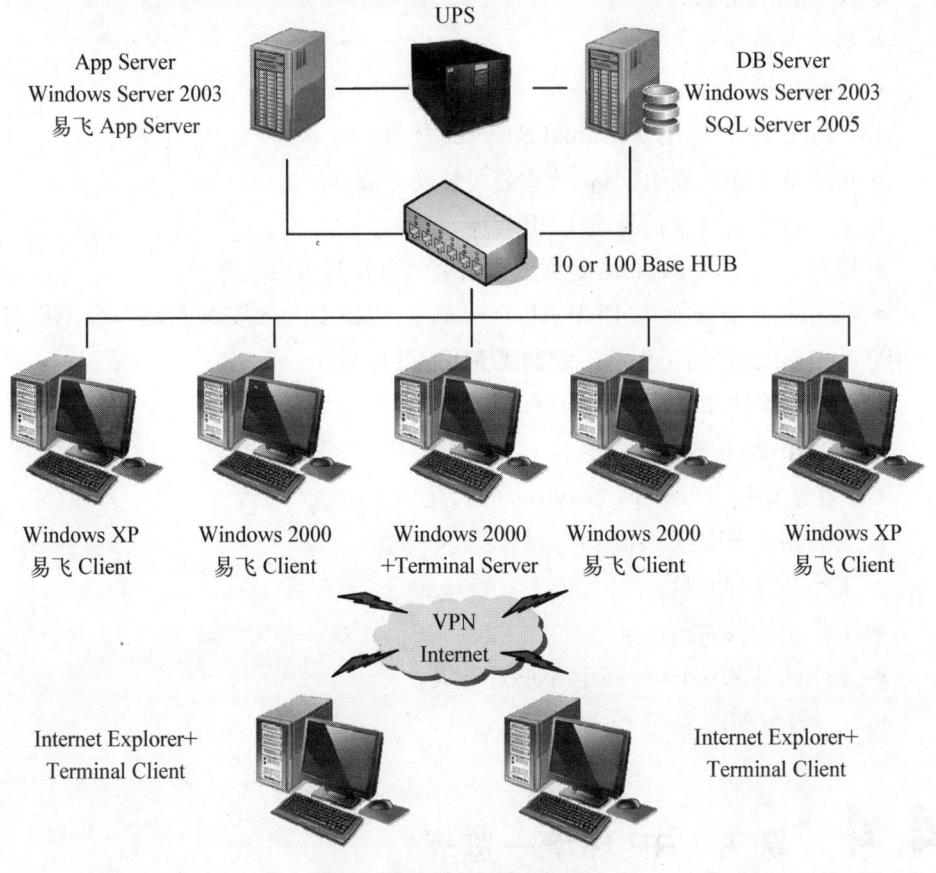

图 4-6 远程联机案例图

（1）Microsoft Terminal Services。

◆ 透过终端模拟将 Windows 经验应用在各种桌面计算机硬件上。

◆ Terminal Services Advanced Client(TSAC)为 Microsoft Terminal Services 进阶客户端，提供工作站利用 Browser 方式连上 Terminal Server。

◆ 程序的维护只要更新 Terminal Server 上的程序，不需更新工作站端程序，可以大量降低服务人员及客户 MIS 人员维护方面工作。

（2）原理。

◆ 主机端执行程序，工作站显示结果界面并响应用户操作动作(keyboard & mouse)。

◆ 使用 RDP 通讯协议。

应用。
- ◆ Application 软件应用。
- ◆ 教学工作管理。
- ◆ 管理主机工作。

(3) 易飞 ERP 使用 Terminal Services 优点。
- ◆ 可降低工作站要求配备,节省公司软硬件成本。
- ◆ 工作站不需要维护易飞 ERP 程序。
- ◆ 服务人员可以 Remote 看到工作站上的操作且可在线维护。
- ◆ Terminal Server ＋ ERP AP Server ＋ ERP Client 安装在同一台主机时,使用 Terminal 联机的工作站不需购买 MIDAS 授权。
- ◆ 可降低客户 IT 部门维护工作站的负担。
- ◆ 相当于 Web Solution。

(4) 必须使用 Terminal Services 的状况。
- ◆ 安装易飞 ERP Client 会与现有程序冲突。
- ◆ 工作站没有硬盘。
- ◆ 工作站等级太差。
- ◆ 工作站是 Windows 95 且不愿意升级。

4. 广域网(如图 4-7 所示)

## 4.4  易飞 ERP 环境一览表

1. Client 端的目录架构

在易飞 ERP 安装时,就会建立以下这些目录,这些目录的数据请勿自行搬迁或移动,亦应设定目录权限控管,其中[C_modi]的目录是存放客户个案修改的程序区。

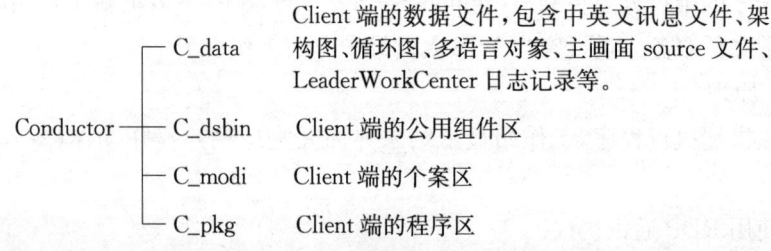

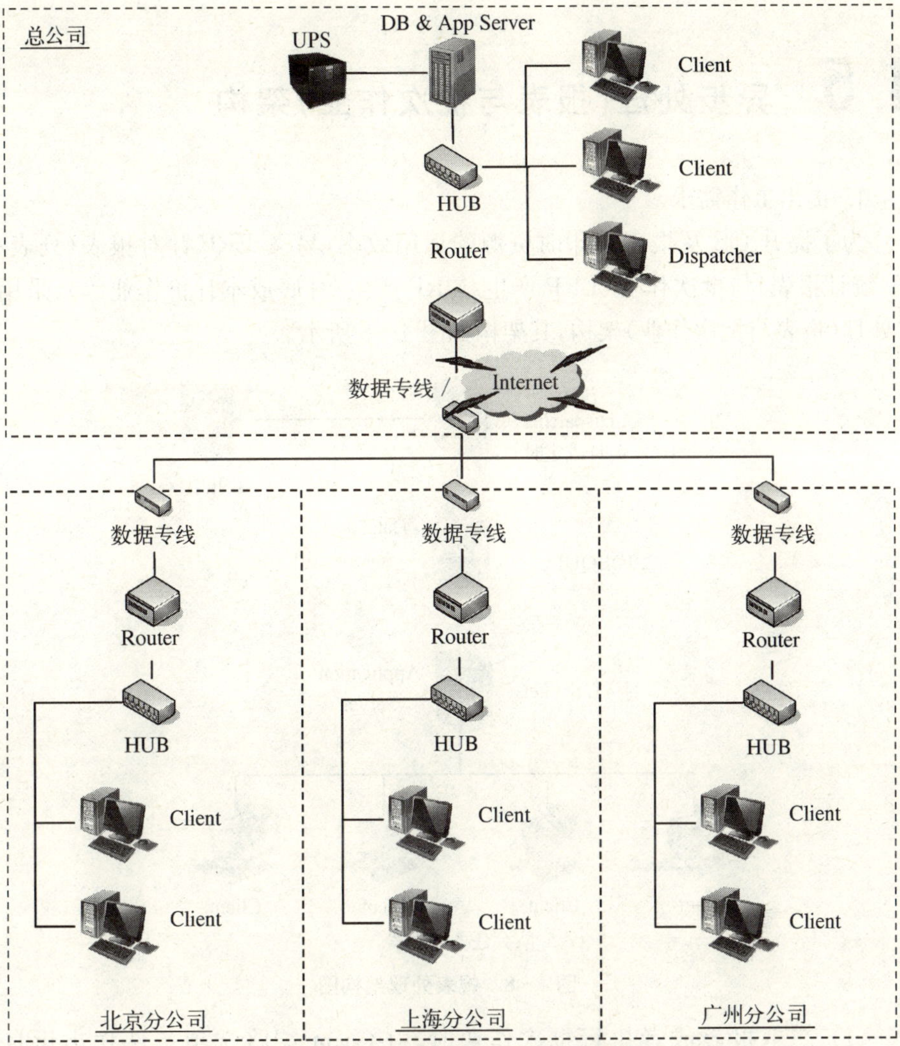

**图 4-7　数据库集中方式案例图**

2. Server 端的目录架构

- Conductor
  - S_data
    - Batch_Log　批处理产生的 Log 档
    - Trans_Log　批次确认产生的 Log 档
  - S_dsbin　Server 端的公用组件区
  - S_modi　Server 端的个案区
  - S_pkg　Server 端的程序区

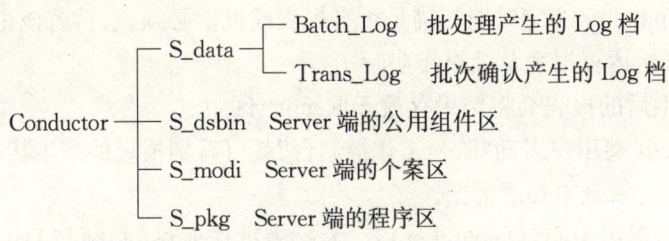

注：如果企业走两层架构，则在 Client 端会有以上两组目录。

## 4.5 异步处理(报表与批次作业)架构

**1. 提出工作需求**

为了提升 OS 及报表打印时资源的运用效率,易飞 ERP 针对报表(列表/凭证/统计报表)与批次作业(LRP 产生/MRP 产生/月底成本计价作业等),采用异步处理(报表与批次作业)架构,其架构如图 4-8 所示。

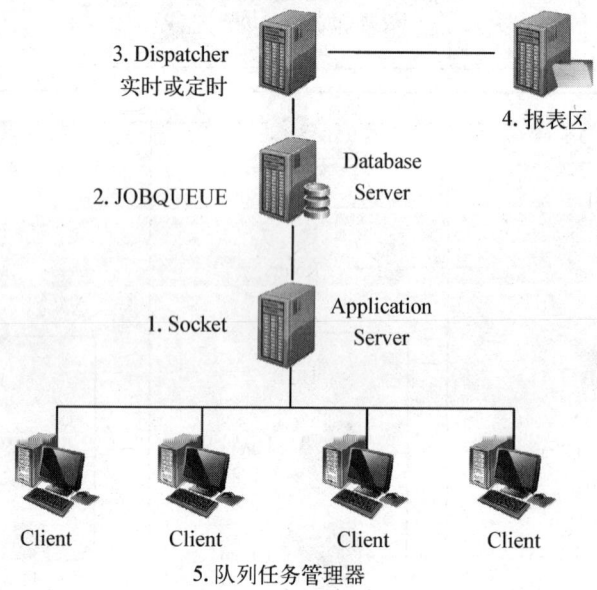

图 4-8 报表处理架构图

(1) 产生报表或者执行批次作业时,由 Client 端将选项条件送出讯息向 Application Server 提出需求,将需求储存于工作队列中(DSCSYS-JOBQUEUE),系统会响应一个工作代号。

(2) Dispatcher 会定时地扫描是否有报表或批次必须执行,若该主机有未完成工作,则会开始运算报表及批次作业。

(3) 产生后的报表会将结果存放于 Report 区中。

(4) Client 端用户启动"队列工作控制台"就可看到报表的产生状况。

图 4-9 为派班中心逻辑图。

(1) 执行派班中心(Dispatcher)者,为报表批作业站,必须与 Database Server 在同一局域网络内。报表批作业站可以有多台。

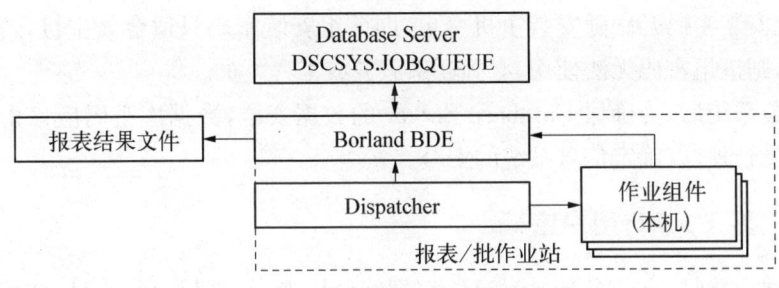

图 4-9 派班中心逻辑图

(2) 派班中心定时至工作队列中找寻待处理的工作。

(3) 如果有待做的工作,则呼叫本机之中的作业组件来执行工作。工作进行中,该派班中心不会再找其他工作,直到工作完成为止。

(4) 报表结果存于"LeaderTemp"中,为 Paradox 的数据文件。如果有指定产生 Html 报表,则依据"ConductorS.ini"的设定,将 Html 文件产生在指定目录位置下。

(5) 批次或确认作业如果有指定产生 Log 档,则依据"ConductorS.ini"的设定,将 Log 档(Html 格式)产生在指定目录位置下。

2. 查阅或打印报表(图 4-10 为报表逻辑图)

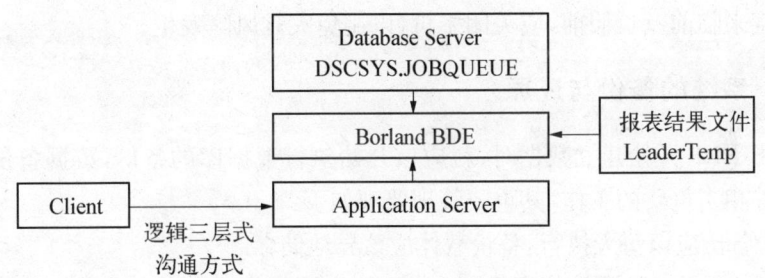

图 4-10 报表逻辑图

(1) 工作站以三层式体系结构向 Server 端取得报表结果。

(2) 报表分页传送至 Client 端,以供查阅或打印。

## 4.6 易飞 ERP 系统的用户及安全控管

### 4.6.1 软件安装后密码授权保护

在工程人员安装软件后,会交付系统安装 CD 及系统安装密码一组,须妥善保存,系统安装密码乃跟随安装主机变更,即该组安装密码只适合该主机,若将来更换主机,则该组密码无法使用,必须联系服务或工程人员。

安装系统后,为确保 Database Server 的数据安全,数据库密码应该由高阶或管理人员管理,以确定信息系统的安全。

### 4.6.2 易飞 ERP 用户密码

软件安装时,有一个 Super - User(超级使用者)最高权限的账号,使用者代号为"DS",无密码,为确保信息数据库安全,应尽快设定密码。

### 4.6.3 易飞 ERP 的授权使用人数控管

易飞 ERP 的授权采 Client 人数控管,如:5 users、10 users、20 users、Unlimited 无限人数版本,同时允许在线使用的人数,因此如果授权人数不多,不使用的人员应该注销。

### 4.6.4 主机的定时关机

为保持主机良好的效能,定时关闭主机是必要的,请每月至少正常关机一次。异常天气来临前及长假前,应关闭主机,以避免灾难风险发生。

### 4.6.5 系统的备份与还原

易飞 ERP 开始建立数据时,就应该开始执行数据库的备份,数据备份在管理上是一件相当重要的工作,其重要管理要项如下:

(1) 备份应该每天执行,备份载体应该异地储存。

(2) 备份及还原应该撰写 SOP(作业标准书),让非 MIS 人员来管理。

(3) 数据备份的载体(CD/磁盘/磁带)应该管制其使用寿命,超过年限应该更换。

(4) 每天备份不应该存放于同一载体上,使用磁带备份至少应该有两种不同的磁带来储存。

(5) 数据备份应该随时检视其备份数据的完整性,以防止备份不成功的风险。

(6) 采用系统自动备份机制更应该确定备份 LOG 的完整比对,如:目录区、档案数、档案大小等。

### 4.6.6 灾难恢复计划

企业导入上线后,ERP 系统会变成企业营运过程控制工具,当主机发生灾难时,如果不能很快地架设完成,恐怕会造成严重营运损失,如:应收账款无法回收、无法掌握订单状况,因此无法履行合约等。故一般企业均会规划"灾难恢复计划",这个计划是确保在最短的时间内,能重建灾难发生前的信息系统,让企业能快速地持续营运。"灾难恢复计划"应包含下列四项:

(1) 备用的主机。
(2) 灾难前的备份载体(这是异地储存的重点)。
(3) 回存数据库及测试。
(4) 测试网络环境及系统连接。

## 4.7 应用案例

外点联机案例如图4-11所示。

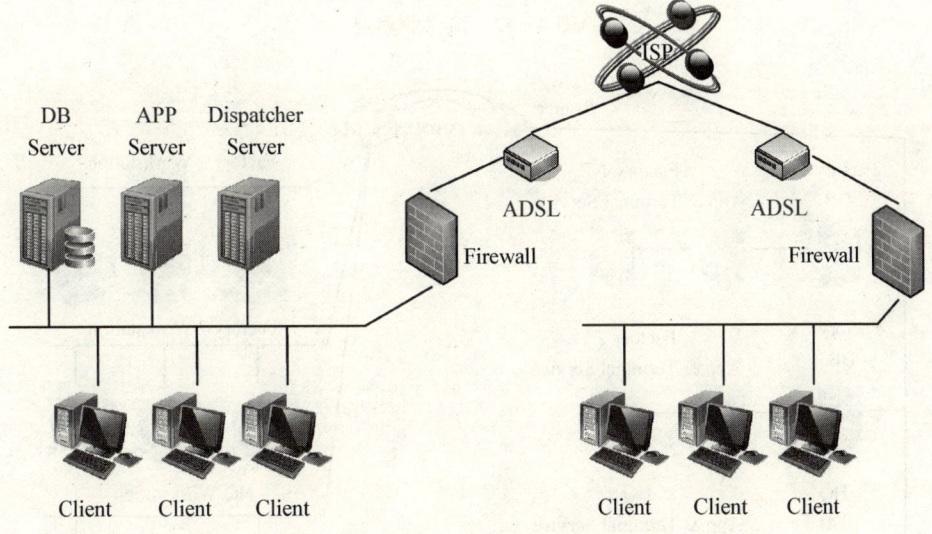

图4-11 外点联机案例

流通业案例如图4-12、图4-13所示。
小型企业案例如图4-14所示。
中型企业案例如图4-15所示。
大型企业案例如图4-16所示。

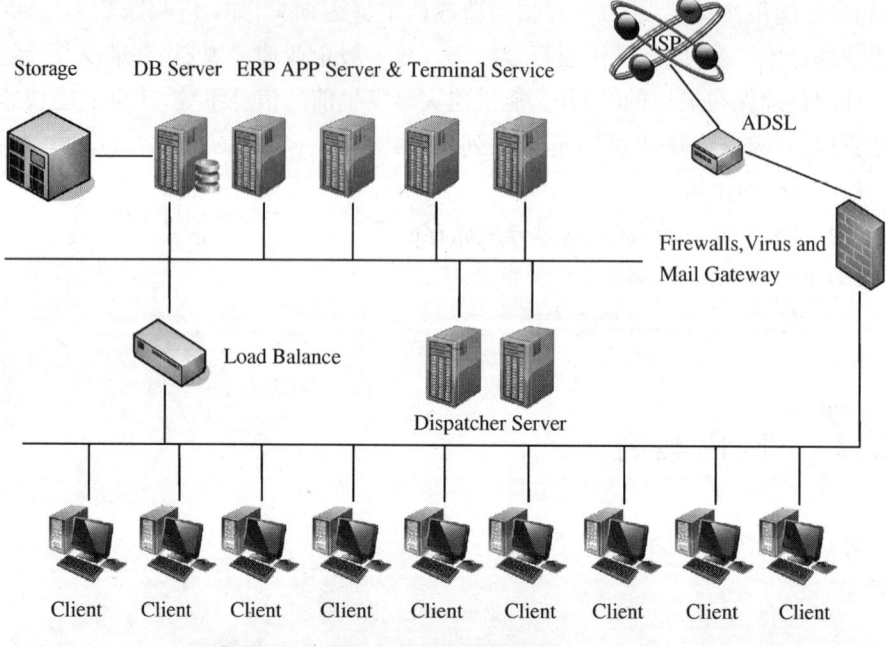

图 4-12 流通业案例

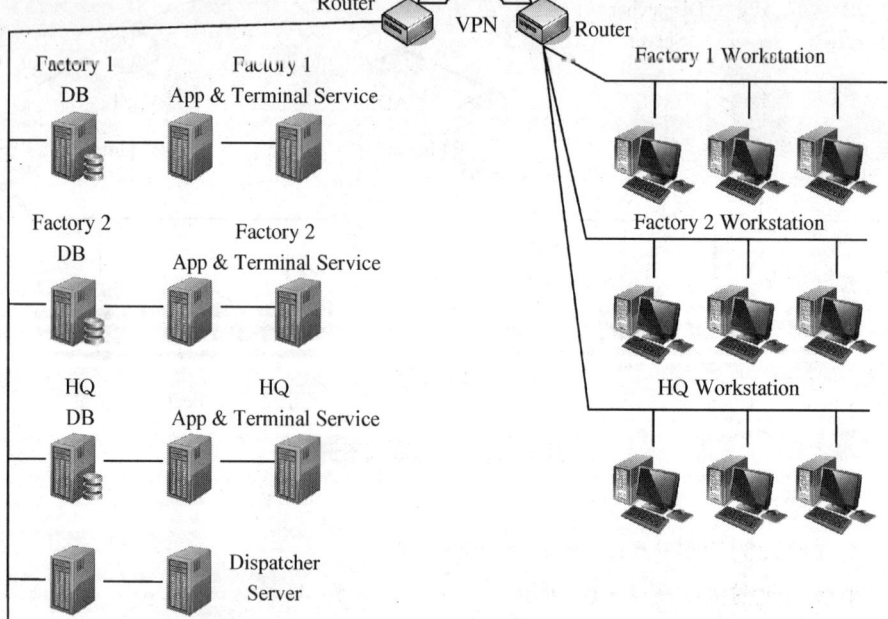

图 4-13 流通业案例

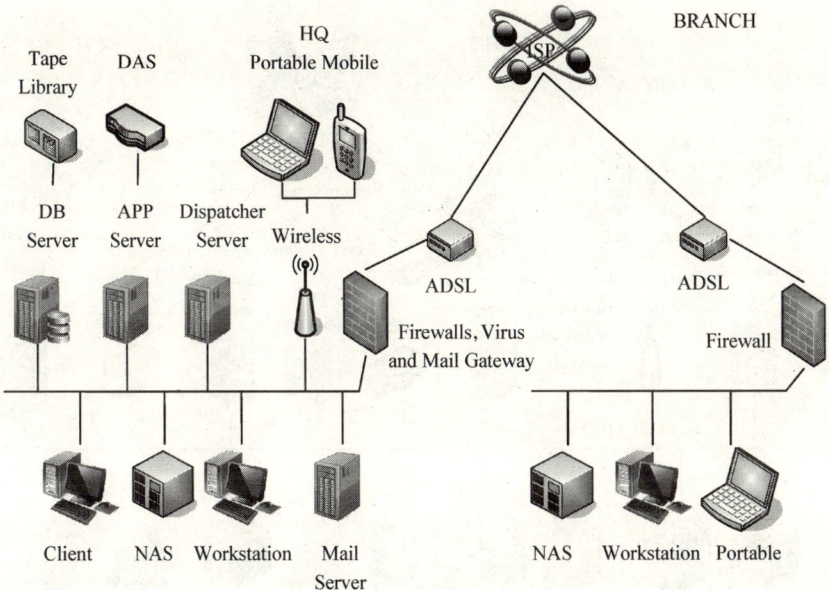

图 4-14 小型企业案例

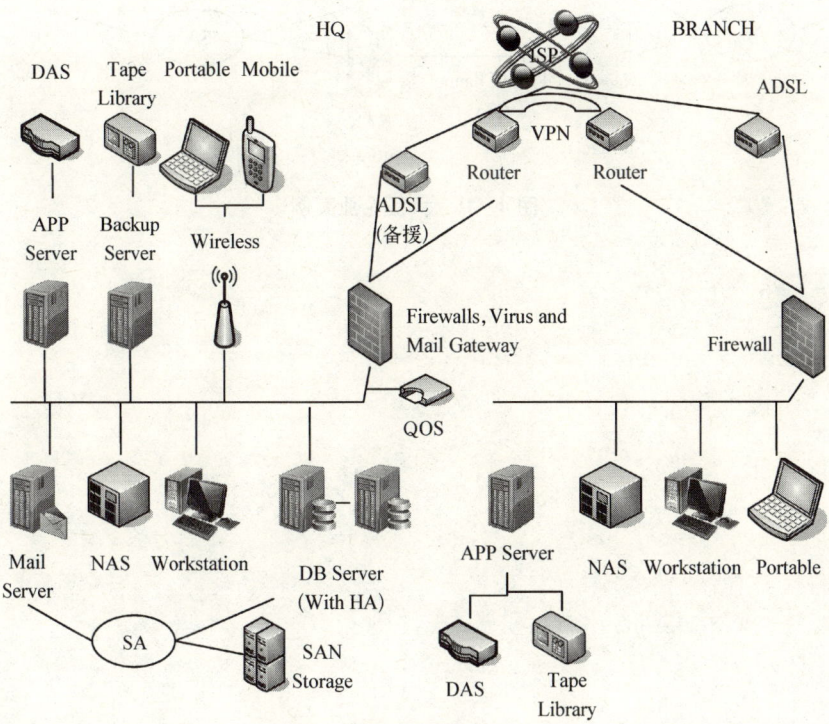

图 4-15 中型企业案例

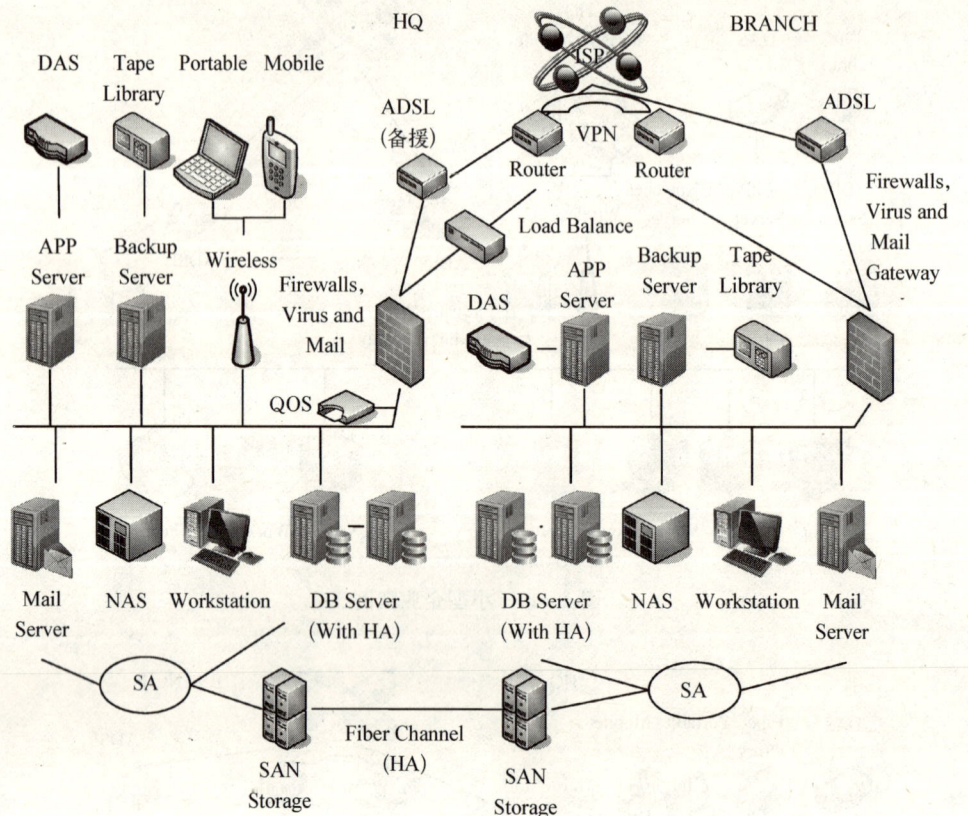

图 4-16 大型企业案例

# 第5章 / 案例公司基本概况介绍

## 5.1 公司名称

案例公司名称为成功集团股份有限公司,成立于1998年,简称成功集团。

## 5.2 公司基本资料

成功集团各项基本资料如下:
(1) 资本额:6亿元。
(2) 营业额:15亿元。
(3) 员工数:约12,000人。
(4) 图5-1为企业组织图。
(5) 产品:数码相机及电子相关产品,产品包括自行生产制造及买进卖出两大类型。
(6) 工厂:有两个工厂,分别为上海一厂与上海二厂。
(7) 仓库:原材料仓一厂,原材料仓二厂,半成品仓一厂,半成品仓二厂,成品仓一厂,成品仓二厂,不良品仓一厂,不良品仓二厂,报废仓一厂,报废仓二厂,事务品仓一厂,事务品仓二厂,借出暂存仓一厂,借出暂存仓二厂。
(8) 工作中心:上海一厂一组装车间一组、组装车间二组,上海一厂一包装车间,上海二厂一组装车间一组、组装车间二组,上海二厂一包装车间。

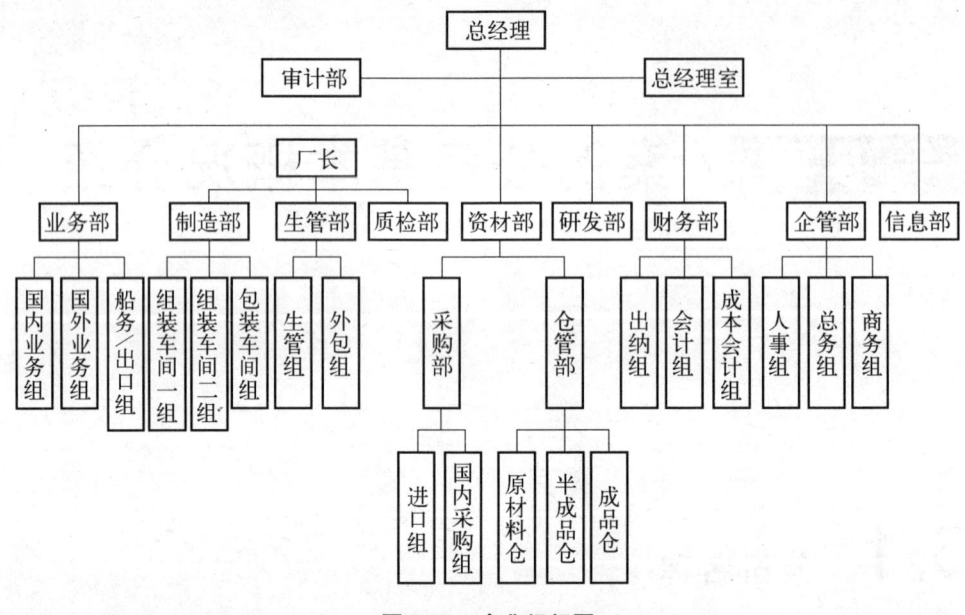

图 5-1 企业组织图

(9) 公司概况：设备资源充足、员工熟悉度高、设有奖励制度、工艺标准化。

## 5.3 各部门工作内涵

### 5.3.1 研发部

(1) 新产品、新材料、新工艺的研究、开发及标准制定及维护。

(2) 料件品号的编码、相关标准图面的制作及维护。

(3) 产品标准用量表(BOM)建置、维护及版号管理。

(4) 新产品的量产制作及技术评估。

(5) 研发相关信息及成果的建档文件、保密、安全控管。

(6) 年度研究发展计划的规划、拟定、执行、差异分析及异常对策的拟定与执行。

(7) 研发项目的规划、拟定、执行、资源的控管及差异分析。

(8) 商品专利相关事务的申请及管理。

(9) 研发相关办法制度的规划、拟定、修订及执行。

### 5.3.2 业务部

（1）市场、销售渠道、客户的开发、扩展与经营。

（2）营销计划、销售策略、定价策略的拟定、规划及管理。

（3）产品、服务有关报价、接单、销货、服务及账款的处理与进度控管。

（4）负责与协助生产相关单位进行资源的规划、控制与运用。

（5）负责销货获利分析、管理与改善。

（6）负责自有品牌产品的开创、推广及经营。

（7）负责电子销货平台的营销与营运。

（8）负责实时的客诉响应、处理及客户满意度经营。

### 5.3.3 采购部

（1）负责供应商的开发、遴选和进货后质量、交期的评选与管理，还有跟供应商满意度的经营。

（2）负责原材料采购计划的规划、采购定价策略的拟定、规划跟管理。

（3）负责生产原材料的请购、采购、进货、退货跟供应商应付账款的整账及管理。

（4）负责采购成本分析与绩效提升。

（5）负责存货的规划及管理。

（6）负责电子采购的推展、平台经营及管理。

### 5.3.4 生产管理部

（1）负责制造现场及委外加工生产计划的拟定、生产排程、派工及进度的掌控。

（2）负责生产排程计划异常的控管、协商及统计分析改善。

（3）负责并协助生产资源（设备、人力、用料）的效率提升。

（4）负责业务接单交期的回应与确认，并有效掌握生产进度能实时达成订单出货目标。

（5）负责生产完工统计分析成本、异常管理及资源效率，协助管理使资源效能极大化。

（6）负责生产管理相关办法制度的规划、拟定、修订及执行。

（7）负责外包生产进度的安排、控管及加工供应商的管理（单价、评核、退货）。

### 5.3.5 制造部

(1) 负责依据生产排程执行生产派工。

(2) 负责有效管理及控制生产资源的运用(人力、设备),如生产设备的保养维护及资产安全的保管并确保效率运用极大化。

(3) 负责生产工单的用料领用、控制及退料事宜。

(4) 负责生产完工产品的生产入库事宜。

(5) 有效生产异常控管(进度、用料及停工待料、设备异常、质量异常)及改善。

(6) 负责生产环境的动线规划及维护。

(7) 负责及协助各项生产制造相关提案改善制度的提案与执行。

(8) 负责生产制造相关制度流程的规划、拟定、修订与执行。

### 5.3.6 质检部

(1) 负责进料检验、工艺检验、成品检验(IQC/PQC/FQC)的执行。

(2) 积极、主动发现质量改善议题、提案与改善。

(3) 负责各项统计工具跟手法,有效统计分析质量状态,协助研发及制造生产部门改善产品或生产工艺。

(4) 负责供应商评量的执行及协助供应商质量的改善。

(5) 负责及协助研发部门各项质量标准制度的建立及修订。

(6) 负责质量相关办法制度的规划、拟定、修订及执行。

(7) 协助规划、建立、通过及落实各项国际质量评鉴。

(8) 负责生产制造相关制度流程的规划、拟定、修订与执行。

### 5.3.7 仓管部

(1) 负责物料管理策略的整体规划、执行。

(2) 负责存货策略的规划与执行。

(3) 负责与仓管进出相关的实体料品点收、控管与账务处理。

(4) 负责及确保料账正确性与实时性。

(5) 负责仓储料品的安全控管。

(6) 协助存货盘点的规划跟落实执行盘点作业。

(7) 负责及协助呆滞存货的有效控管。

### 5.3.8 财务部

1. 出纳组
(1) 零用金的支付与管理。
(2) 应付票据管理。
2. 会计组
(1) 开立交易发票。
(2) 各种财务账簿管理。
(3) 应收票据管理。
(4) 财务报表编制。
(5) 应收应付账款管理与催收。
(6) 税务规划。
3. 成会组
(1) 产品成本计算。
(2) 产品成本差异分析。
(3) 协助成本改善。
(4) 资产盘点。

另有专人负责财务分析、投资执行与风险控管、服务相关事宜、资金管理及调度、预算规划与监控。

### 5.3.9 企管部——人事组

(1) 负责新进人员的招募、任用与训练。
(2) 负责人员年度人力资源计划的规划及执行与效用分析。
(3) 负责员工职涯(生涯)发展计划的规划及执行。
(4) 负责出勤管理及薪资与绩效计算与发放。
(5) 负责工伤保险、劳工安全及法律相关事宜的执行。
(6) 负责员工考评、升迁、奖赏、惩戒及辞退相关事宜。

### 5.3.10 企管部——总务组

(1) 负责公司年度资产计划的拟定、执行及差异分析。
(2) 负责建立个人资产管理制度,领用、移转并有效落实管理。
(3) 负责资产需求评估、请购、编号、登账、维护及报废相关事宜。
(4) 负责公司资产定期及不定期盘点计划的拟定、执行、差异分析及改善对策。

(5) 负责资产修缮及更新的评估及执行。

(6) 负责资产管理相关办法制度的规划、拟定、修订及执行。

## 5.4 上线时点

成功集团计划于2010年1月1日正式上线易飞系统,图5-2为企业ERP上线流程图。

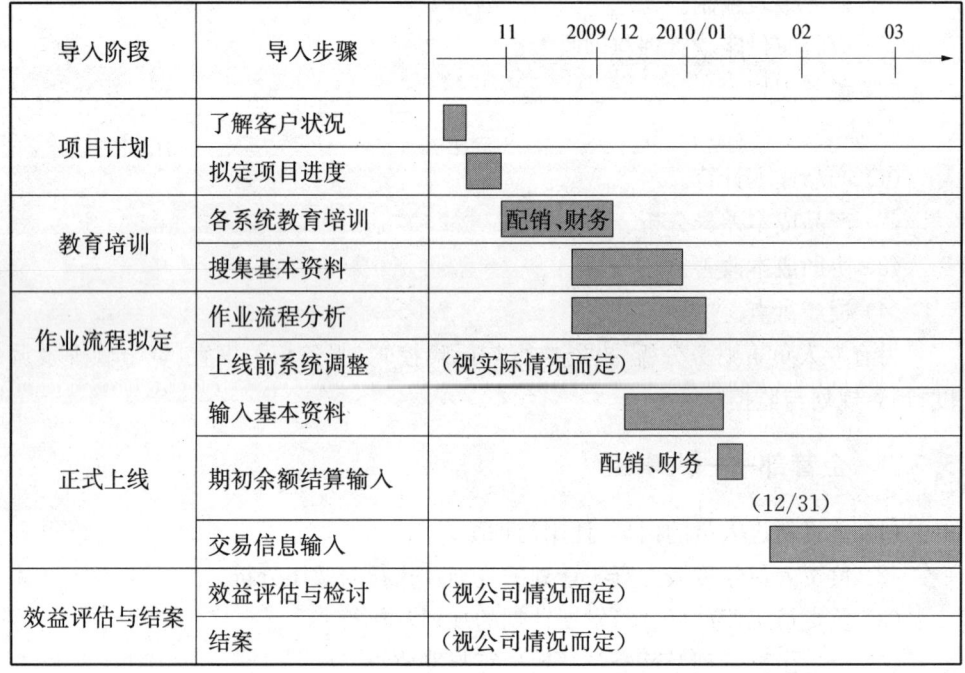

图5-2 企业ERP上线流程示意图

# 第6章 / 易飞ERP基础操作篇

## 6.1 登录系统方式

1. 开启/关闭系统

(1) 开启系统的方法。

方式一：由桌面易飞程序的快捷方式开启。

方式二：单击"开始"/"程序"/"神州数码易飞 ERP 系统"/"易飞 ERP 系统"。

(2) 关闭系统的方法。

单击窗口右上角的"关闭按钮"即可离开系统。

2. 登录方式

(1) 登录系统，如图 6-1 所示。

图 6-1 "易飞 ERP 登录"界面

【作业重点】

账号：DS，为系统安装后预设的超级用户。

密码：无，系统安装后，默认 DS 的密码为空。

公司：可建立多公司账套，可根据实际选择要登录的公司账套。

Language：分为中文(繁体)、中文(简体)、English 三种，可根据实际情况自行选择。

（2）重新登录系统。

【操作步骤】

步骤一：单击"重新登录"按钮，如图6-2所示。

步骤二：重新输入账号、口令，选择要登录的公司，如图6-2所示。

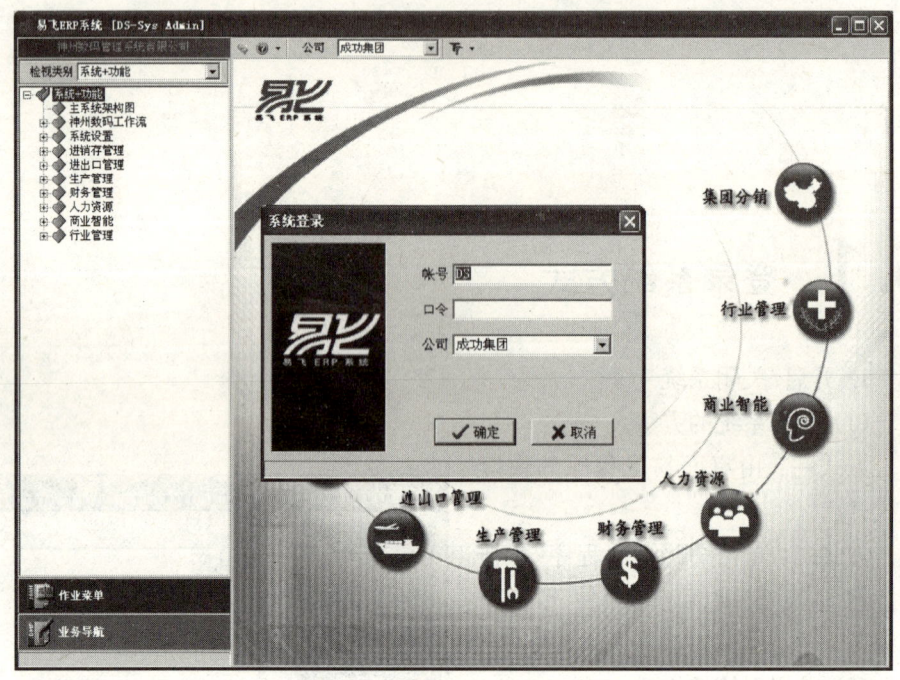

图6-2 "重新登录系统"界面

（3）修改登录密码。

【操作步骤】

从系统主界面执行"管理维护子系统"|"录入用户信息"作业，进入到"录入用户信息"界面，开始更改登录密码。如图6-3所示。

【作业重点】

除超级用户外，所有用户只能修改自己的账号和密码，无法修改其他用户的密码。

第 6 章 易飞 ERP 基础操作篇 | 97

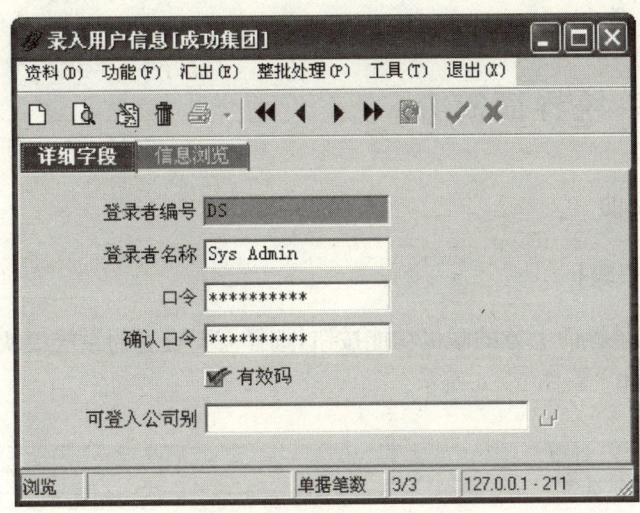

图 6-3 "录入用户信息"界面

（4）切换登录公司。

【操作步骤】

单击系统主画面上方的公司账套下拉菜单，选择要切换的登录公司，如图 6-4 所示。

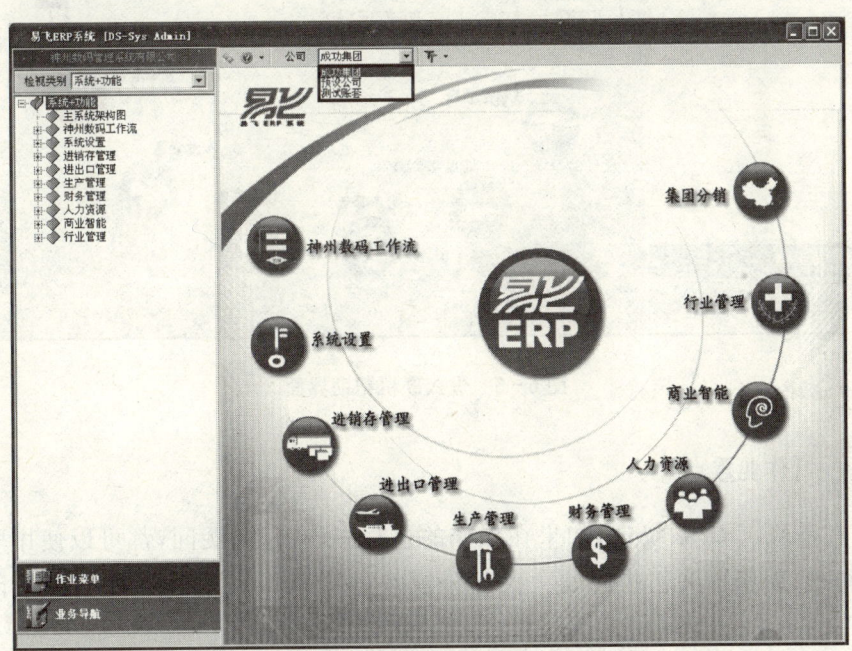

图 6-4 "切换登录公司"界面

## 6.2 系统界面简介

1. 联机帮助

【操作步骤】

单击系统主界面上方的联机功能按钮,选择需要查看的系统模块,进入联机帮助界面。如图6-5、图6-6所示。

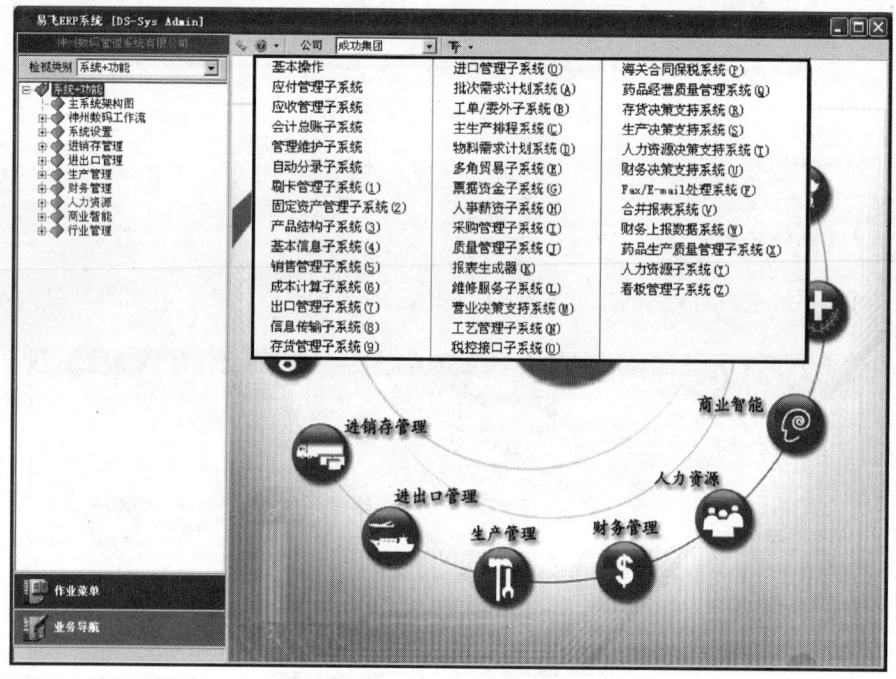

图 6-5 进入联机帮助界面

【作业重点】

在易飞 ERP 系统中,如果在操作的过程中,有任何疑问,都可以使用联机帮助来协助您解决这些问题。大部分模块的联机帮助手册都会有以下四个章节:

(1) 系统概要:会说明这一个模块的目的及特色。

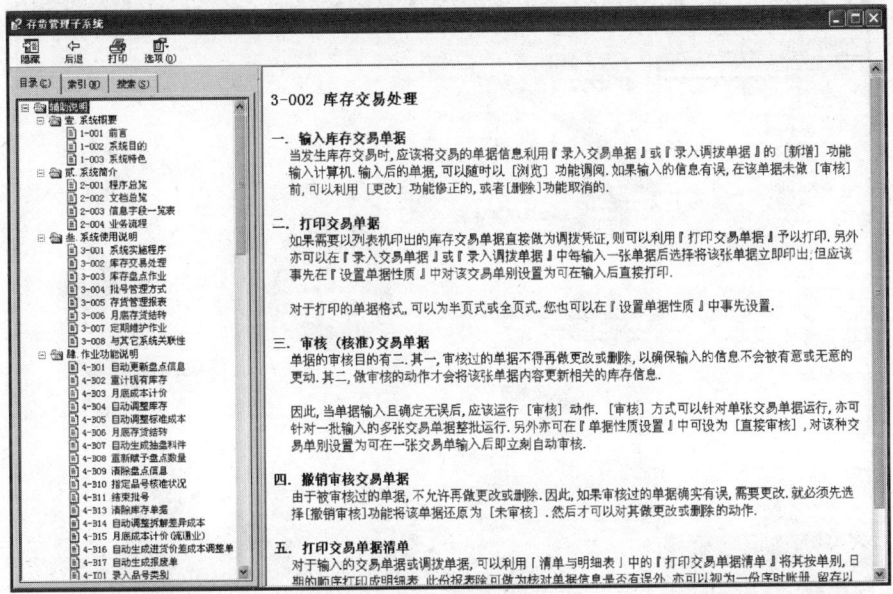

图 6-6 联机帮助界面

（2）系统简介：整理汇总该模块里的所有程序、档案、还有字段的相关信息。

（3）系统使用说明：主要呈现模块的作业流程及管理报表等信息。

（4）作业功能说明：说明所有的流程。

另外，在输入单据的时候如果遇到问题，直接在单据上按键盘的 F1 键，系统会链接到联机丛书第四章节的"作业功能说明"中。

2. 检视类别

易飞 ERP 系统中，检视类别有系统＋作业、系统＋功能、自定义三种呈现方式。不同的呈现方式，可按不同的角度排列作业清单。这样有利于不同职能的用户个性化的操作。同时也可自定义新增的检视类别。如图 6-7 所示。

3. 作业清单

【作业重点】

作业清单中，将各模块对应的程序归在同一类里，各模块又可细分各子分类，共三层。如"存货管理子系统"、"基础设置"、"录入品号信息"等，使用者可以单击"＋"，将各分类下的作业展开，进入，也可以单击"－"，将展开的分类再折叠起来，退出如图 6-8 所示。

清单的先后顺序和作业名称都是可以调整的。

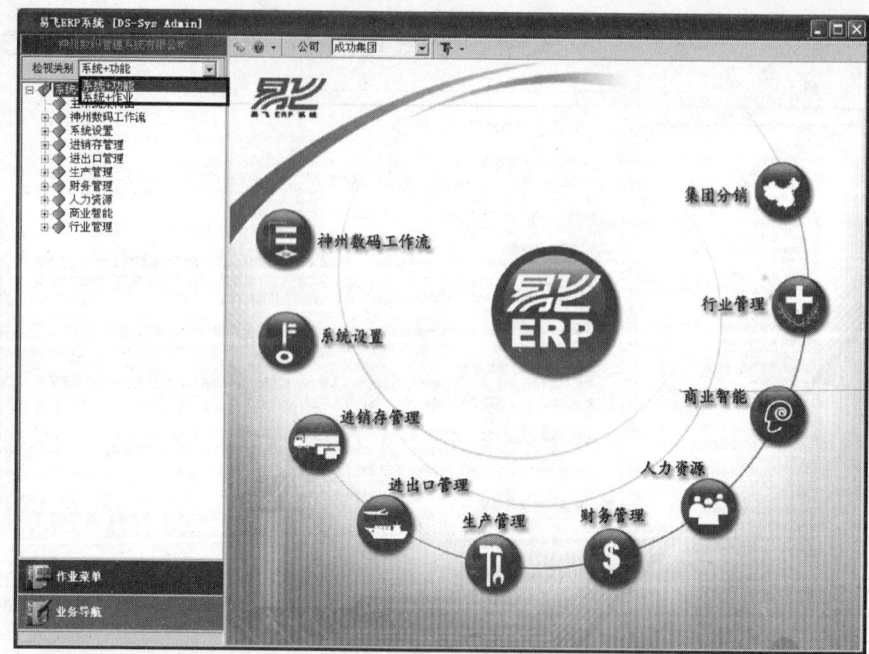

图 6-7 检视类别界面

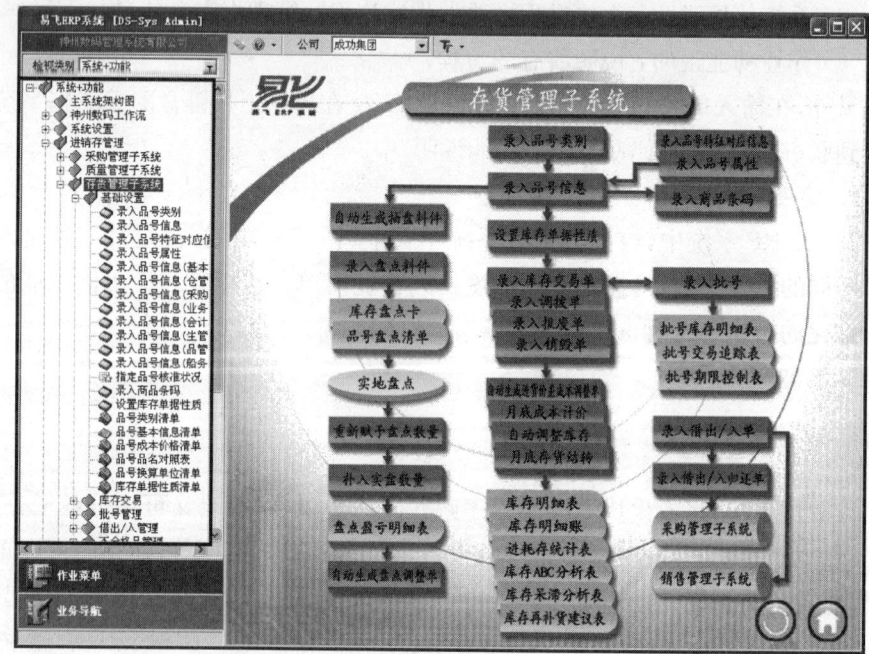

图 6-8 作业清单界面

4. 流程图

【作业重点】

流程图中对应的图标为启动各程序的按钮,如图 6-9 所示。

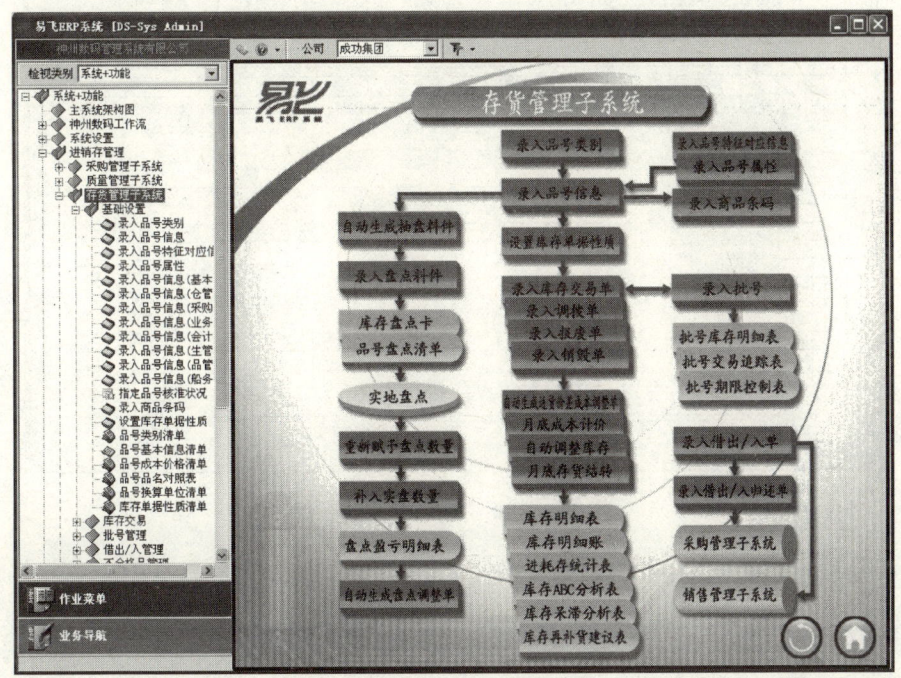

图 6-9　流程图界面

# 6.3　录入作业界面简介

录入作业界面如图 6-10 所示。

【作业重点】

字段颜色代表的意义：
绿色：键值(Key)字段,一经保存,无法更改字段值。
黄色：必须输入的字段,保存前须输入数据,否则不能保存。
白色：弹性让使用者输入数据,空白仍可保存。

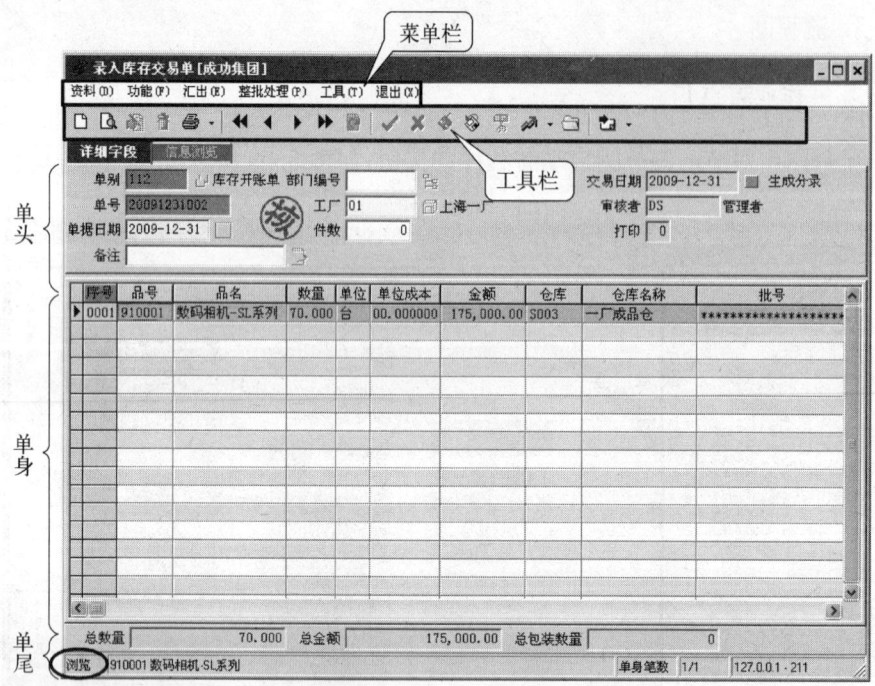

图 6-10 录入作业界面

图 6-11 为录入作业的图表按钮。

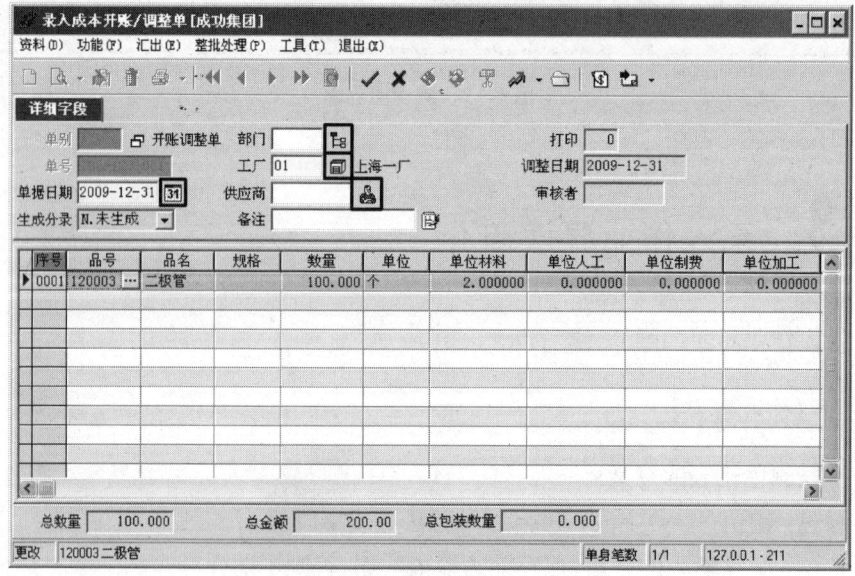

图 6-11 图表按钮示意图

【作业重点】

字段旁的图标按钮,可以开窗选择合适的数据,如图 6-12 所示。

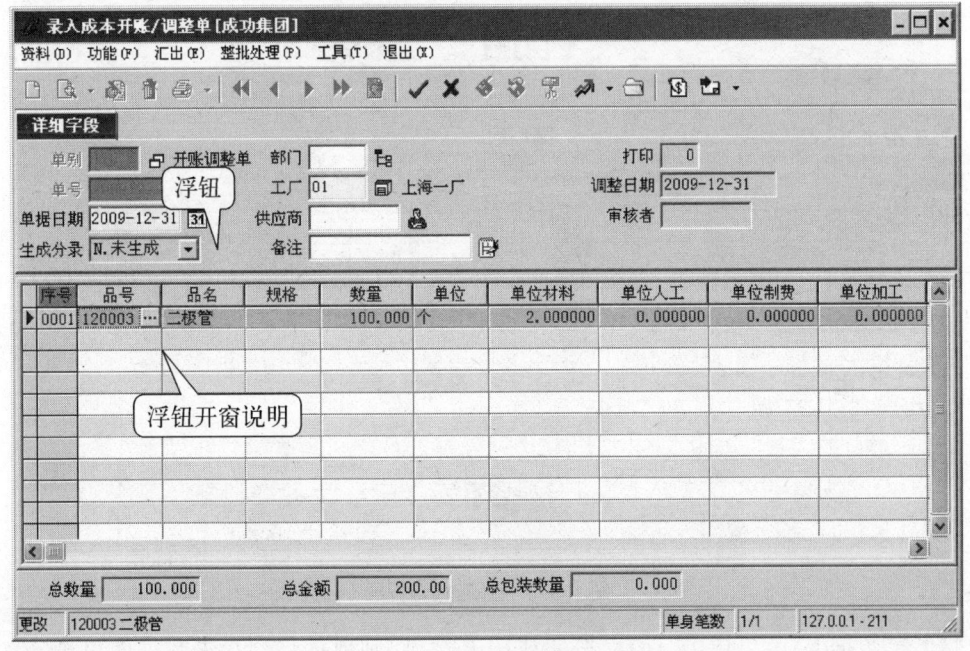

图 6-12 浮钮示意图

【作业重点】

单身字段的旁边,在编辑的时候,如果可以开窗选择,会出现一个有三个小点的浮钮,当鼠标移动到浮钮上面,系统会自动告知,这个浮钮有几个功能可以开窗。

## 6.4 录入作业基本操作说明

1. 新增数据(如图 6-13 所示)

【作业重点】

点击"新增"按钮或按 F5 键,即可进入"新增"状态。当数据输入完成后,若要

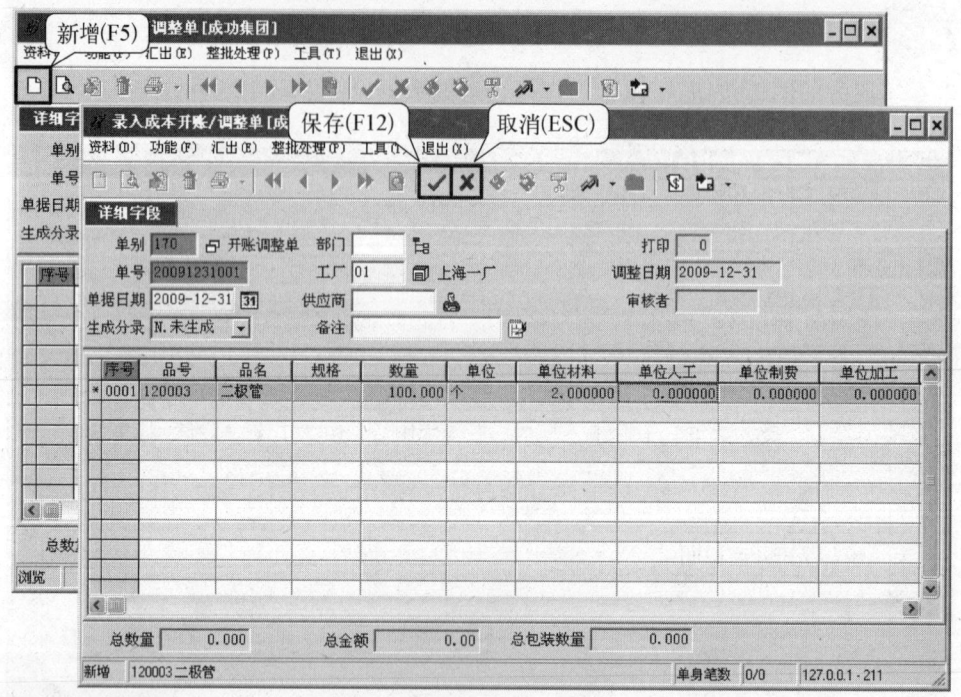

图 6-13 新增数据界面

将此笔数据保存,可单击"保存"按钮或按 F12 键,则数据将会存进数据库里,若不要保存,只要单击"取消"按钮或按 ESC 键就可以了。

单据进入新增状态后,必须先输入单头数据,然后再输入单身数据。新增数据时,注意绿色字段,如单别、单号等必须要输入,且不可重复,一旦保存后,不可更改。黄色字段,如单据日期等,不可空白,后续可以更改。白色字段可以根据需要输入,如图 6-13 所示。

2. 查询数据

【作业重点】

点击查询按钮或按 F6 键,则会进入到查询界面,如图 6-14 所示。

(1) 一般选项。

每个作业的"一般选项"设置的可查询条件,都不太一样,以"录入成本开账/调整单"为例,其"一般选项"的可查询条件为"单别"及"单号",若使用者已经知道想要查询的成本开账/调整单的单别和单号,只要输入查询条件后,再点击"确定"钮,就可以查询到特定的数据。如图 6-15 所示。

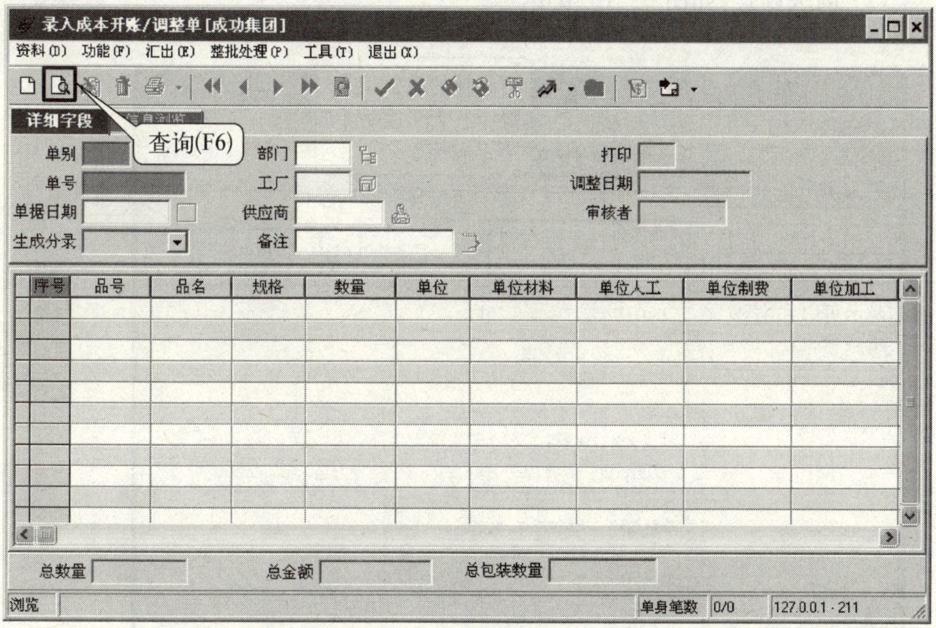

图 6-14 查询数据界面

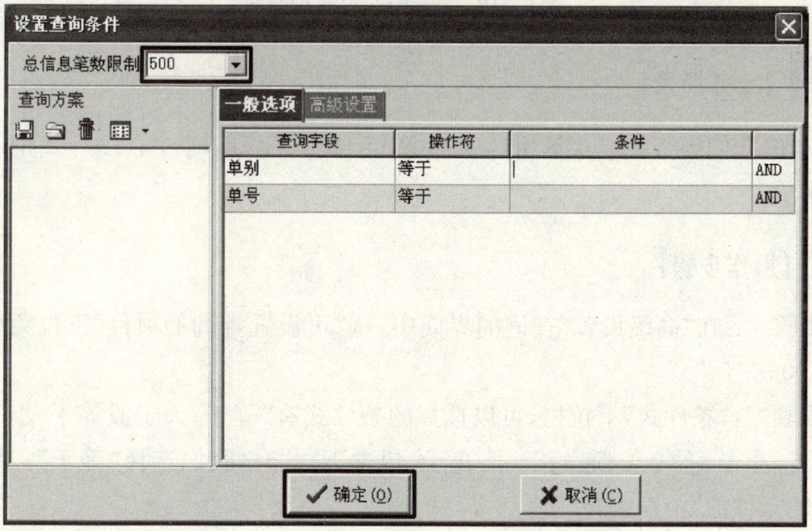

图 6-15 "一般选项"查询界面

但是要记住某张单据的单别单号不见得是这么容易的,所以使用者可以利用"高级设置"的查询方式,做进一步的查询。

(2) 高级设置,如图 6-16 所示。

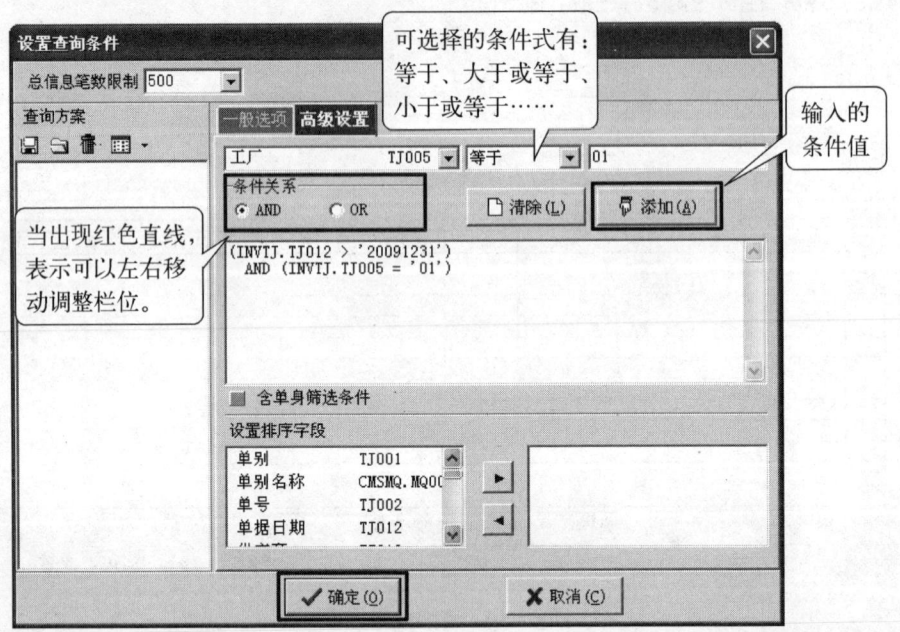

图 6-16 "高级设置"查询界面

【业务场景】

现在,我们要查找成功集团自从 2009 年 12 月 31 日以后,在工厂 01 的所有期初开账单。

【操作步骤】

步骤一:在"高级设置"查询的界面中,从"可设置查询的项目"下拉菜单中选择"TJ005 工厂"。

步骤二:"条件式"下拉栏,可以选择的条件式有"等于、大于或等于、小于或等于、大于、小于、不等于、起始于、终止于、包含"。此时,我们选择"等于"。然后在"输入的条件值"中输入"01"。

步骤三:单击"添加"按钮。

步骤四:"条件关系"有两种:AND(且)、OR(或)。以此例我们选择"AND"。再回到"可设置查询的项目",找到"TJ012 单据日期",同时选择条件式为"大于或等于",再输入条件值为"2009-12-31",再单击"添加"按钮。

步骤五：最后单击"确定"按钮，或是按"Alt+O"键，就可以查到您要的数据了。

注：条件式中的"包含"的用法多在查询"字符串"时使用，如要查询"备注"字段里，含"制造部"三个字的数据，则在"可设置查询的项目"选择"TJ006 备注"，然后选择条件式"包含"，再在"输入条件值"输入"％制造部"，单击"添加"及"确定"按钮，则字符串里只要含"制造部"三个字的数据，都可以查询得到。若已知"制造部"是字符串的前三个字，则只需输入"制造部"三个字即可，无需在"制造部"三个字前再加"％"符号。

除了上述的两种查询方式，我们将介绍另一种查询的方式。

(3) 单身设置。

【业务场景】

要查找成功集团，品号 120003 的成本开账/调整数据。

【操作步骤】

步骤一：选择"高级设置"查询，如图 6-17 所示。

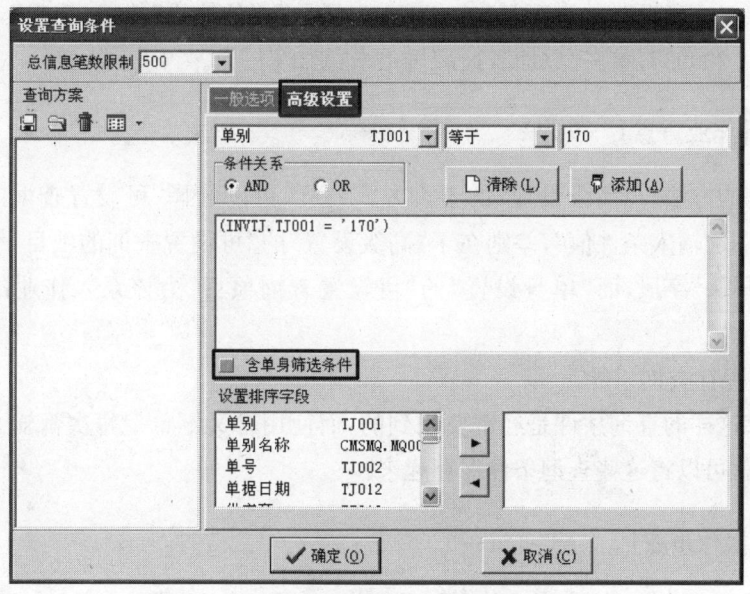

图 6-17 "高级设置"查询界面

步骤二：勾选"含单身筛选条件"的选项，可以看到"单身设置"的查询界面，如

图 6-18 所示。

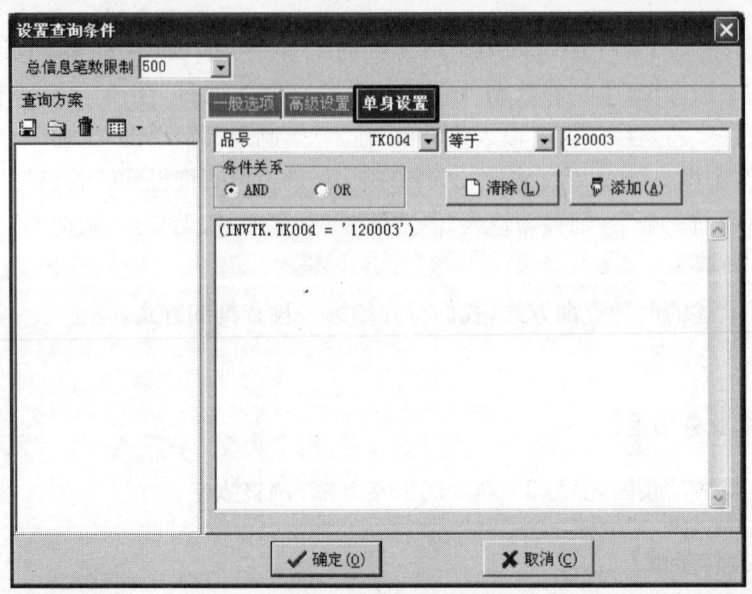

图 6-18 "单身设置"查询界面

步骤三:"可设置查询项目"为"TK004 品号","条件式"选择"等于","输入条件值"为"120003",单击"添加",最后再单击"确定"按钮。

【作业重点】

查询的方法与"高级设置"的查询方式一样,可以选择"可设置查询的项目"、"条件式"及"输入条件值",差别在于"高级设置"的"可设置查询的项目"为该录入作业的"单头"字段,而"单身设置"的"可设置查询项目"为该录入作业的"单身"字段。

(4) 保存查询条件。

如果这样的查询条件是经常要用到的,而使用者又不希望每次都输入这么多的内容,就可以将这些查询条件保存起来。

【操作步骤】

步骤一:单击查询方案中的"保存"按钮。如图 6-19 所示。

步骤二:在弹出的录入方案名称的对话框中,输入要保存的查询方案名称之后,单击"确定"按钮。如图 6-20 所示。

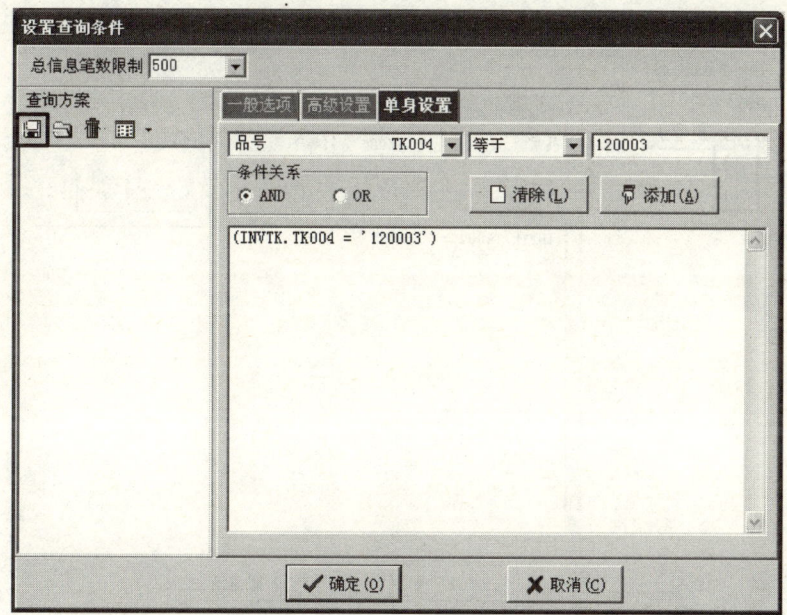

图 6-19　保存查询条件界面

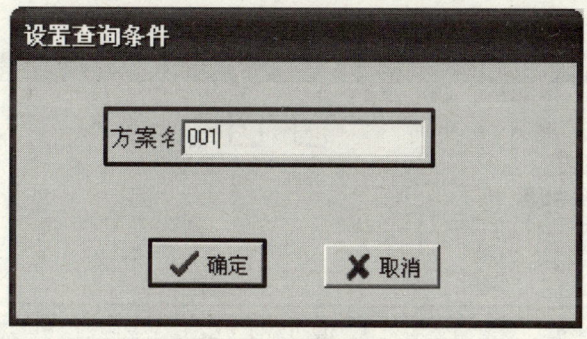

图 6-20　保存查询条件界面

步骤三：保存后的方案显示在左边的空白区域内，每次使用时只需双击保存在"查询方案"里的方案即可。如图 6-21 所示。

3. 更改、审核、作废数据（如图 6-22 所示）

【作业重点】

若要更改数据，必须要先查询出要更改的那笔数据，查询方法详见"如何查询数据"。然后，检查该笔数据不能是"已审核"或"已作废"的单据。最简单辨别的方

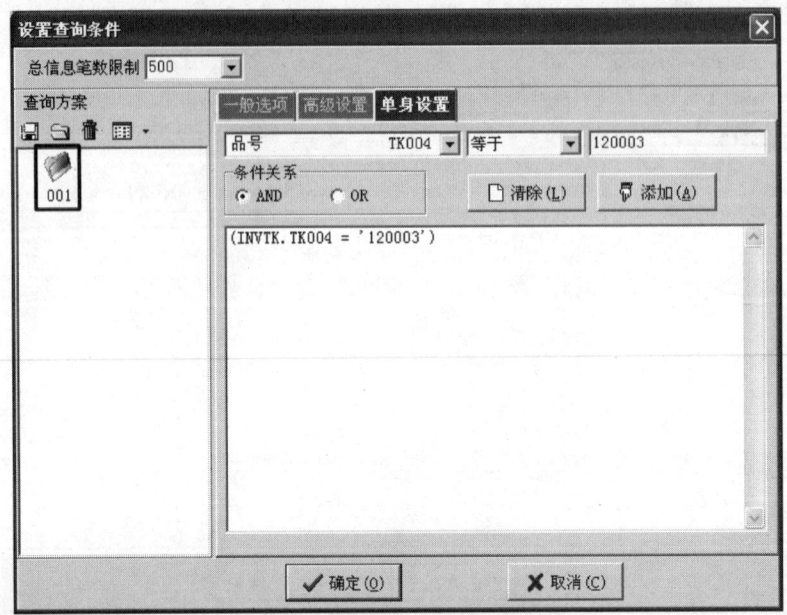

图 6-21 保存查询条件界面

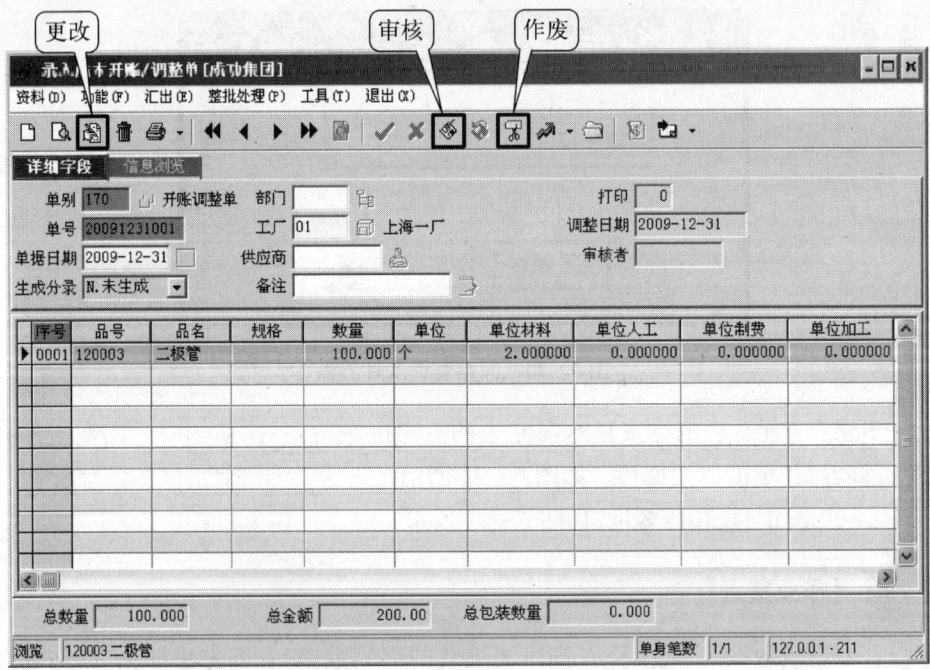

图 6-22 录入作业界面

法就是,看"更改"按钮是否允许单击。单击"更改"按钮,就可以直接选择要更改的字段进行更改了。

单据数据输入完毕送交审核人员审核后,可单击"审核"按钮,系统会出现一个红色"核"字,表示此资料经过核准确认,且在此状态下的数据不得进行修改、删除及作废的动作。

但若单据数据输入完毕后,因故需废除此张单据数据,在未审核的状态下,可单击"作废"按钮,将此资料作废。若某张单据数据是不要的,建议用作废方式处理,不建议用删除方式处理。

4. 删除数据(如图6-23所示)

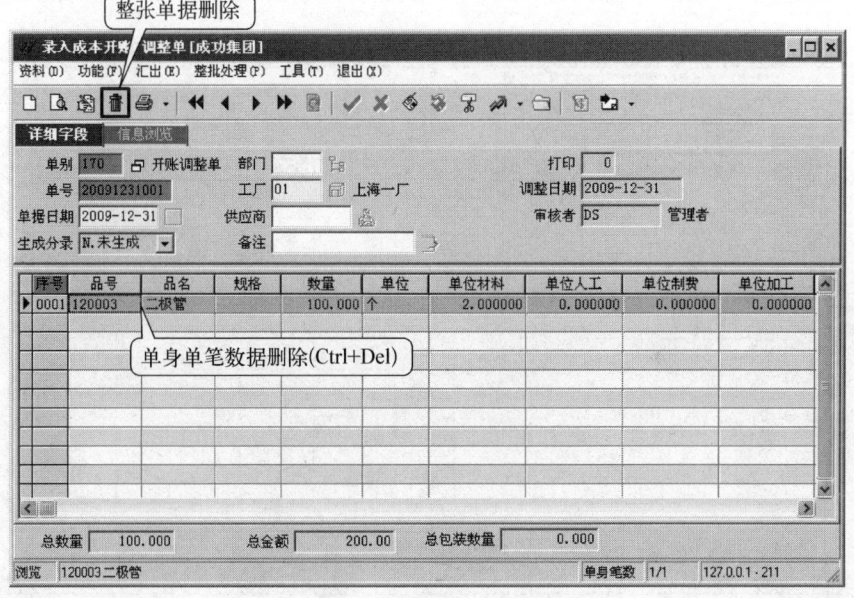

图6-23 录入作业界面

【作业重点】

"删除"可以分为两种:整张单据删除及单身单笔数据删除。

(1) 整张单据删除。

若要删除整张单据,必须要先查询出要删除的那张单据,详见第6.5.2节。检查该笔数据不能是"已审核"或"已作废"的单据,最简单辨别的方法就是,看"删除"按钮是否允许单击。单击"删除"按钮,系统会提示:"是否删除此张数据?",单击"确定",则该张单据就会从数据库中被删掉。

(2) 单身单笔数据删除。

若要删除单身的某一笔数据,仍须先查询出要删除单身数据的那张单据,接着同样是要检查该笔数据不能是"已审核"或"已作废"的单据。然后单击"更改"按钮,再将光标移到单身要删除的那一笔数据上,按 Ctr+Del 键,系统会提示:"是否删除本笔信息?",若单击"确定",则该笔单身信息就会从该张单据上被删除。

5. 管理字段介绍

【目的】

录入作业中,系统提供管理字段,记录每一张单据的录入者、录入日期、更改者、更改日期等字段,供信息管理人员管理时查看,如图 6-24、图 6-25 所示。

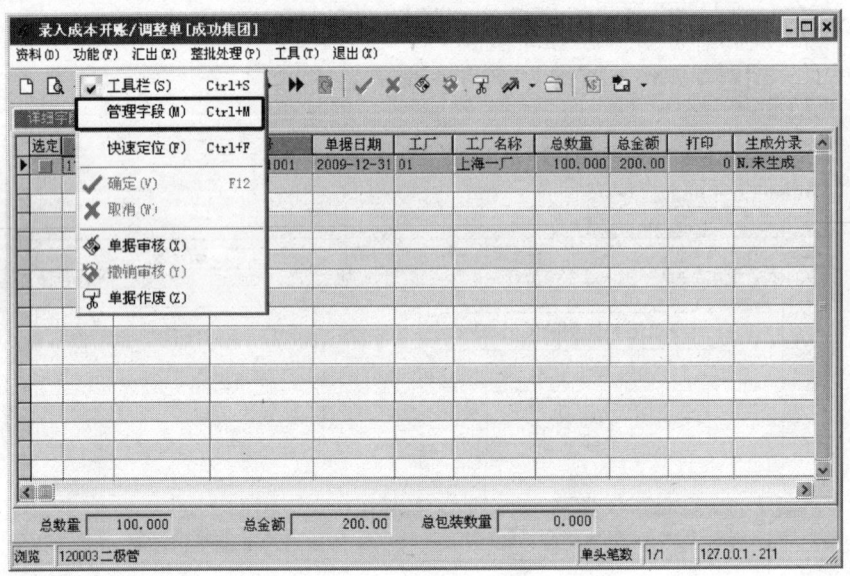

图 6-24 "管理字段"

【作业重点】

单击"功能"|"管理字段",即可看到系统记录的公司编号、录入者等信息。

6. 保存视图

【目的】

用户可以按照自己使用系统的习惯,在单据的单身重新排列字段的位置,并将调整后的视图保存下来。

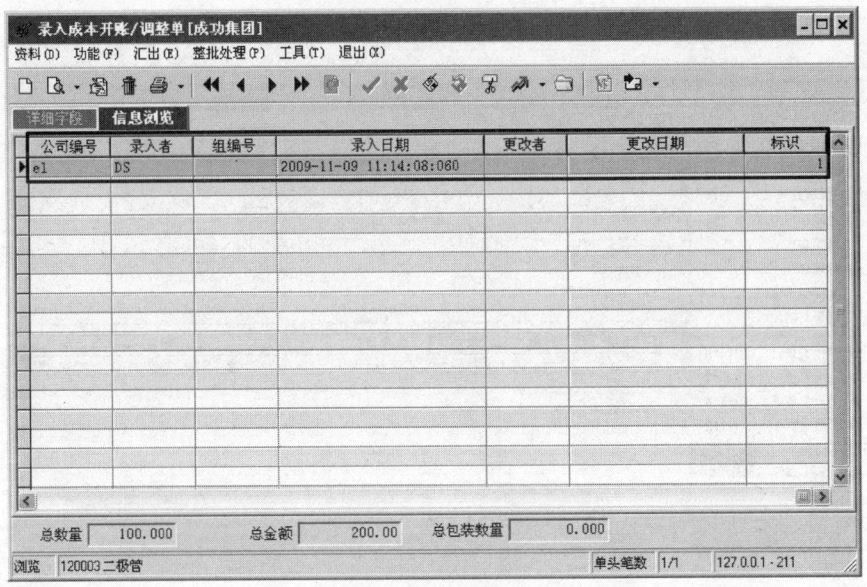

图 6-25 "管理字段"

【操作步骤】

步骤一：拖动录入作业单身字段，按照需要排列显示顺序，如图 6-26 所示。

图 6-26 保存视图操作界面

步骤二：单击"资料"|"保存视图"，如图6-27所示。

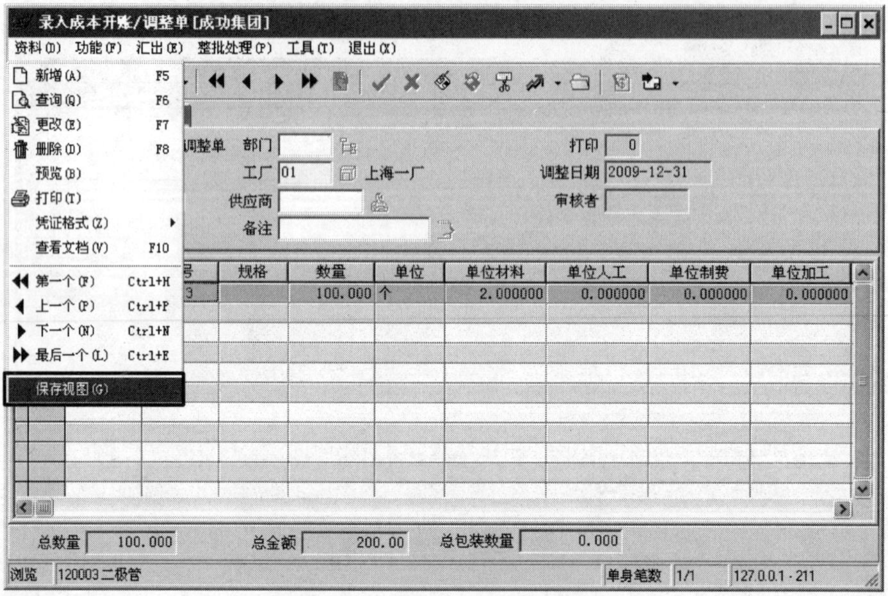

图6-27 保存视图操作界面

7. 功能键、按钮功能介绍

易飞ERP系统在操作上的主要按钮及功能键如表6-1所示，熟悉以下按钮的使用规则，能让您更加轻松使用本系统了。

表6-1 基本数据功能键及按钮功能

| 功 能 键 | 按钮 | 应 用 说 明 |
| --- | --- | --- |
| F1 | | 查询在线说明文件 |
| F2 | | 数据输入字段辅助窗口 |
| F5 | | 新增一笔资料 |
| F6 | | 多笔数据条件式查询 |
| F7 | | 更改一笔数据 |
| F8 | | 删除一笔数据 |
| F12 | | 快速储存功能 |
| ↑ ↓ | | 单身数据上下笔移动功能 |

（续表）

| 功 能 键 | 按钮 | 应 用 说 明 |
| --- | --- | --- |
| Tab 或 Enter | | 光标移至下一字段 |
| Shift＋Tab | | 光标移至上一字段 |
| Enter 或鼠标双击 | | 自开窗查询状态中取回数据 |
| PgUp | | 数据浏览窗口或开窗查询状态中上移一页 |
| PgDn | | 数据浏览窗口或开窗查询状态中下移一页 |
| Home | | 1. 开窗查询状态上移至第一笔<br>2. 数据浏览窗口中光标移至该列第一字段 |
| End | | 1. 开窗查询状态下移至最后一笔<br>2. 数据浏览窗口中光标移至该列最后字段 |
| Ctrl＋Home | | 数据浏览窗口中光标移至第一笔 |
| Ctrl＋End | | 数据浏览窗口中光标移至最后一笔 |
| Insert | | 在单身更改时会插入一笔 |
| Ctrl＋← 或 Ctrl＋→ | | 在数据页面间移动 |
| Ctrl＋↓ | | 光标由单头移至单身数据区域位置 |
| Esc | | 离开或结束作业功能 |
| | ✓ | 确定新增或更改动作完成 |
| | ✗ | 取消新增或更改动作 |
| | ⏮ | 第一个数据 |
| | ◀ | 上一个数据 |
| | ▶ | 下一个数据 |
| | ⏭ | 最后一个数据 |

(1) 适用于基本数据及单据数据录入作业。
(2) 通用快速查询按钮。

表 6-2　快速查询按钮功能

| 按　　钮 | 应　用　说　明 |
| --- | --- |
|  | 日历快手,快速选取日期 |
|  | 地址输入法,快速选取地址 |
|  | 常用语查询 |
|  | 开启业务人员信息查询窗口 |
|  | 开启币种信息及币种汇率查询窗口 |
|  | 开启客户信息查询窗口 |
|  | 开启供应商信息查询窗口 |
|  | 开启品号信息查询窗口 |
|  | 开启金融机构信息查询窗口 |
|  | 开启部门信息查询窗口 |
|  | 开启会计科目信息查询窗口 |
|  | 开启各项分类数据辅助窗口 |
|  | 开启单位信息查询窗口 |
|  | 开启工厂及仓库信息查询窗口 |

## 6.5　工作日志管理

【目的】

易飞系统中,如果系统出现异常,管理者可以查看工作日志,如图 6-28 所示。

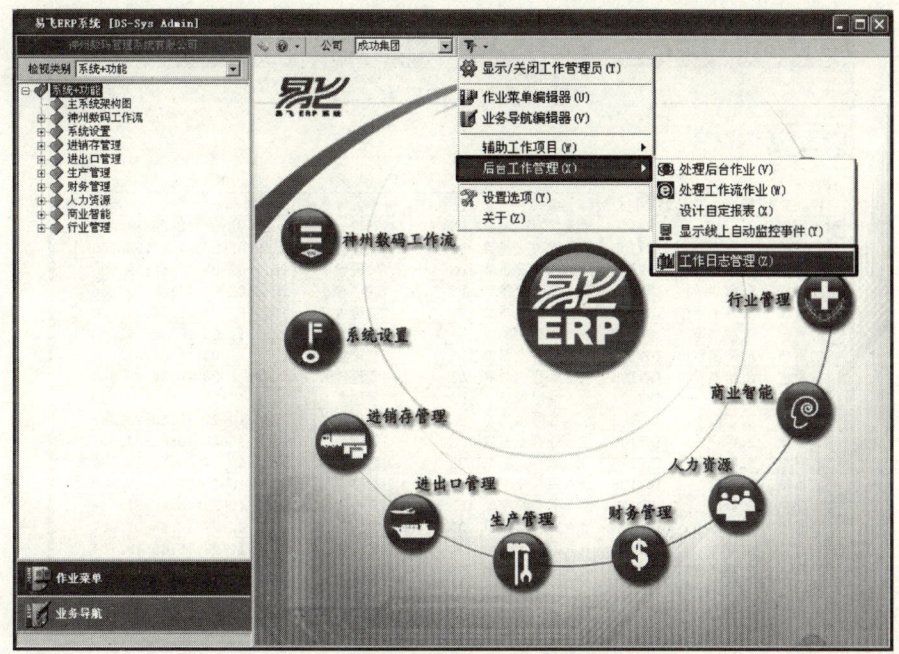

图 6-28 工作日志管理

【作业重点】

工作日志管理的开启方式：从系统主界面执行"其他作业"|"后台工作管理"|"工作日志管理"作业，进入到"工作日志管理"界面。

易飞系统中的工作日志管理，分为数据日志和上机记录两种。

(1) 数据日志，如图 6-29 所示。

【作业重点】

从作业的角度来记录使用情况。包括作业类型、操作类型、作业代号、操作时间等字段。

(2) 上机记录，如图 6-30 所示。

【作业重点】

从使用者的角度来记录使用情况。包括登录者编号、登录者姓名、工作站 IP、程序名称等信息。

(3) 常用按钮说明。

易飞工作日志管理中的主要按钮及应用说明详列于下表中，您只要熟悉其规

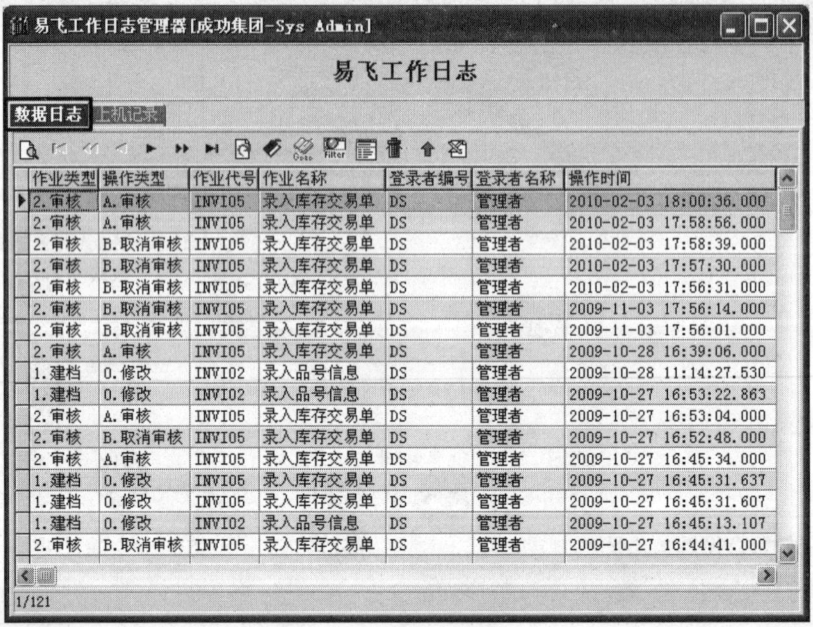


| 作业类型 | 操作类型 | 作业代号 | 作业名称 | 登录者编号 | 登录者名称 | 操作时间 |
|---|---|---|---|---|---|---|
| 2.审核 | A.审核 | INVI05 | 录入库存交易单 | DS | 管理者 | 2010-02-03 18:00:36.000 |
| 2.审核 | A.审核 | INVI05 | 录入库存交易单 | DS | 管理者 | 2010-02-03 17:58:56.000 |
| 2.审核 | B.取消审核 | INVI05 | 录入库存交易单 | DS | 管理者 | 2010-02-03 17:58:39.000 |
| 2.审核 | B.取消审核 | INVI05 | 录入库存交易单 | DS | 管理者 | 2010-02-03 17:57:30.000 |
| 2.审核 | B.取消审核 | INVI05 | 录入库存交易单 | DS | 管理者 | 2010-02-03 17:56:31.000 |
| 2.审核 | B.取消审核 | INVI05 | 录入库存交易单 | DS | 管理者 | 2009-11-03 17:56:14.000 |
| 2.审核 | B.取消审核 | INVI05 | 录入库存交易单 | DS | 管理者 | 2009-11-03 17:56:01.000 |
| 2.审核 | A.审核 | INVI05 | 录入库存交易单 | DS | 管理者 | 2009-10-28 16:39:06.000 |
| 1.建档 | 0.修改 | INVI02 | 录入品号信息 | DS | 管理者 | 2009-10-28 11:14:27.530 |
| 1.建档 | 0.修改 | INVI02 | 录入品号信息 | DS | 管理者 | 2009-10-27 16:53:22.863 |
| 2.审核 | A.审核 | INVI05 | 录入库存交易单 | DS | 管理者 | 2009-10-27 16:53:04.000 |
| 2.审核 | B.取消审核 | INVI05 | 录入库存交易单 | DS | 管理者 | 2009-10-27 16:52:48.000 |
| 2.审核 | A.审核 | INVI05 | 录入库存交易单 | DS | 管理者 | 2009-10-27 16:45:34.000 |
| 1.建档 | 0.修改 | INVI05 | 录入库存交易单 | DS | 管理者 | 2009-10-27 16:45:31.637 |
| 1.建档 | 0.修改 | INVI05 | 录入库存交易单 | DS | 管理者 | 2009-10-27 16:45:31.607 |
| 1.建档 | 0.修改 | INVI02 | 录入品号信息 | DS | 管理者 | 2009-10-27 16:45:13.107 |
| 2.审核 | B.取消审核 | INVI05 | 录入库存交易单 | DS | 管理者 | 2009-10-27 16:44:41.000 |

图 6-29 数据日志

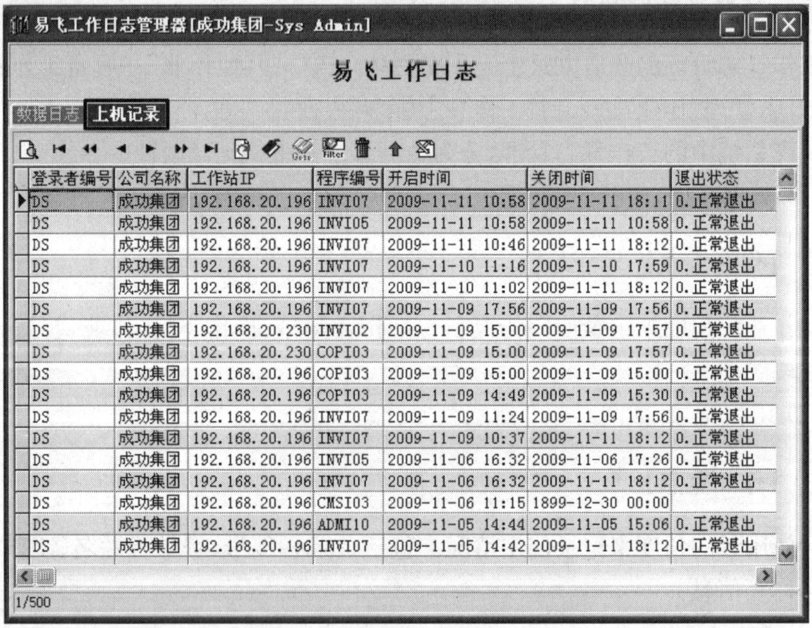


| 登录者编号 | 公司名称 | 工作站IP | 程序编号 | 开启时间 | 关闭时间 | 退出状态 |
|---|---|---|---|---|---|---|
| DS | 成功集团 | 192.168.20.196 | INVI07 | 2009-11-11 10:58 | 2009-11-11 18:11 | 0.正常退出 |
| DS | 成功集团 | 192.168.20.196 | INVI05 | 2009-11-11 10:58 | 2009-11-11 10:58 | 0.正常退出 |
| DS | 成功集团 | 192.168.20.196 | INVI07 | 2009-11-11 10:46 | 2009-11-11 18:12 | 0.正常退出 |
| DS | 成功集团 | 192.168.20.196 | INVI07 | 2009-11-10 11:16 | 2009-11-10 17:59 | 0.正常退出 |
| DS | 成功集团 | 192.168.20.196 | INVI07 | 2009-11-10 11:02 | 2009-11-11 18:12 | 0.正常退出 |
| DS | 成功集团 | 192.168.20.196 | INVI07 | 2009-11-09 17:56 | 2009-11-09 17:56 | 0.正常退出 |
| DS | 成功集团 | 192.168.20.230 | INVI02 | 2009-11-09 15:00 | 2009-11-09 17:57 | 0.正常退出 |
| DS | 成功集团 | 192.168.20.230 | COPI03 | 2009-11-09 15:00 | 2009-11-09 17:57 | 0.正常退出 |
| DS | 成功集团 | 192.168.20.196 | COPI03 | 2009-11-09 15:00 | 2009-11-09 15:00 | 0.正常退出 |
| DS | 成功集团 | 192.168.20.196 | COPI03 | 2009-11-09 14:49 | 2009-11-09 15:30 | 0.正常退出 |
| DS | 成功集团 | 192.168.20.196 | INVI07 | 2009-11-09 11:24 | 2009-11-09 17:56 | 0.正常退出 |
| DS | 成功集团 | 192.168.20.196 | INVI07 | 2009-11-09 10:37 | 2009-11-11 18:12 | 0.正常退出 |
| DS | 成功集团 | 192.168.20.196 | INVI05 | 2009-11-06 16:32 | 2009-11-06 17:26 | 0.正常退出 |
| DS | 成功集团 | 192.168.20.196 | INVI07 | 2009-11-06 16:32 | 2009-11-11 18:12 | 0.正常退出 |
| DS | 成功集团 | 192.168.20.196 | CMSI03 | 2009-11-06 11:15 | 1899-12-30 00:00 | |
| DS | 成功集团 | 192.168.20.196 | ADMI10 | 2009-11-05 14:44 | 2009-11-05 15:06 | 0.正常退出 |
| DS | 成功集团 | 192.168.20.196 | INVI07 | 2009-11-05 14:42 | 2009-11-11 18:12 | 0.正常退出 |

图 6-30 上机记录

则,就可以轻松进行数据日志和上机记录的管理。以下为对应的图标、功能键及其应用说明。

表6-3 工作日志按钮功能说明

| 按　　　钮 | 应　用　说　明 |
| --- | --- |
|  | 设置书签:把书签定位到某一条操作记录上。 |
|  | 移动到书签:设置书签之后,这个按钮可以定位到设置书签的那笔记录上。 |
|  | 过滤资料:根据使用者想要查询的条件进行过滤筛选。 |
|  | 显示明细资料:显示每一笔记录的明细资料。 |
|  | 删除历史信息:将历史日志清除。 |
|  | 汇出:将日志汇出系统,以保存。 |

## 6.6 凭证打印操作说明

以下我们将以"存货管理子系统"|"成本开账/调整单"为例,解说凭证的打印操作方式。

1. 凭证选项条件说明

从作业清单执行"存货管理子系统"|"库存交易"|"打印成本开账/调整单"。先设置选项条件;选项条件分为"基本选项"、"高级选项"以及"系统选项",以下针对这三种选项条件,分别做说明。

(1) 基本选项,如图6-31所示。

【作业重点】

- 选择单别:单别可用开窗选择,不可空白;
- 单号、交易日期以及单据日期则可以选择输入或空白。

(2) 高级选项,如图6-32所示。

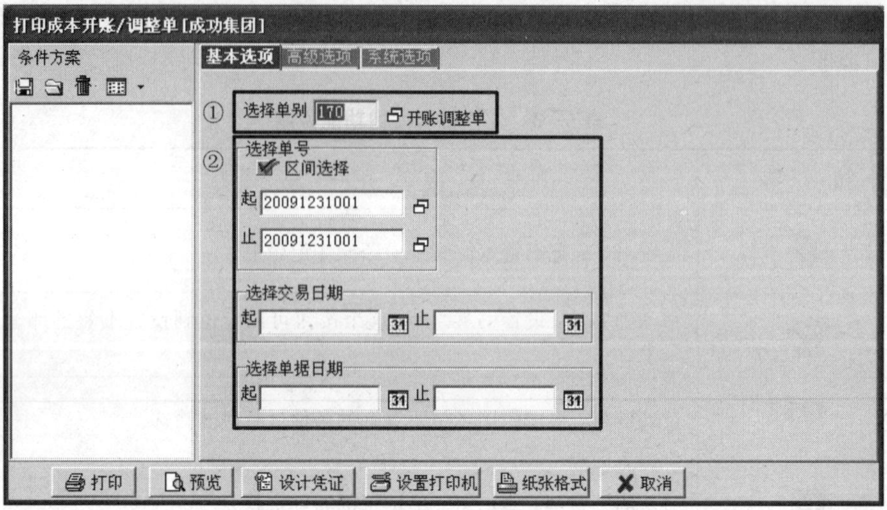

图 6-31 基本选项

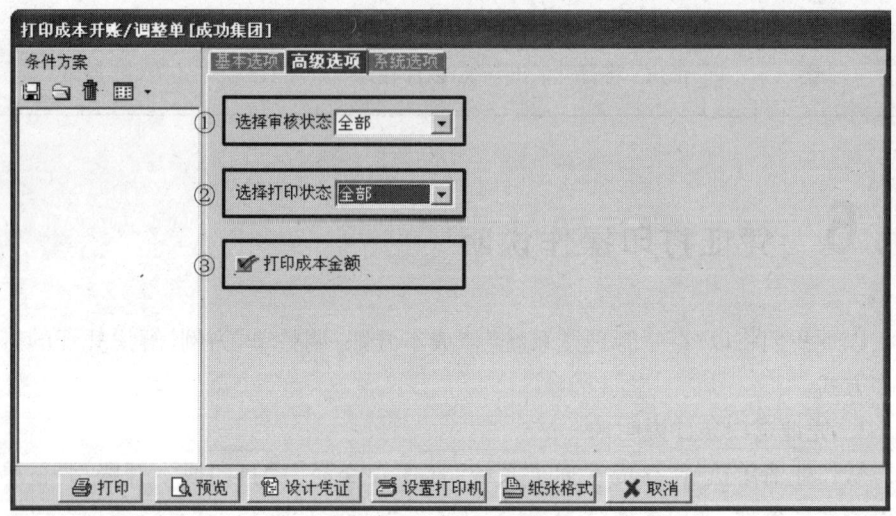

图 6-32 高级选项

【作业重点】

选项的选择内容,必须与要打印的单据状态相同,否则系统会告知无符合数据。

- 选择审核状态(单据核准状态):分为已审核、未审核、作废以及全部四种。
- 选择打印状态:分为已打印、未打印以及全部三种。

- 可以勾选是否要将成本金额打印出来。
(3) 系统选项,如图6-33所示。

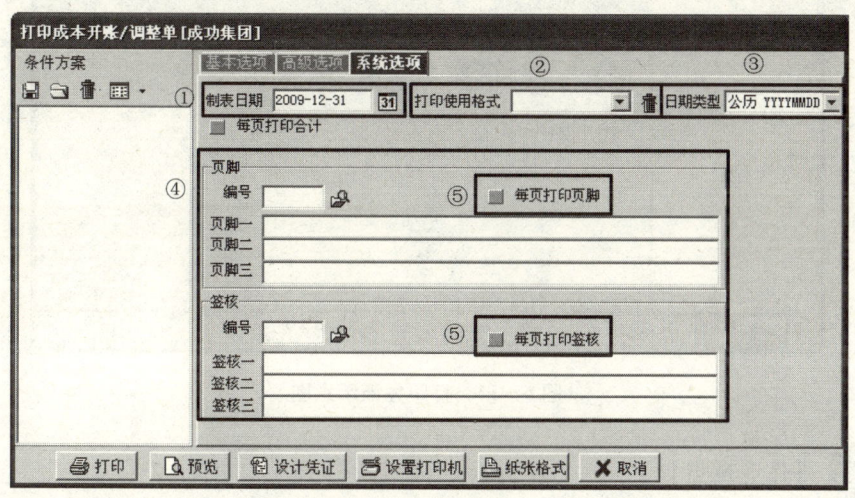

图6-33 系统选项

【作业重点】

- 制表日期:若无特别指定哪一天作为制表日期,则系统会以打印的那一天作为默认值;可手动输入,也可以开窗选择。
- 打印使用格式:如果有自订凭证格式,可以使用这个选项。凭证格式的设计可在设计凭证中操作完成。
- 日期类型:表示日期所要显示的格式,默认的类型是根据"设置共享参数"作业里的日期格式;也可以依照凭证打印的需求来选择不一样的日期格式。
- "页脚"区及"签核"区的数据,在"基本选项"中选择单别后,会由系统自动带出设置单据性质中的设置值。若设置单据性质中设置打印时可修改,此处才可作修改,否则不可修改。若发现系统未自动带出默认值,可以手动开窗选择页脚或签核代号,或者也可以到设置单据性质作业中建立各单别的默认页脚及签核。
- "每页打印页脚"及"每页打印签核"若勾选,则相同单号的凭证每一页都会打印页脚或签核;若不勾选,那么相同单号的凭证,只有最后一页会打印页脚或签核。

2. 凭证打印(如图6-34所示)

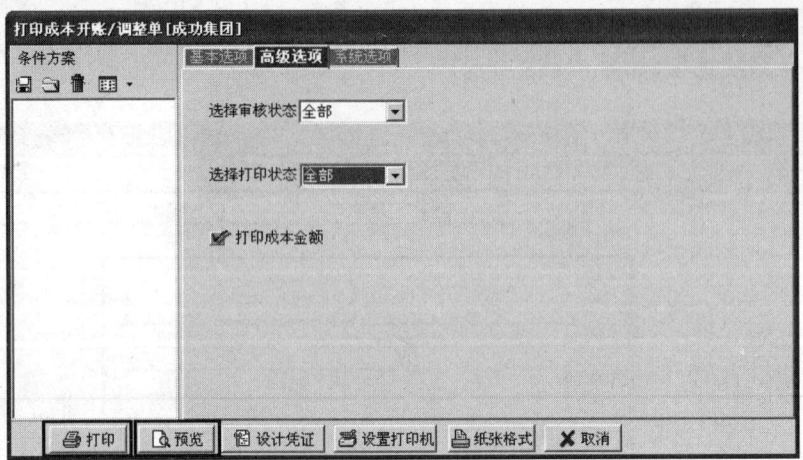

图 6-34　打印凭证示意图

【作业重点】

(1) 当凭证的选项条件设置好后，可以直接单击"打印"按钮将凭证印出；或者，也可以先预览凭证后再执行打印。

(2) 单击"预览"按钮，便会开启图 6-34 对话框。可以调整凭证的缩放比率来阅览，值得注意的是，缩放比率的大小，只是方便使用者阅览凭证，不会影响实际打印出来的大小。如图 6-35 所示。

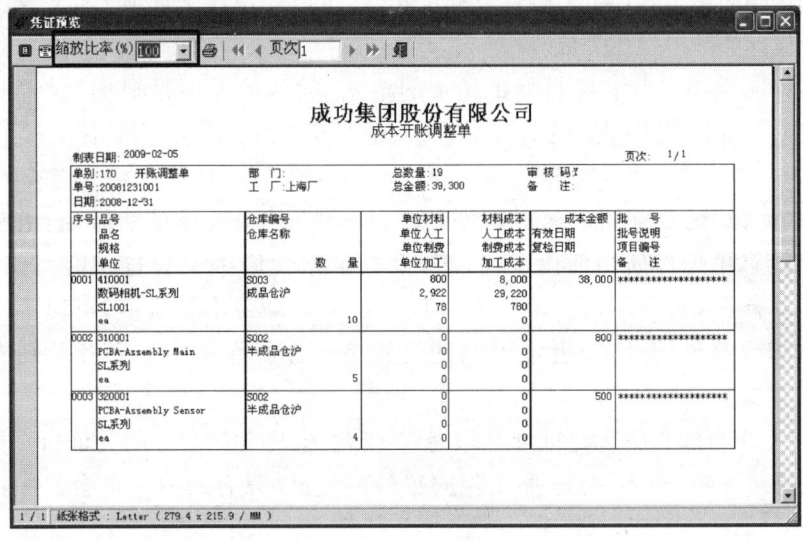

图 6-35　打印预览

## 6.7 报表基本操作说明

### 6.7.1 报表的分类

1. 清单：将录入作业的全部字段资料打印成资料清单，不做数值统计
用途：查询基本信息及文件归档。
例如，品号基本信息清单/员工清单。
2. 明细表：将单据原始数据以数据清单格式打印，并做数值的小计
用途：查询交易的明细数据。
例如，报价明细表、调拨明细表。
3. 统计表：汇总某一段期间进出的金额及数量等数值
用途：查询现有数据及数据统计时用。
例如，进耗存统计表、客户接单统计表。
4. 分析表：在标准值和字段间做比较，得出差异结果
用途：分析异常原因，以找出改善对策。
例如，库存呆滞分析表、客户账龄分析表。

### 6.7.2 如何产生与开启报表

以下我们将以"库存交易明细表"为例，解说报表的使用方式，如图 6-36 所示。

【作业重点】

开启"库存交易明细表"后，画面上有基本选项、高级选项等页面，可进行选项选取或条件输入。当条件输入完毕后，单击"直接查询"、"设计报表"或"后台处理"按钮，都可以查看生成的报表。下面，我们分别讲解这三种报表打开方式。
(1) 直接查询，如图 6-37 所示。

【作业重点】

"直接查询"是将报表用类似 Excel 的形式打开，打开后的报表不可做格式的修改。如图 6-38 所示。
(2) 设计报表，如图 6-39 所示。

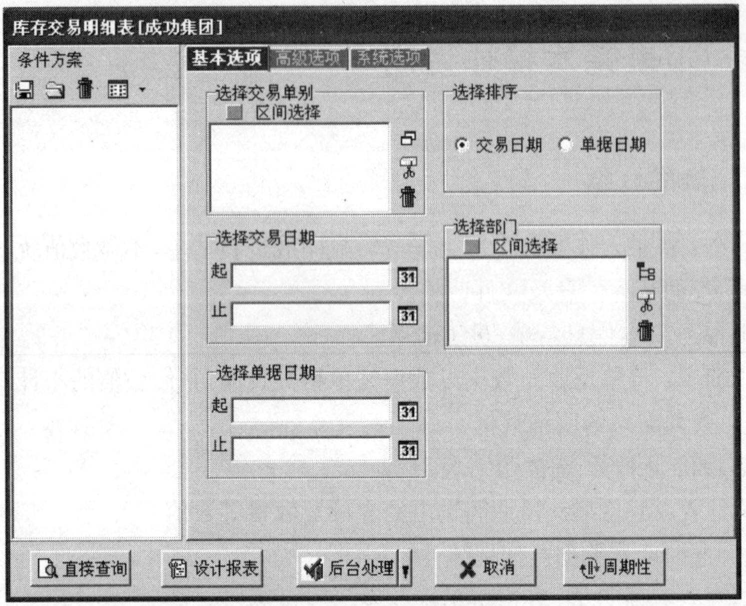

图 6-36 报表开启界面

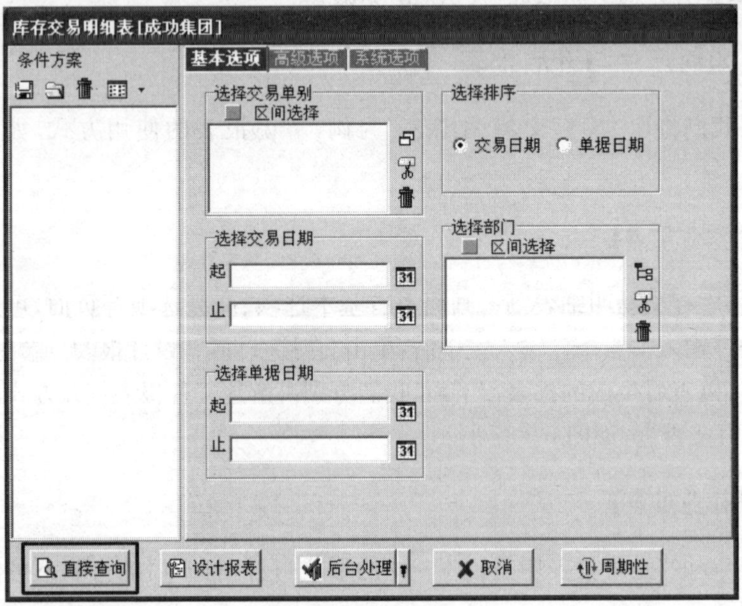

图 6-37 直接查询

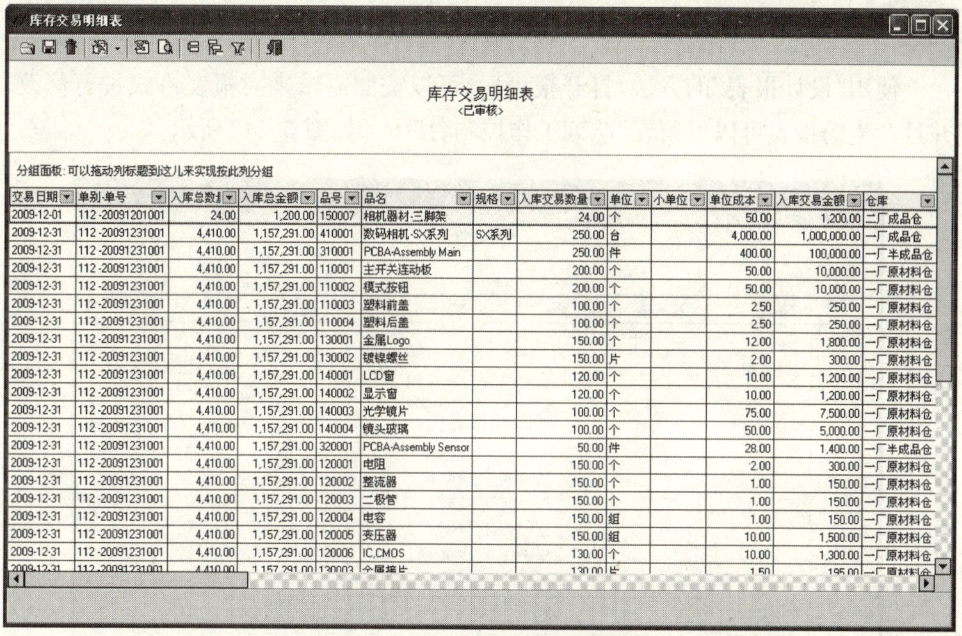

图 6-38　直接查询格式

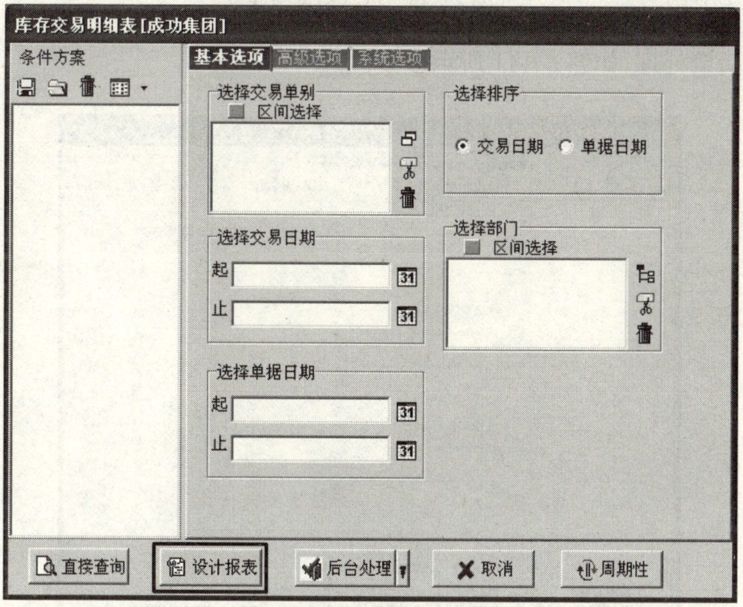

图 6-39　设计报表

## 【作业重点】

使用"设计报表"的方法，打开报表后，可以按照需求来对报表格式进行修改，并且产生的报表可以保留在"队列工作控制台"中。如图 6－40 所示。

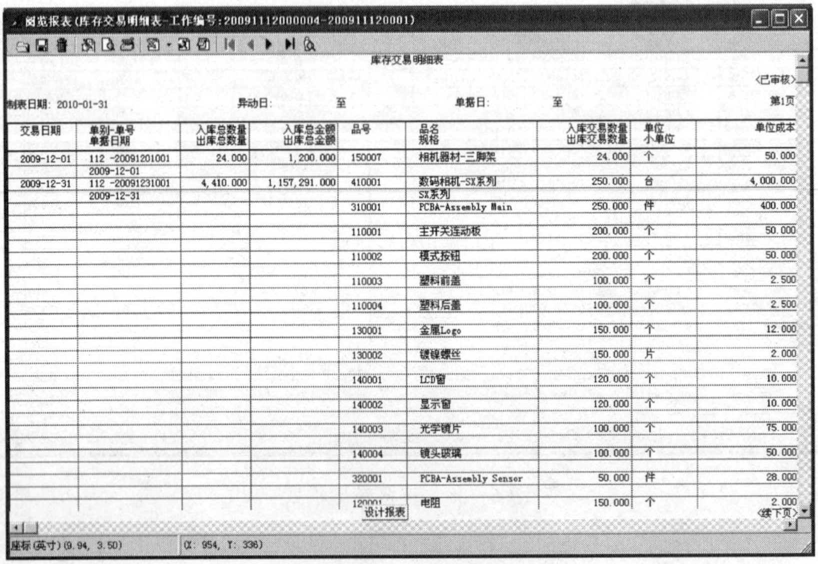


| 交易日期 | 单别-单号<br>单据日期 | 入库总数量<br>出库总数量 | 入库总金额<br>出库总金额 | 品号 | 品名<br>规格 | 入库交易数量<br>出库交易数量 | 单位<br>小单位 | 单位成本 |
|---|---|---|---|---|---|---|---|---|
| 2009-12-01 | 112 -20091201001<br>2009-12-01 | 24.000 | 1,200.000 | 150007 | 相机器材-三脚架 | 24.000 | 个 | 50.000 |
| 2009-12-31 | 112 -20091231001<br>2009-12-31 | 4,410.000 | 1,157,291.000 | 410001 | 数码相机-SX系列<br>SX系列 | 250.000 | 台 | 4,000.000 |
| | | | | 310001 | PCBA-Assembly Main | 250.000 | 件 | 400.000 |
| | | | | 110001 | 主开关连动板 | 200.000 | 个 | 50.000 |
| | | | | 110002 | 模式按钮 | 200.000 | 个 | 50.000 |
| | | | | 110003 | 塑料前盖 | 100.000 | 个 | 2.500 |
| | | | | 110004 | 塑料后盖 | 100.000 | 个 | 2.500 |
| | | | | 130001 | 金属Logo | 150.000 | 个 | 12.000 |
| | | | | 130002 | 镀镍螺丝 | 150.000 | 片 | 2.000 |
| | | | | 140001 | LCD窗 | 120.000 | 个 | 10.000 |
| | | | | 140002 | 显示窗 | 120.000 | 个 | 10.000 |
| | | | | 140003 | 光学镜片 | 100.000 | 个 | 75.000 |
| | | | | 140004 | 镜头玻璃 | 100.000 | 个 | 50.000 |
| | | | | 320001 | PCBA-Assembly Sensor | 50.000 | 件 | 28.000 |
| | | | | 120001 | 电阻 | 150.000 | 个 | 2.000 |

图 6－40　设计报表格式

(3) 后台处理，如图 6－41 所示。

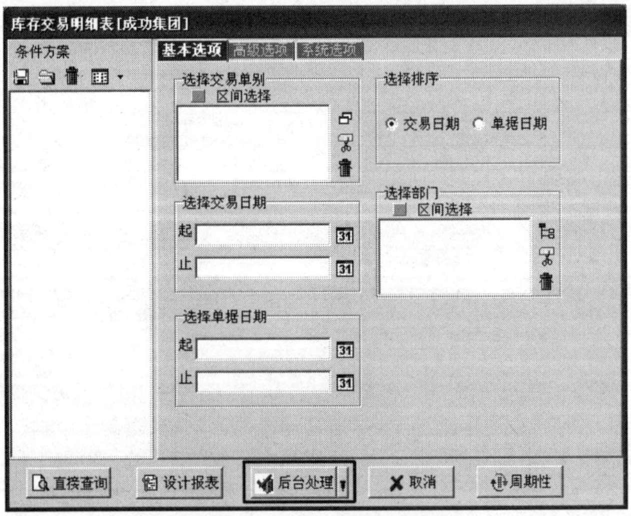


图 6－41　后台处理示意图

【作业重点】

使用"后台处理"和使用"设计报表",打开的报表界面及功能完全一样,只是处理方式不同。无论是"直接查询"还是"设计报表",使用的都是本地的程序和共用元件,但是"后台处理"却需要将产生报表的需求送往开有派班中心的服务器。这样做的好处是在产生某些大型报表的时候可以将工作丢给服务器,从而减轻客户端的压力。

点击后台处理后,将生成报表的需求,送交服务器。如图 6-42 所示。

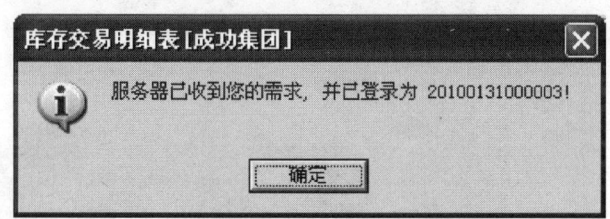

图 6-42 后台处理

报表生成之后,可以到"队列工作控制台"中开启,详见 6.8 节。

## 6.8 队列工作控制台

【作业重点】

在主系统界面如图 6-43 中,单击"辅助工作项目"|"显示队列控制台"。

队列工作控制台中,包含报表、文字档报表、批次、审核、自订报表和周期性的处理,如图 6-44 所示。

### 6.8.1 报表

【作业重点】

单击"报表"页面,如图 6-45 所示,选中某个工作代号后,可以看到该工作的各项处理状况,下方可以看到前端界面选项的条件值。

当该工作的"处理状态=已完成"时,双击该工作代号,或单击"打开"按钮,即可将报表打开。

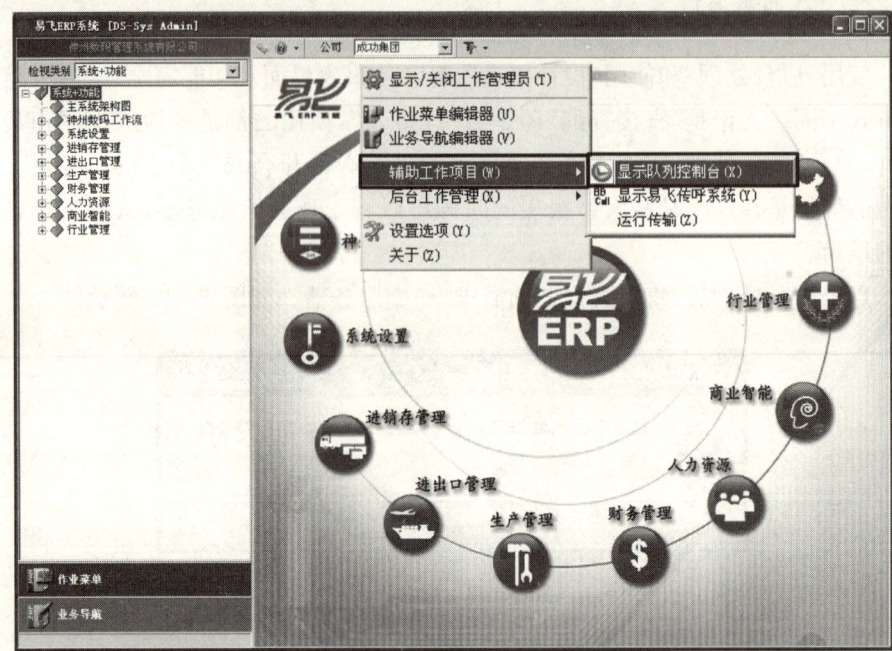

图 6-43　队列工作控制台

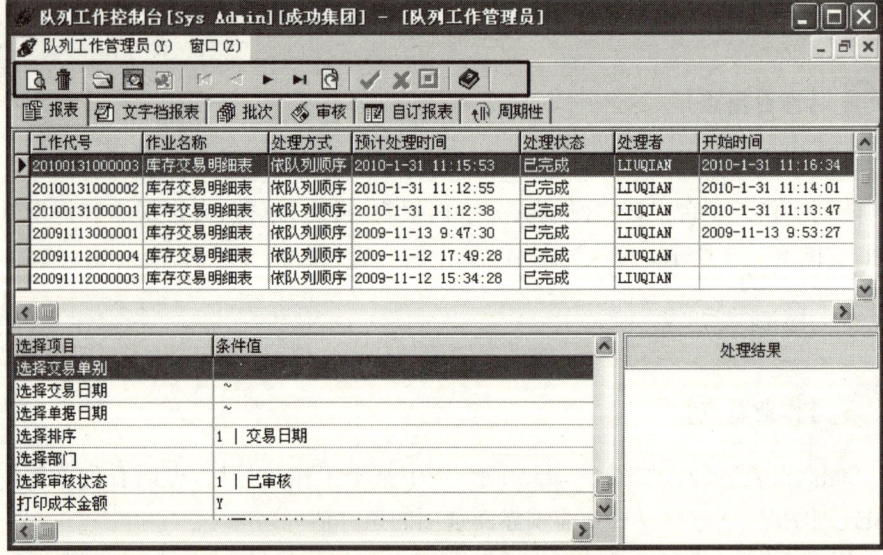

图 6-44　队列工作控制台

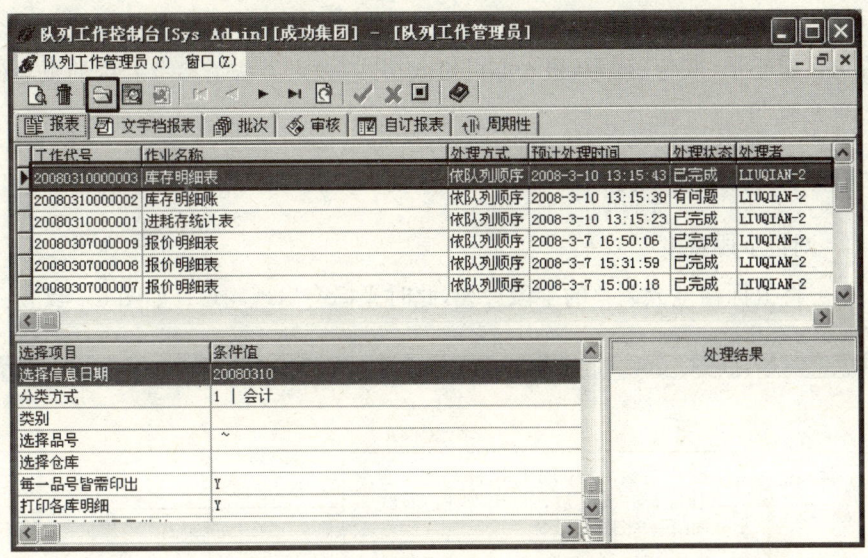

图 6-45 队列工作控制台中开启报表

注:"处理状态"有等待中、锁定中、处理中、已完成、有问题。只有当"处理状态=已完成"时,才能开启。

### 6.8.2 报表界面介绍

开启后,报表的呈现如图 6-46 所示。

图 6-46 报表呈现图

报表界面分为"主抬头"、"次抬头"、"页首"、"资料"和"页尾"五个部分；每个部分皆可设定字形、底色、列距，报表亦可修改格式，设定方法请参考后续的报表格式修改单元说明。

### 6.8.3 报表格式修改

1. 调整字段宽度

（1）将鼠标移至欲调整的字段边线，此时光标会出现 ↔ 。如图 6-47 所示。

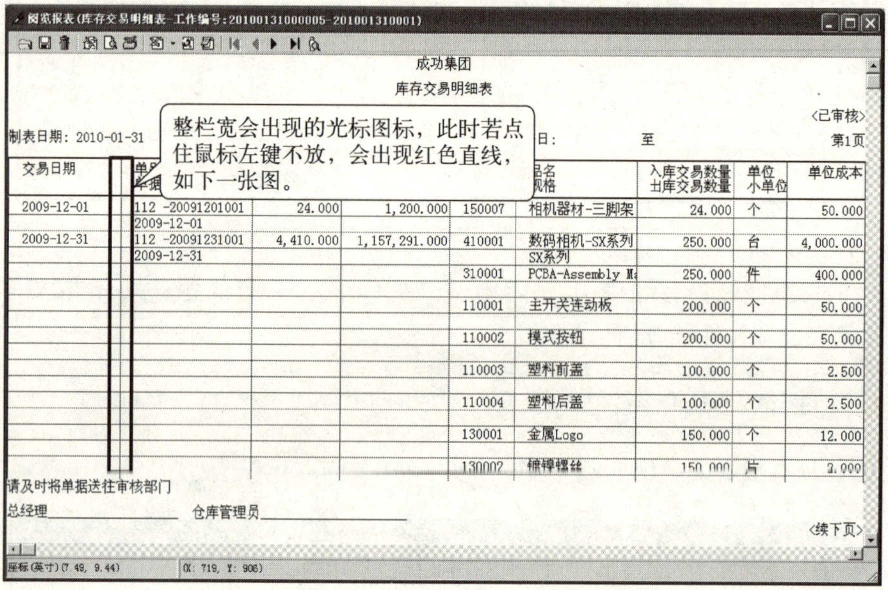

图 6-47 阅览报表——库存交易明细表示意图

（2）点鼠标左键不放，会出现一条红色直线，左右拖曳即可调整栏宽。如图 6-48 所示。

2. 调整字段位置

将鼠标移至欲调整的字段内，此时光标会出现 ☝ ，点鼠标左键不放，会出现一条蓝色直线，即可拖曳鼠标，改变字段顺序。如图 6-49 所示。

3. 调整字形、底色、十字对齐线

（1）字形。在阅览报表的画面按鼠标右键一下，会出现快捷设置，如下图。将鼠标光标移至主抬头字形，就会出现字体窗口，这里可以更改字体、字形、大小和色彩等信息，按下确定，即可看到修改后的效果。如图 6-50 所示。

修改后的界面如图 6-51 所示。

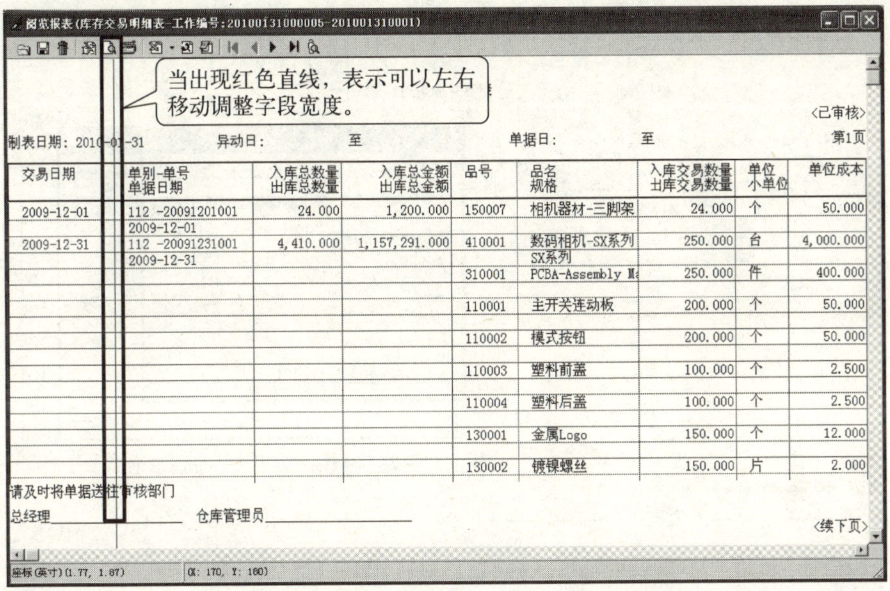


| 交易日期 | 单别-单号<br>单据日期 | 入库总数量<br>出库总数量 | 入库总金额<br>出库总金额 | 品号 | 品名<br>规格 | 入库交易数量<br>出库交易数量 | 单位<br>小单位 | 单位成本 |
|---|---|---|---|---|---|---|---|---|
| 2009-12-01 | 112 -20091201001<br>2009-12-01 | 24.000 | 1,200.000 | 150007 | 相机器材-三脚架 | 24.000 | 个 | 50.000 |
| 2009-12-31 | 112 -20091231001<br>2009-12-31 | 4,410.000 | 1,157,291.000 | 410001 | 数码相机-SX系列<br>SX系列 | 250.000 | 台 | 4,000.000 |
| | | | | 310001 | PCBA-Assembly Ma | 250.000 | 件 | 400.000 |
| | | | | 110001 | 主开关连动板 | 200.000 | 个 | 50.000 |
| | | | | 110002 | 模式按钮 | 200.000 | 个 | 50.000 |
| | | | | 110003 | 塑料前盖 | 100.000 | 个 | 2.500 |
| | | | | 110004 | 塑料后盖 | 100.000 | 个 | 2.500 |
| | | | | 130001 | 金属Logo | 150.000 | 个 | 12.000 |
| | | | | 130002 | 镀镍螺丝 | 150.000 | 片 | 2.000 |

图 6-48　阅览报表——库存交易明细表示意图

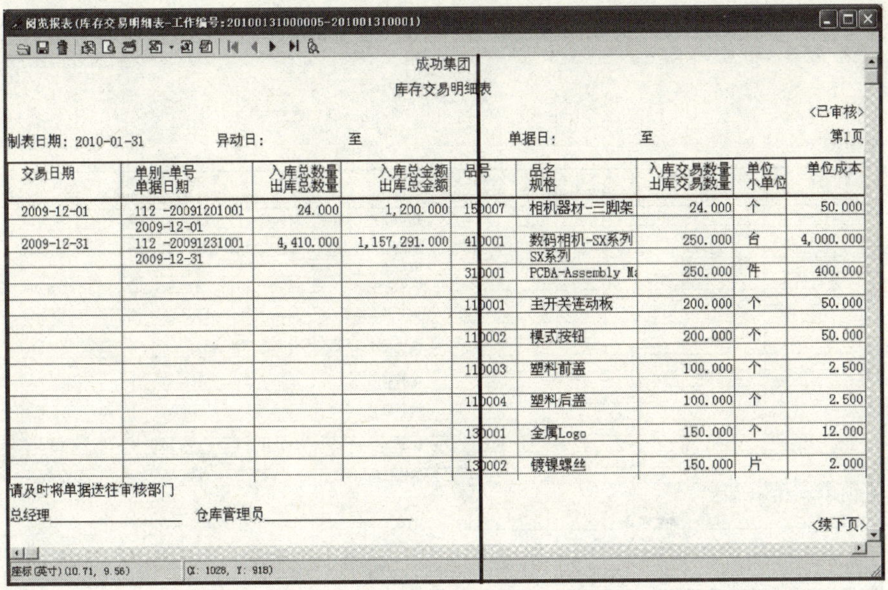


| 交易日期 | 单别-单号<br>单据日期 | 入库总数量<br>出库总数量 | 入库总金额<br>出库总金额 | 品号 | 品名<br>规格 | 入库交易数量<br>出库交易数量 | 单位<br>小单位 | 单位成本 |
|---|---|---|---|---|---|---|---|---|
| 2009-12-01 | 112 -20091201001<br>2009-12-01 | 24.000 | 1,200.000 | 150007 | 相机器材-三脚架 | 24.000 | 个 | 50.000 |
| 2009-12-31 | 112 -20091231001<br>2009-12-31 | 4,410.000 | 1,157,291.000 | 410001 | 数码相机-SX系列<br>SX系列 | 250.000 | 台 | 4,000.000 |
| | | | | 310001 | PCBA-Assembly Ma | 250.000 | 件 | 400.000 |
| | | | | 110001 | 主开关连动板 | 200.000 | 个 | 50.000 |
| | | | | 110002 | 模式按钮 | 200.000 | 个 | 50.000 |
| | | | | 110003 | 塑料前盖 | 100.000 | 个 | 2.500 |
| | | | | 110004 | 塑料后盖 | 100.000 | 个 | 2.500 |
| | | | | 130001 | 金属Logo | 150.000 | 个 | 12.000 |
| | | | | 130002 | 镀镍螺丝 | 150.000 | 片 | 2.000 |

图 6-49　调整字段位置示意图

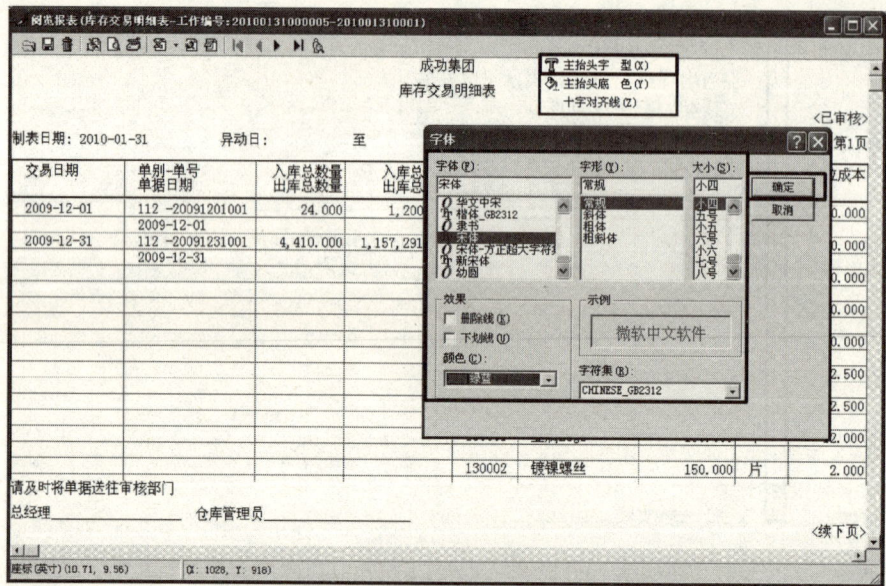

图 6-50 调整字形示意图

图 6-51 修改后的界面

（2）底色。在阅览报表界面单击鼠标右键，会出现快捷设置，如图 6-52 所示。将鼠标光标移至主抬头底色，就会出现颜色窗口，选好颜色后，按下确定，即可看到修改后的效果。

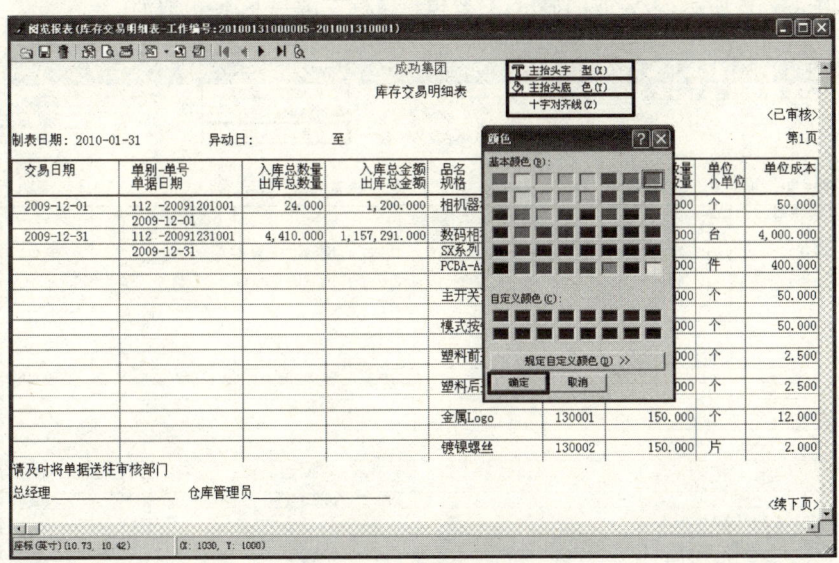

图 6-52　调整底色示意图

修改后的界面如图 6-53 所示。

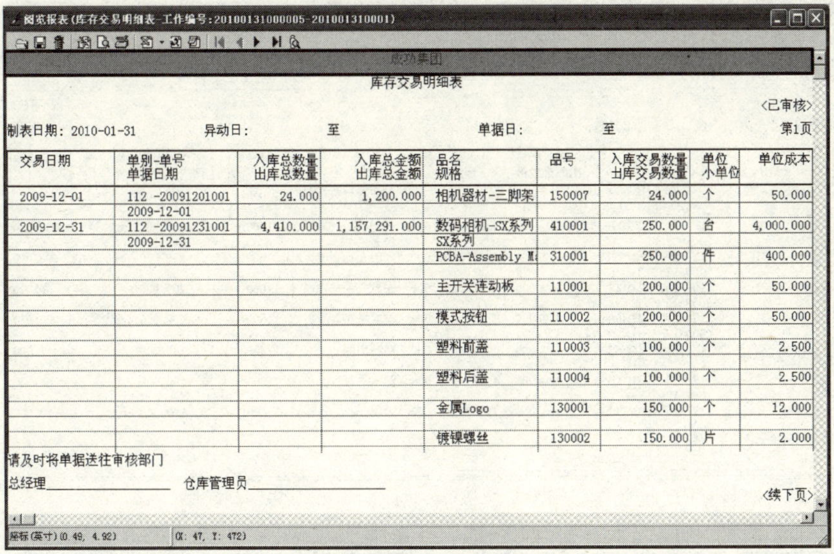

图 6-53　修改后的画面

(3) 显示十字对齐线。

方法一：在阅览报表界面单击鼠标右键，会出现十字对齐线是否显示的设定，如图 6-54 所示。将鼠标光标移至十字对齐在线，点鼠标左键一下，就会显示对齐用十字线了，如图 6-55 所示；若要取消显示，只要再点鼠标左键一下，便可取消。

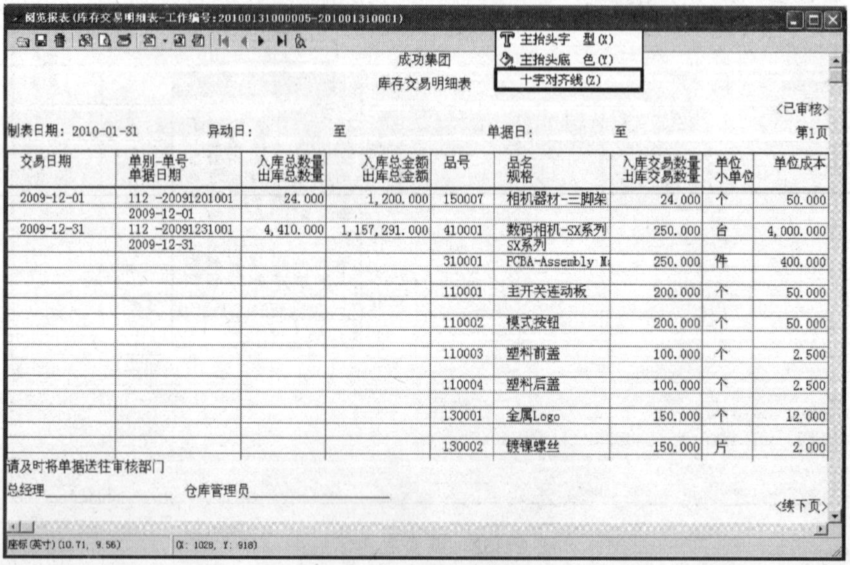

图 6-54 方法一示意图

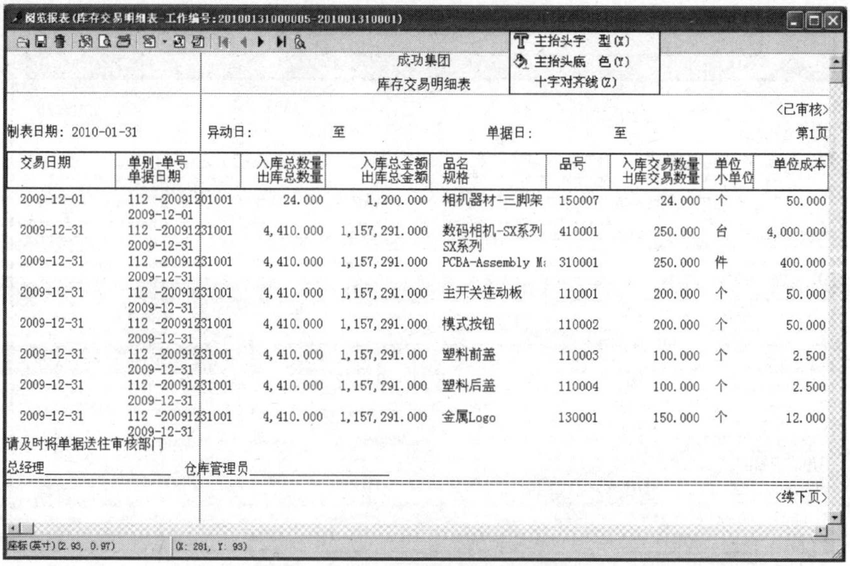

图 6-55 显示对齐用十字线

方法二：点选报表界面上方的 [图] 按钮，会开启"选项"对话框面；在＜显示＞页签中可以设定是否要显示对齐用十字线。在显示对齐用十字线前方方框内按鼠标左键一下，出现蓝色勾时，再按下 [确定] 就可以了。如图 6-56 所示。

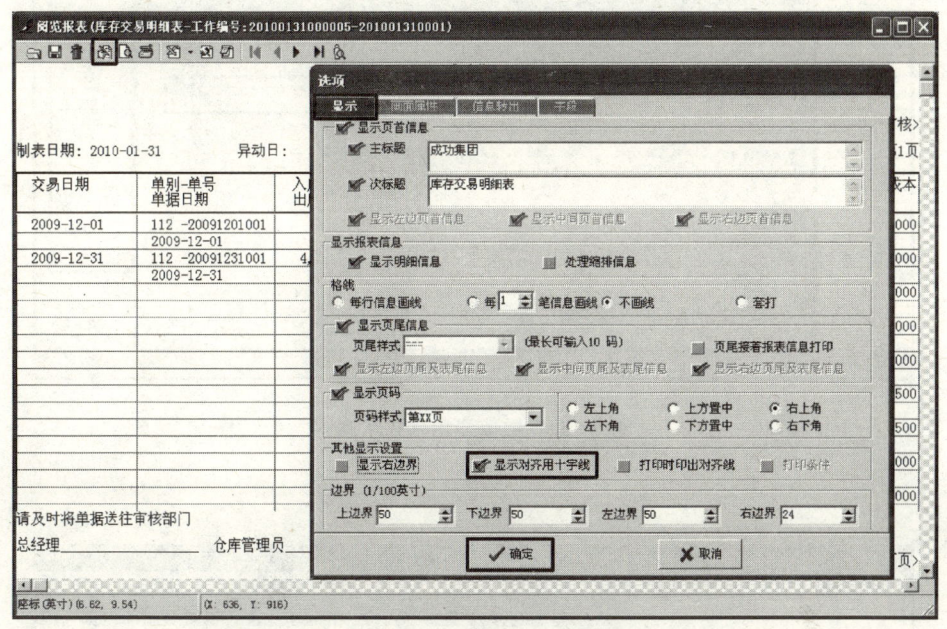

图 6-56　方法二示意图

4. 设置数值显示格式

数值显示格式可设定负号表示方式、小数字数、数值是否标示千分号、数据为 0 的显示方式等。以"库存交易明细表"为例，若希望"单位成本"的数字格式为小数点第三位，可在"单位成本"的数值字段上，单击鼠标右键，就会出现"设定数值显示格式"的窗口，设定完成后，按一下 [确定]，阅览报表时便可以发现，数字以小数点第三位来呈现了。如图 6-57 所示。

5. 更改当前格式

（1）显示页首信息。

点选报表界面上方的 [图] 按钮，会开启"选项"对话框面；在＜显示＞页签中可以设定是否要显示页首的主标题、次标题以及页首信息，出现蓝色勾时，再按下 [确定] 就可以了。如图 6-58 所示。

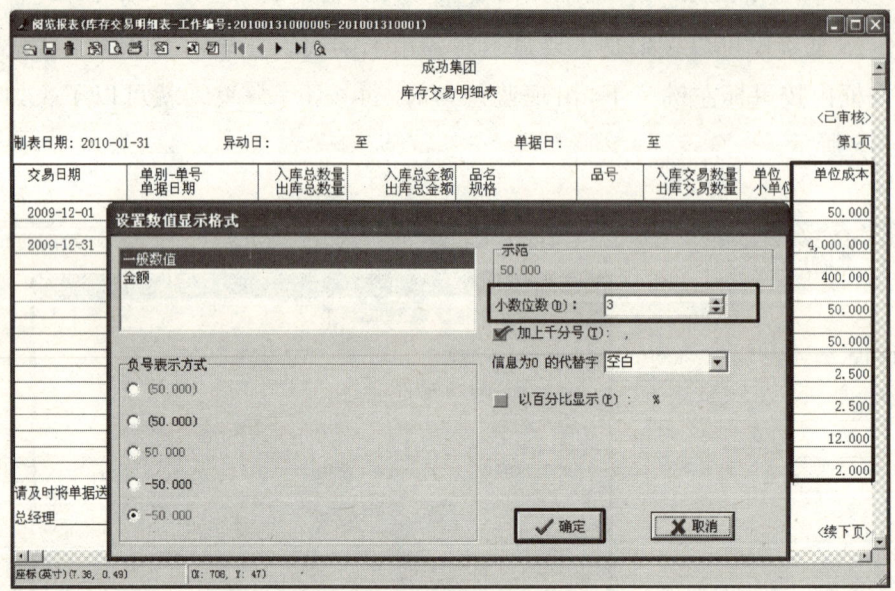

图 6-57 数值显示格式示意图

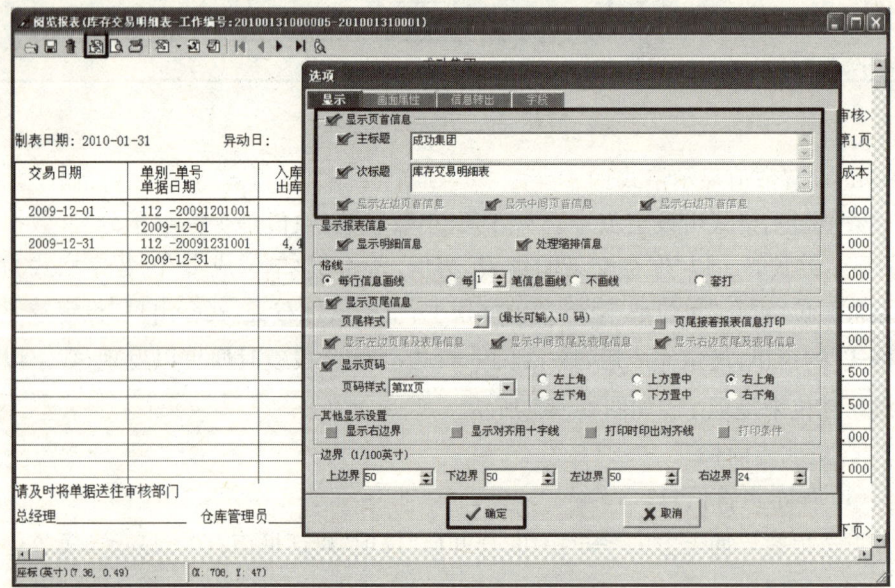

图 6-58 显示页首信息示意图

产生的结果如图 6-59 所示。

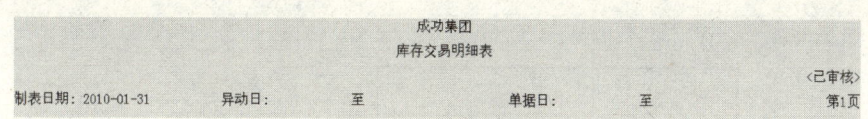

图 6-59  结果示意图

（2）处理缩排数据。

在报表数据中，若想省略相同的资料，用简洁的方式呈现，可以运用"处理缩排数据"来处理。

点选报表界面上方的 按钮，会开启"选项"对话框面，选择＜显示＞页签，会看到"处理缩排数据"的选项，将其勾选（在前方方框中按鼠标左键一下，会出现蓝色勾勾）表示会将相同的数据以缩排处理，等按下 确定 后，报表的呈现就更为清楚，更容易阅读了。如图 6-60 所示。

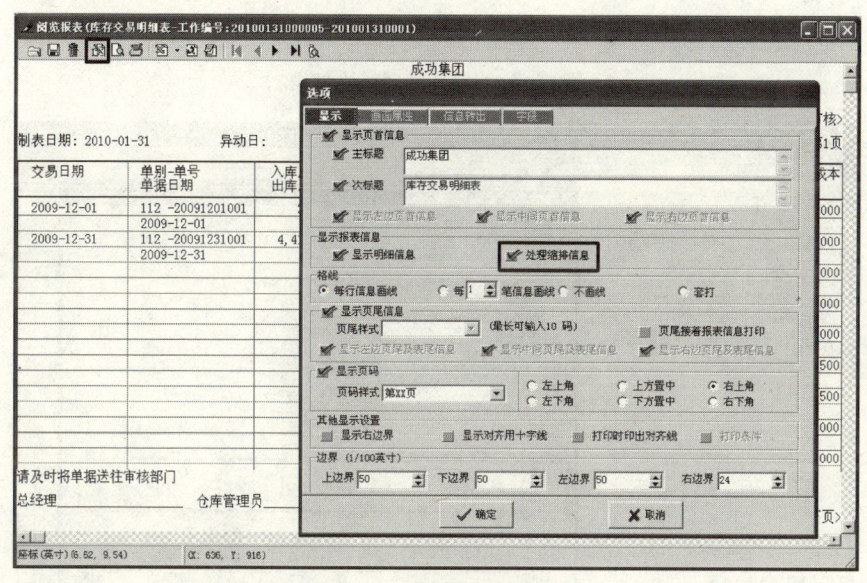

图 6-60  处理缩排数据

- 无勾选"处理缩排数据"，如图 6-61 所示。
- 有勾选"处理缩排数据"，如图 6-62 所示。

（3）显示页码。

点选报表界面上方的 按钮，会开启"选项"对话框面，在＜显示＞页签中可以设定页码是否显示、页码的呈现方式，以及页码显示的位置。如图 6-63 所示。

| 交易日期 | 单别-单号<br>单据日期 | 入库总数量<br>出库总数量 | 入库总金额<br>出库总金额 | 品名<br>规格 | 品号 | 入库交易数量<br>出库交易数量 | 单位<br>小单位 |
|---|---|---|---|---|---|---|---|
| 2009-12-01 | 112 -20091201001<br>2009-12-01 | 24.000 | 1,200.000 | 相机器材-三脚架 | 150007 | 24.000 | 个 |
| 2009-12-31 | 112 -20091231001<br>2009-12-31 | 4,410.000 | 1,157,291.000 | 数码相机-SX系列<br>SX系列 | 410001 | 250.000 | 台 |
| 2009-12-31 | 112 -20091231001<br>2009-12-31 | 4,410.000 | 1,157,291.000 | PCBA-Assembly M | 310001 | 250.000 | 件 |
| 2009-12-31 | 112 -20091231001<br>2009-12-31 | 4,410.000 | 1,157,291.000 | 主开关连动板 | 110001 | 200.000 | 个 |
| 2009-12-31 | 112 -20091231001<br>2009-12-31 | 4,410.000 | 1,157,291.000 | 模式按钮 | 110002 | 200.000 | 个 |
| 2009-12-31 | 112 -20091231001<br>2009-12-31 | 4,410.000 | 1,157,291.000 | 塑料前盖 | 110003 | 100.000 | 个 |
| 2009-12-31 | 112 -20091231001 | 4,410.000 | 1,157,291.000 | 塑料后盖 | 110004 | 100.000 | 个 |

图6-61 无勾选处理缩排数据

| 交易日期 | 单别-单号<br>单据日期 | 入库总数量<br>出库总数量 | 入库总金额<br>出库总金额 | 品名<br>规格 | 品号 | 入库交易数量<br>出库交易数量 | 单位<br>小单位 |
|---|---|---|---|---|---|---|---|
| 2009-12-01 | 112 -20091201001<br>2009-12-01 | 24.000 | 1,200.000 | 相机器材-三脚架 | 150007 | 24.000 | 个 |
| 2009-12-31 | 112 -20091231001<br>2009-12-31 | 4,410.000 | 1,157,291.000 | 数码相机-SX系列<br>SX系列 | 410001 | 250.000 | 台 |
| | | | | PCBA-Assembly M | 310001 | 250.000 | 件 |
| | | | | 主开关连动板 | 110001 | 200.000 | 个 |
| | | | | 模式按钮 | 110002 | 200.000 | 个 |
| | | | | 塑料前盖 | 110003 | 100.000 | 个 |
| | | | | 塑料后盖 | 110004 | 100.000 | 个 |

图6-62 勾选处理缩排数据

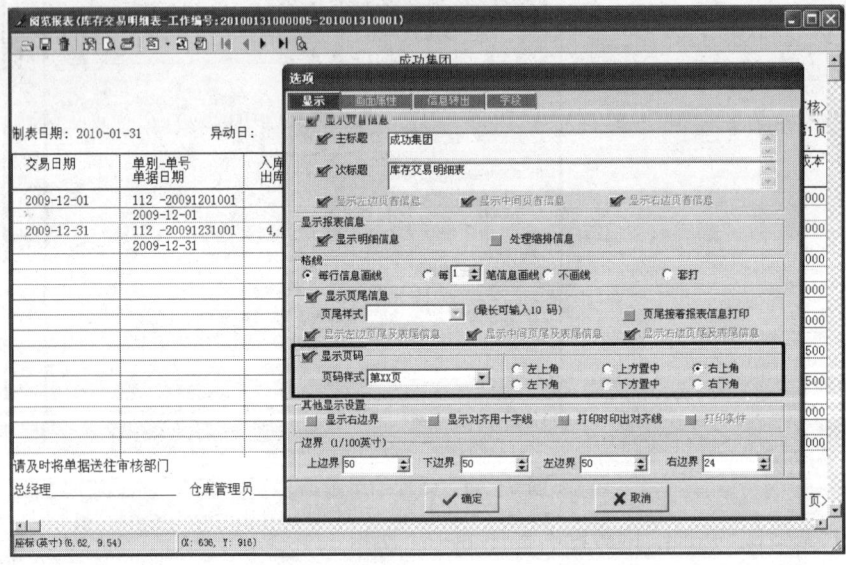

图6-63 显示页码

(4) 显示右边界。

右边界为提示打印机打印的范围界线,超过界线之外的数据将会打印至下一张打印纸上。如图6-64所示。

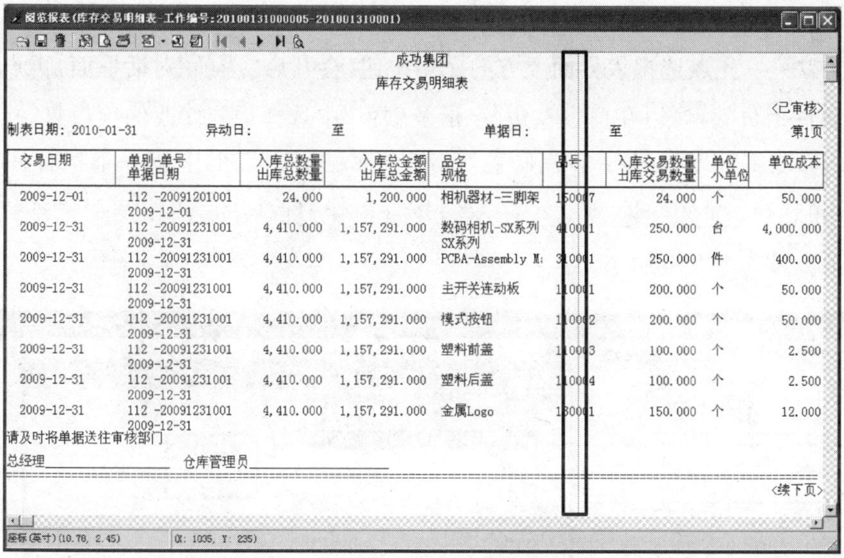

图 6-64 显示右边界

是否显示右边界的设定：

点选报表界面上方的 按钮，会开启"选项"对话框面；在＜显示＞页签中可看到"其他显示设定"。在显示右边界前方方框内按鼠标左键一下，出现蓝色勾时，再按下 就可以了。如图 6-65 所示。

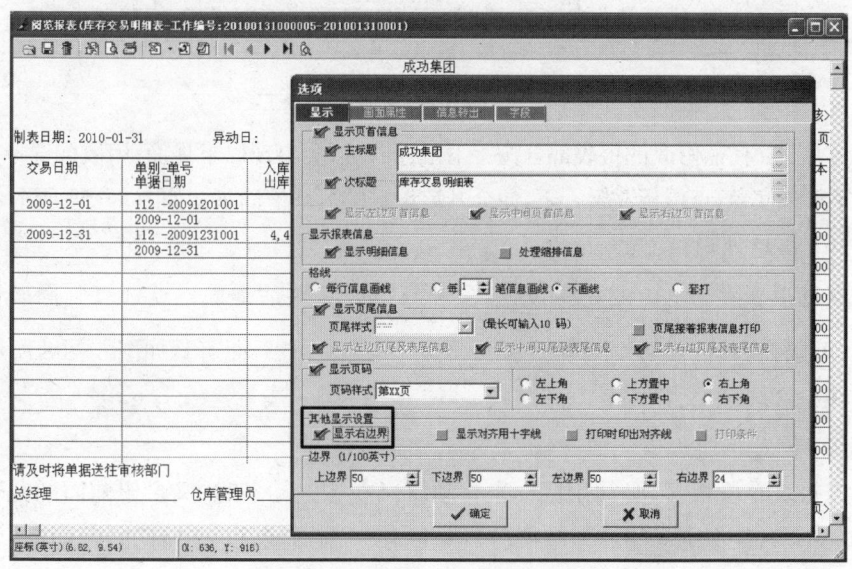

图 6-65 是否显示右边界的设定

(5) 字形及颜色。

方法一：先点选报表界面上方的 按钮，会开启"选项"对话框面，再点选＜画面属性＞页签，可以在窗口左边"字形及颜色"中选择想要修改的项目打"√"，例如：欲修改主标题区的字形或底色，就在主标题前方方框中按一下鼠标左键打"√"，再选择 信息字型 或 信息底色 按一下作修改，最后再按一下 确定 即可完成。如图 6-66 所示。

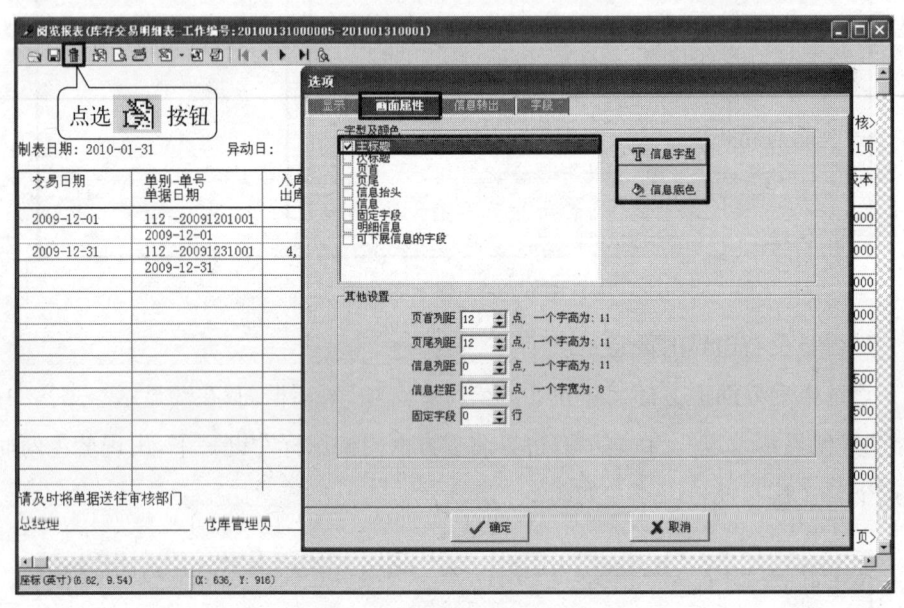

图 6-66 修改字形及颜色方法一

方法二：在欲修改的报表部分按一下鼠标右键，会出现以下界面；用鼠标选择想要修改字形或底色，点鼠标左键一下，便会开启设定的对话框面了。如图 6-67 所示。

(6) 信息列距。

点选报表界面上方的 按钮，会开启"选项"对话框面。点选＜画面属性＞页签，可以在"其他设置"中调整列距，再按一下 确定 即可。如图 6-68 所示。

产生后的结果，如图 6-69 所示。

(7) 固定字段。

当报表字段很多，必须用鼠标来移动窗口左右滚动条时，又希望前面的几个字段固定不动（类似 Excel 的冻结窗格），可以在＜画面属性＞中的"固定字段"输入固定的字段数，按一下 确定 。如图 6-70 所示。

图 6-67 修改字形及颜色方法二

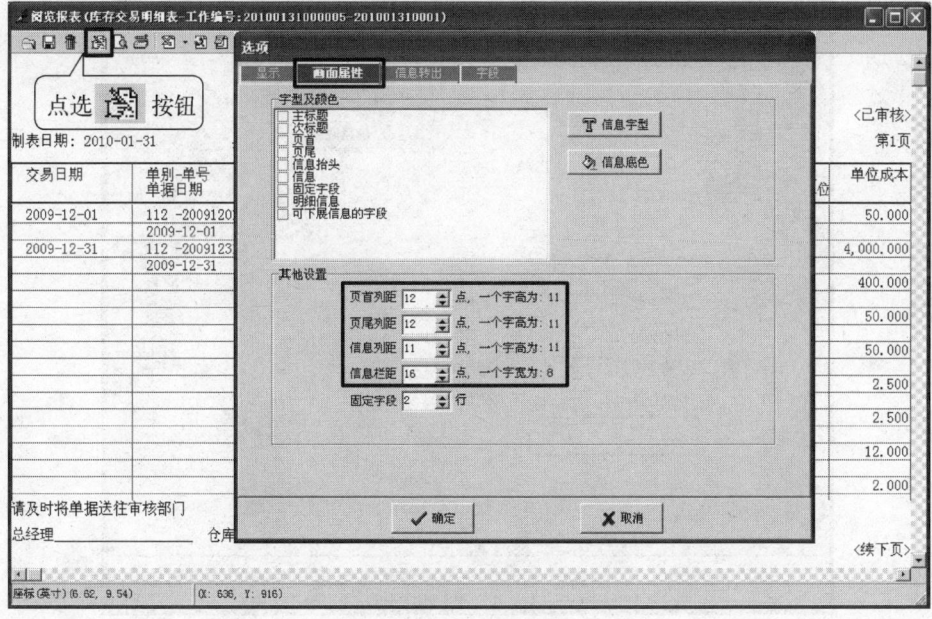

图 6-68 信息列距

图 6-69 修改后的结果

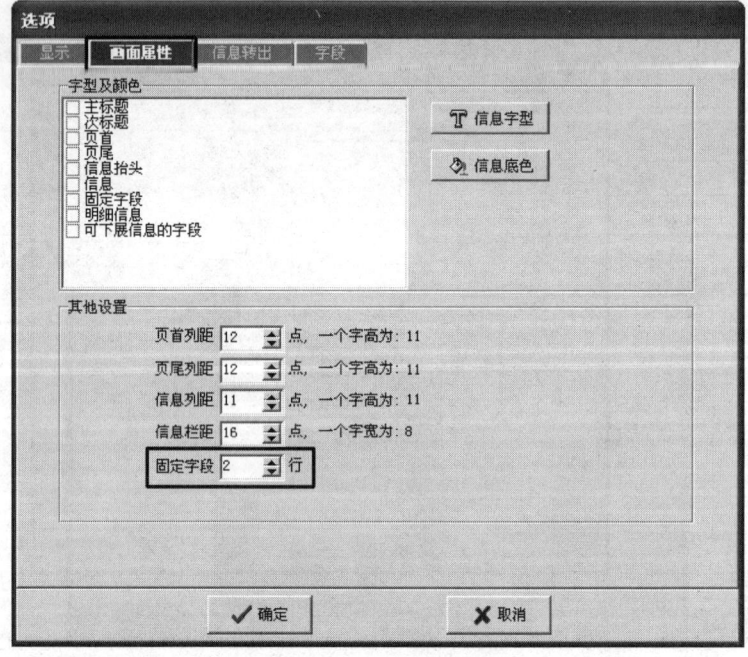

图 6-70 固定字段示意图

举例来说：将固定字段的行数设定 2 行，再按下 ✓确定 ，便会固定报表中的"交易日期"、"单别—单号"这两行。当用鼠标移动左右滚动条阅览报表界面时，会发现尽管报表已经向右移动到最底，前两行字段还是会固定在原地不动（冻结），不会跟着移动。如图 6-71 所示。

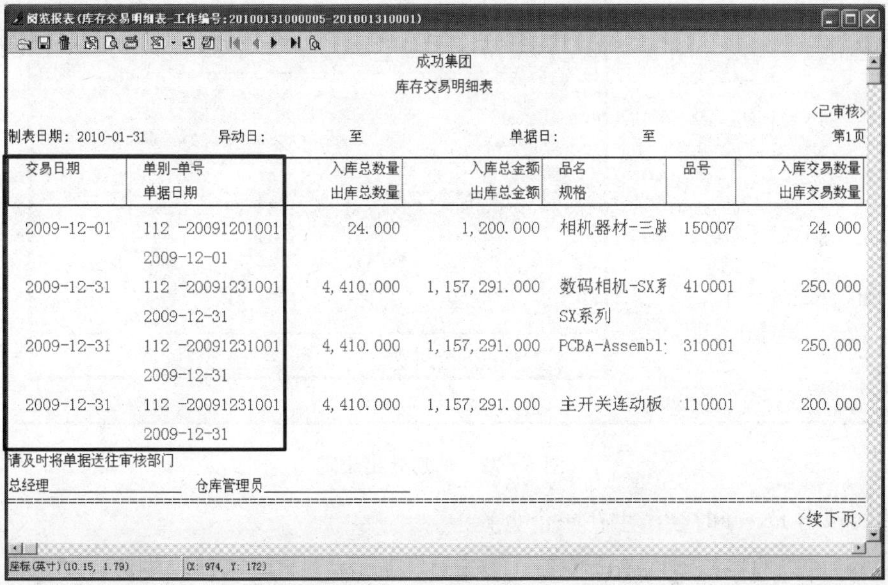

图 6-71  固定字段修改

（8）信息转出。

报表也提供了转出档案的设定，档案可分为四种类型，包含了：WMF 图档、Excel 档案、文字文件，以及 Html 格式。以下说明如何转出 Excel 档案（参考图 6-72）：

■ 转出 Excel 档案之前，可对数据转出做相关设定，步骤如下：

A. 点选报表界面上方的 按钮，会开启"选项"对话框面，请选择＜信息转出＞页签，如以下界面。

B. 在"Excel 转出设定"中，可以设定：

➢ 是否要检视转出档案的过程：打钩表示要检视；若不检视则不要打钩。

➢ 是否要在档案完成后自动显示转出结果：打钩表示要显示；反之，不打钩。

➢ 在报表转出时是否要自动分页：打钩表示若报表有多页数据，转出 Excel 时会分页产生在不同页签（Sheet：Excel 工作表）；反之，不打钩表示若报表有多页

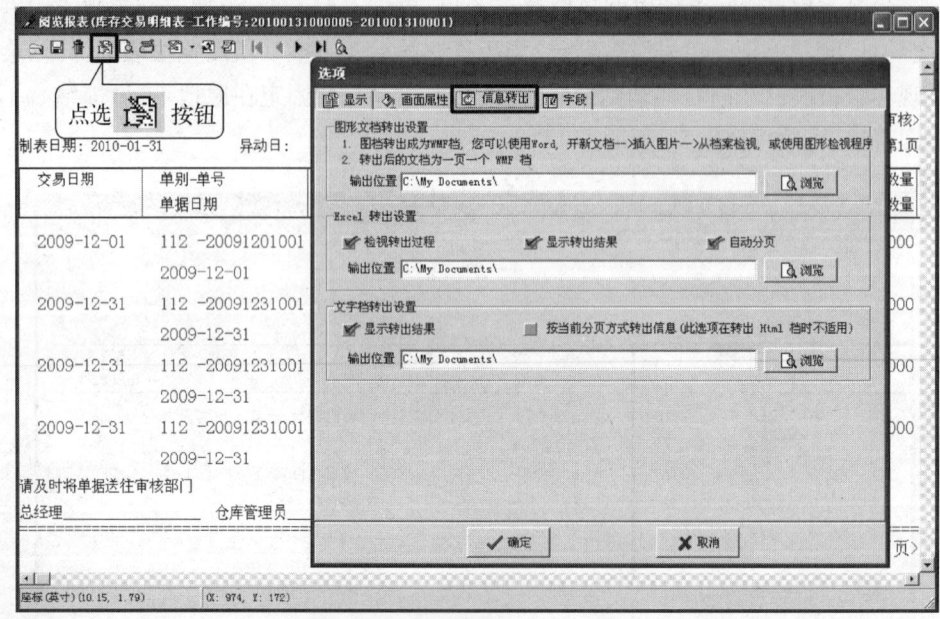

图 6-72 信息转出设定

数据,转出 Excel 时会产生在一个页签中。

> 可以选择档案的输出位置。设定好之后,按 ✓确定 就完成设定了。

■ 执行转成 Excel 档案的步骤:

点选报表界面上方的 按钮,会出现"存成 Excel 档"对话框面,选择字段格式和字形设定,按一下 ✓确定 ,就会转出档案了,如图 6-73 所示。另外,若想转出其他的档案,也可以点选对应的按钮,例如,文字文件(TXT 之档案)或 Html 格式之档案。

(9) 调整字段显示。

点选报表界面上方的 按钮,会开启"选项"对话框面,选择<字段>页签,会看到"显示"字段。举例来说,若不想在阅览报表时看到"单据日期"这个字段,则可以在显示字段 是 上面点鼠标左键两下,使其状态为 否 ,再按一下 ✓确定 即可。如图 6-74 所示。

(10) 调整字段折行。

点选报表界面上方的 按钮,会开启"选项"对话框面,选择<字段>页签,会看到字段"折行"的设定。如图 6-75 所示。

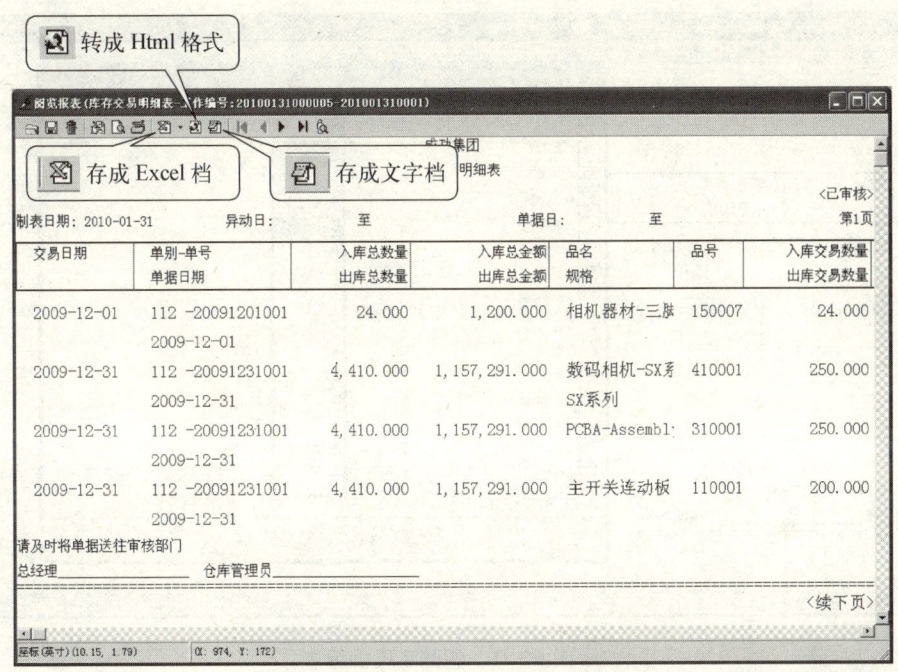

图 6-73 执行转成 Excel 档案

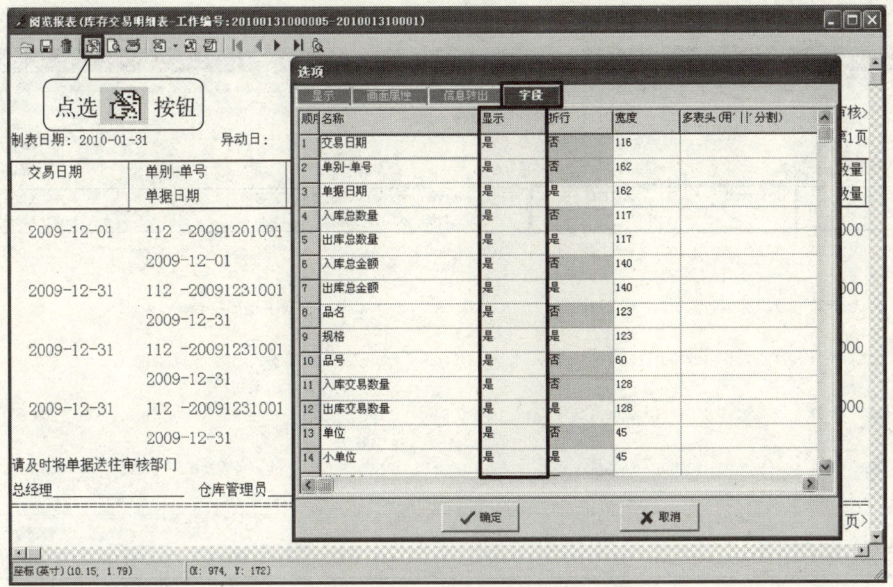

图 6-74 调整字段显示

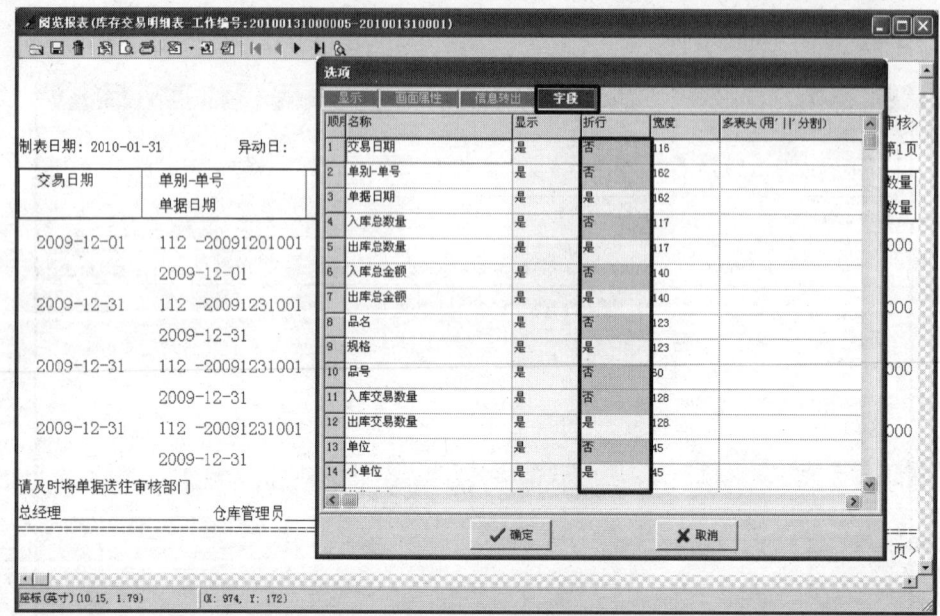

图 6-75　调整字段折行

举例来说，若想要让"单据日期"独立一个字段，则可以在折行字段上面点鼠标左键两下，使其状态为 否 ，再按一下 ✓确定 即可。如图 6-76 所示。

图 6-76　独立字段设定

(11) 调整字段宽度。

点选报表界面上方的 按钮,会开启"选项"对话框面,选择<字段>页签,会看到字段"宽度"的设定,选择想要修改的字段,在字段数字上点鼠标左键一下,便可以输入其他数字。如图 6-77 所示。

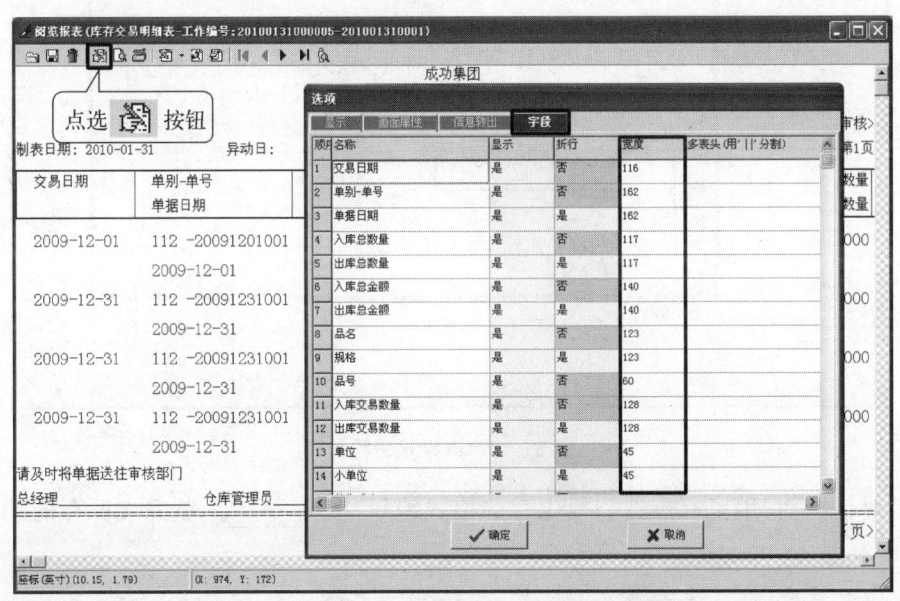

图 6-77 调整字段宽度

### 6. 保存报表格式

报表格式依照使用者的需要调整了字段位置、字段宽度、显示与否等,如果这个格式是常常会用到的,使用者会希望将此格式固定下来,而不要每执行一次报表就要调整一次,这时就会用到保存报表格式。唯提醒的是,这部分是受到权限的控管决定是否能保存格式与保存的格式种类。

系统是以"使用者"加"格式代号"来储存报表格式,例如,DS+001(使用者+格式代号)、DS+002(使用者+格式代号)。"格式代号"是由 001 开始,同一个使用者只要每改一次又保存时,就会多一个格式代号,如 002、003……依序编号。"报表格式"包含公司格式和使用者格式。若以使用者格式保存,要以该使用者的代号登入数据库才会看到之前使用者自己保存的格式;若以公司格式保存,则不同的使用者登入数据库皆可以使用这个格式。如图 6-78 所示。

保存格式步骤如下:

调整好报表各项格式后,点选报表界面上方的 按钮,会开启"选择保存格

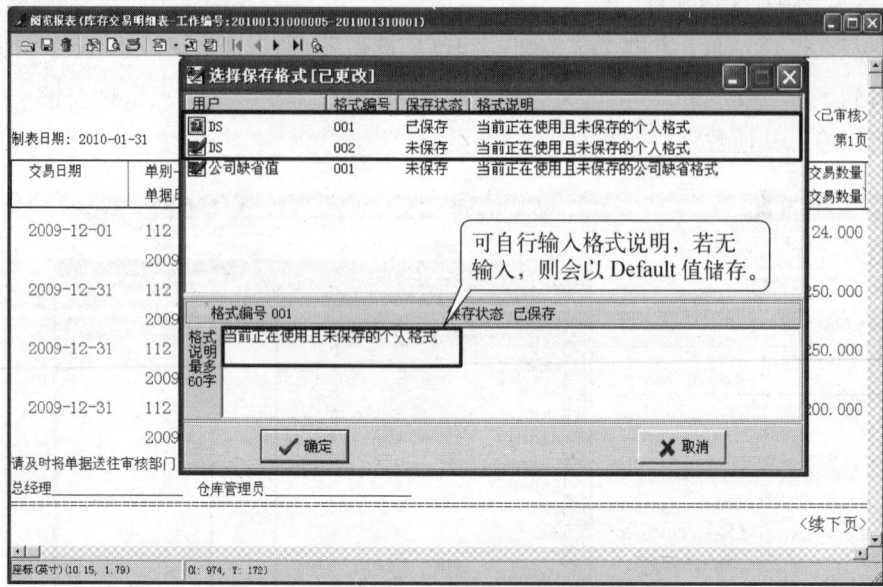

图 6-78 选择报表格式

式"对话框面;用鼠标点选想要保存的格式编号,按 ✓确定 ,就完成保存的动作了。如图 6-79 所示。

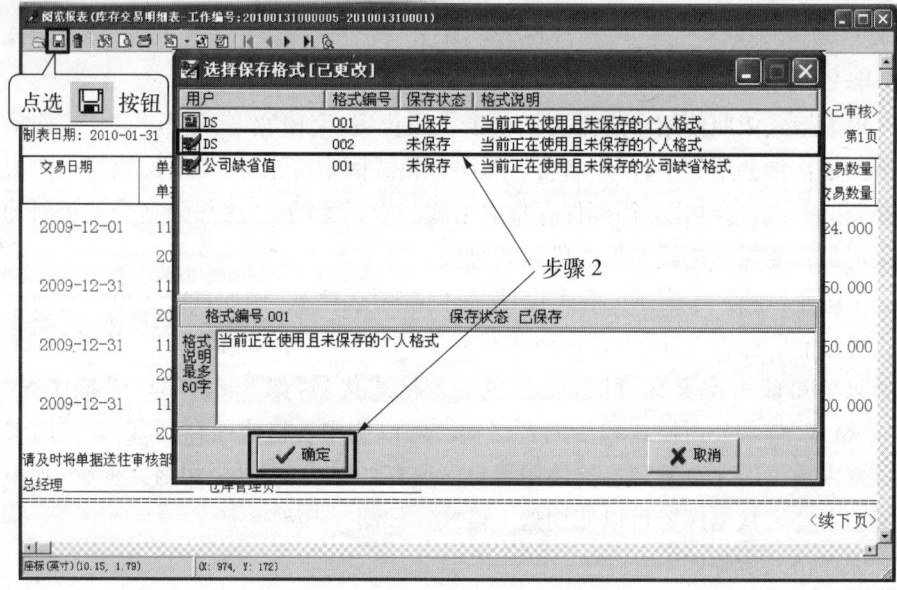

图 6-79 保存报表格式

## 7. 报表格式的选择

当报表格式保存好之后,下一次阅览报表时,就可以直接选择保存好的格式来阅读报表了。先点选报表界面上方的 ![按钮] 按钮,会开启"选择报表格式"对话框面,如下图,用鼠标点选格式,按一下 ![确定] 即可;若想要回到报表最初未修改过的格式,可以选择易飞默认值格式文件。如图 6-80 所示。

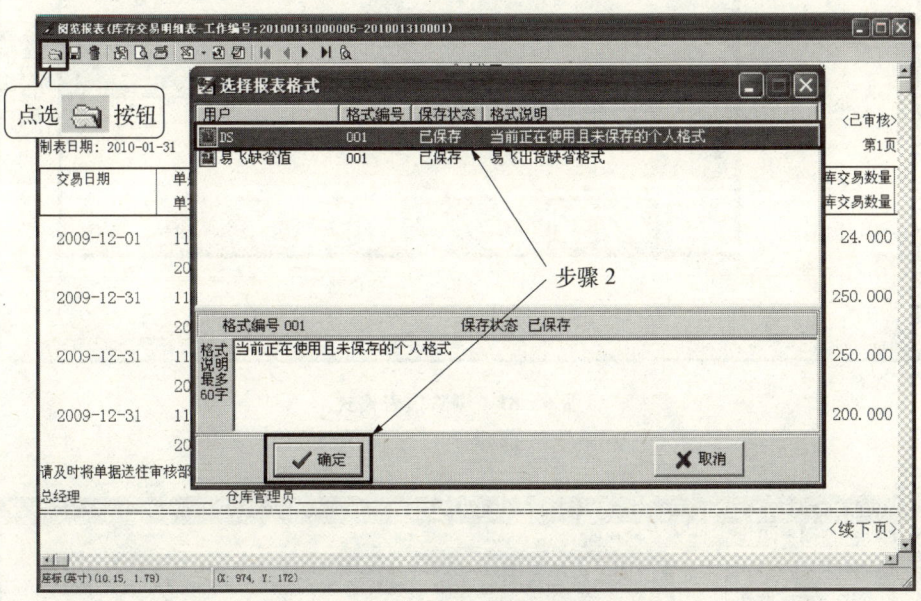

图 6-80 选择报表格式阅读

## 8. 删除报表格式

点选报表界面上方的 ![按钮] 按钮,会开启"删除报表格式"对话框面,按鼠标左键选择欲删除的格式,按一下 ![确定] ,就可以删除报表格式了。如图 6-81 所示。

## 9. 报表打印

(1) 打印设置。

点选报表界面上方的 ![按钮] 按钮,会开启打印设置对话框面。在这个界面中可以设定要由哪台打印机打印出报表数据、纸张大小、来源、打印方向等,设定好条件后按下 ![确定] 就可以了。如图 6-82 所示。

(2) 打印预览。

点选报表界面上方的 ![按钮] 按钮,会开启打印预览对话框面,如图 6-83 所示。

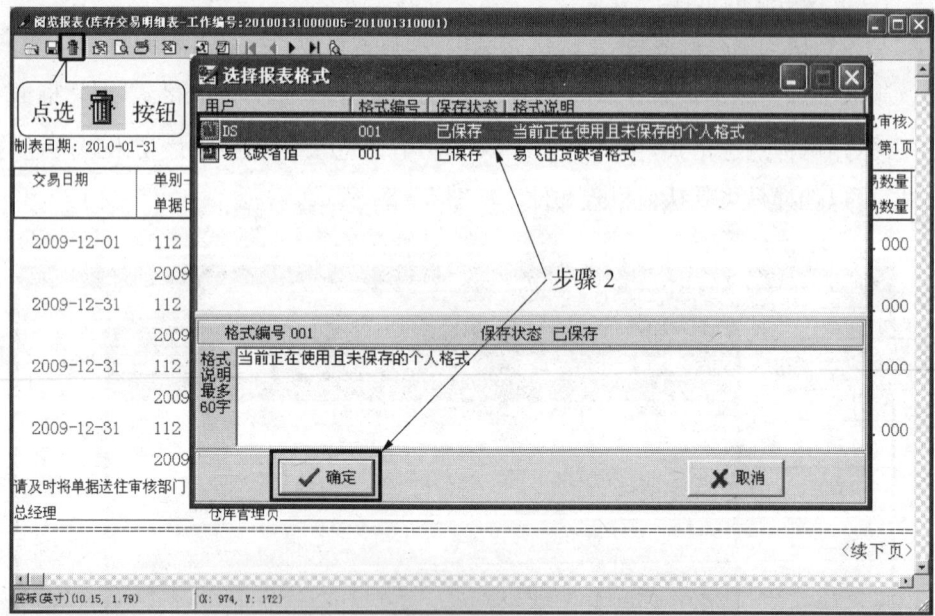

图 6-81 删除报表格式

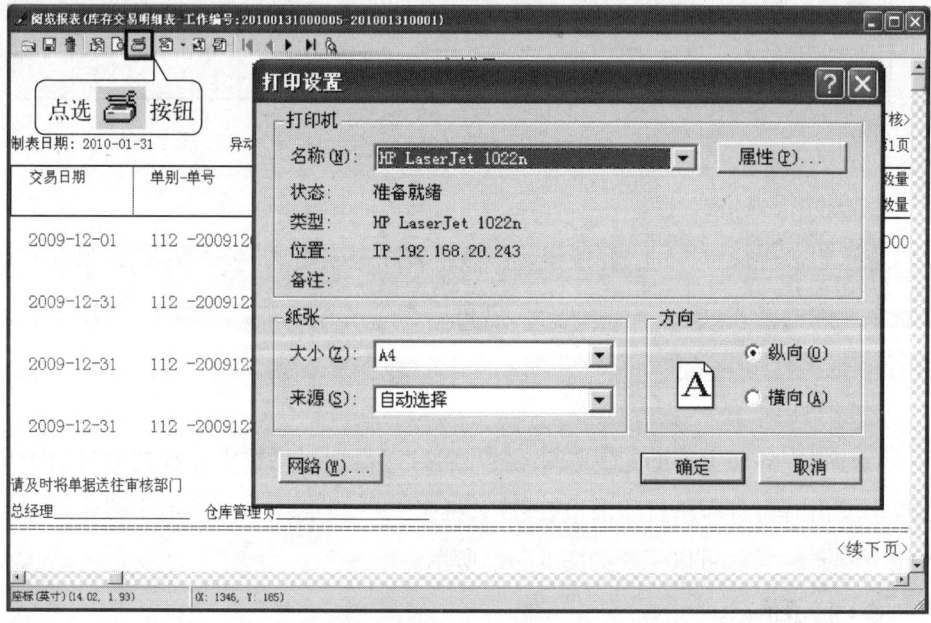

图 6-82 打印设置

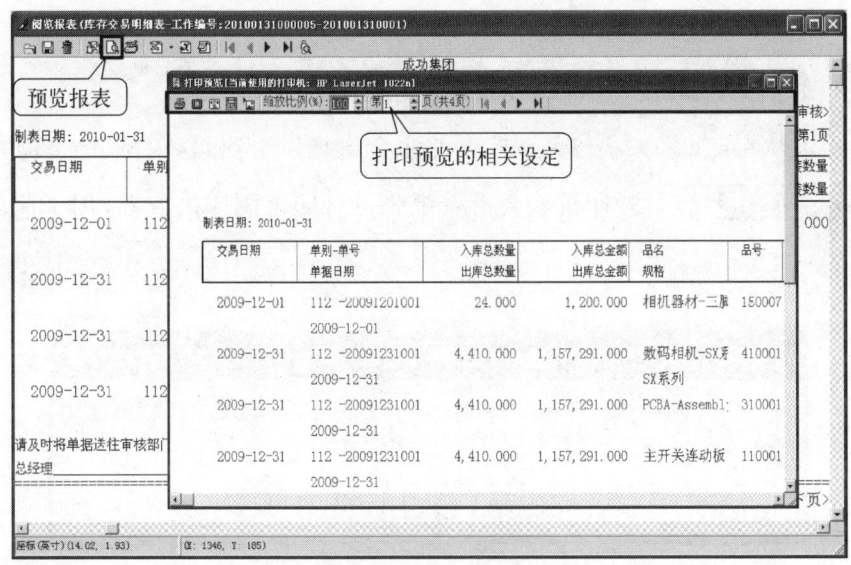

图 6-83 打印预览

打印预览的相关设定：

➢ 打印按钮如图 6-84 所示：若打印预览确定没问题之后，可点选此钮设定打印选项如图 6-85 所示，按下 确定 就可直接将报表打印出。

图 6-84 打印预览的相关设定

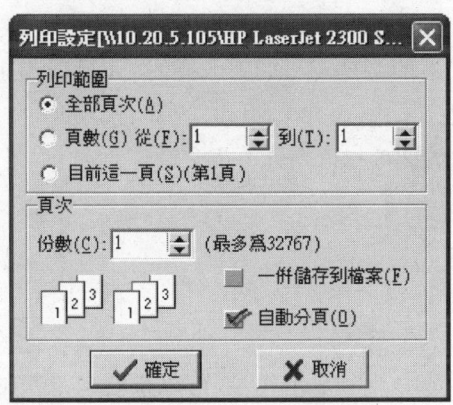

图 6-85 打印报表

➢ 显示整页按钮：可以用整页的方式预览打印。

➢ 以页宽度显示按钮：以目前界面的页宽显示预览。

➢ 测试纸张大小按钮：按下此钮会出现以下窗口，如图6-86所示，按下 OK 之后，打印机就会沿着纸张可打印范围印出方框，用来测试纸张大小。

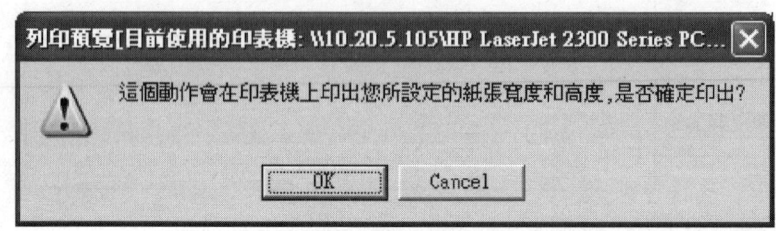

图6-86 测试纸张大小

➢ 存成向量图文件按钮(∗.WMF)：这是数据转出的其中一种类型，表示报表数据格式会转存成向量图档。

➢缩放比例的调整：在打印预览的工具列上，可以调整预览的"缩放比例"，值得注意的是，调整"缩放比例"不会影响报表数据打印出来的大小。

### 6.8.4 文字档报表

【作业重点】

图6-87为队列工作控制台中开启文字档报表界面；文字档报表，有特定的报表格式，它的排列方式不能按序显示，以txt的格式呈现出来。我们以"成本异常检测表"为例来做介绍。单击"文字档报表"界面，选中某个"已完成"的工作代号，可以打开文字档报表，如图6-88所示。

### 6.8.5 批次

【作业重点】

在"批次"界面中，选中某个工作代号，可以查看该批次的处理状态、处理结果等信息。如图6-89、图6-90所示。

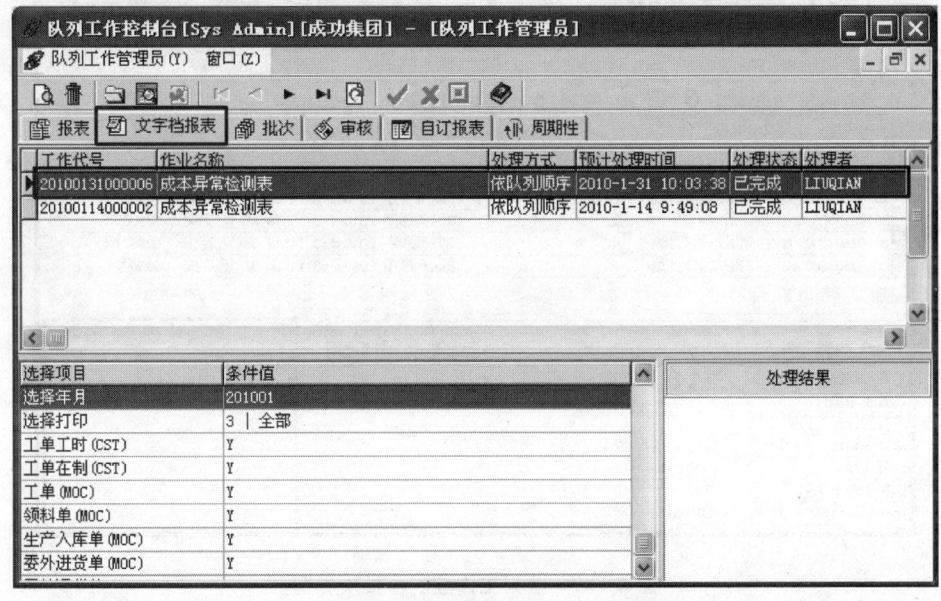

图 6-87 队列工作控制台中开启文字档报表

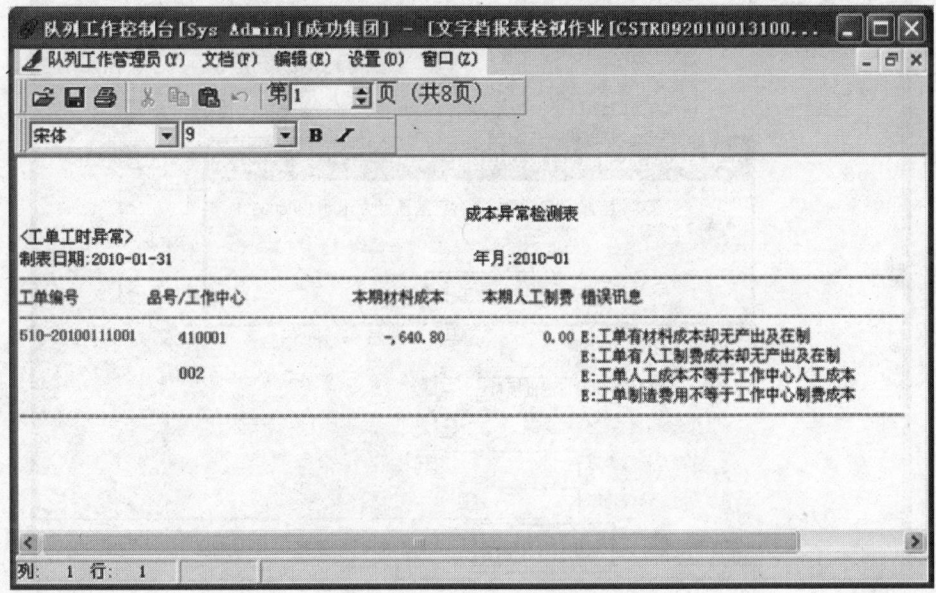

图 6-88 文字档报表界面

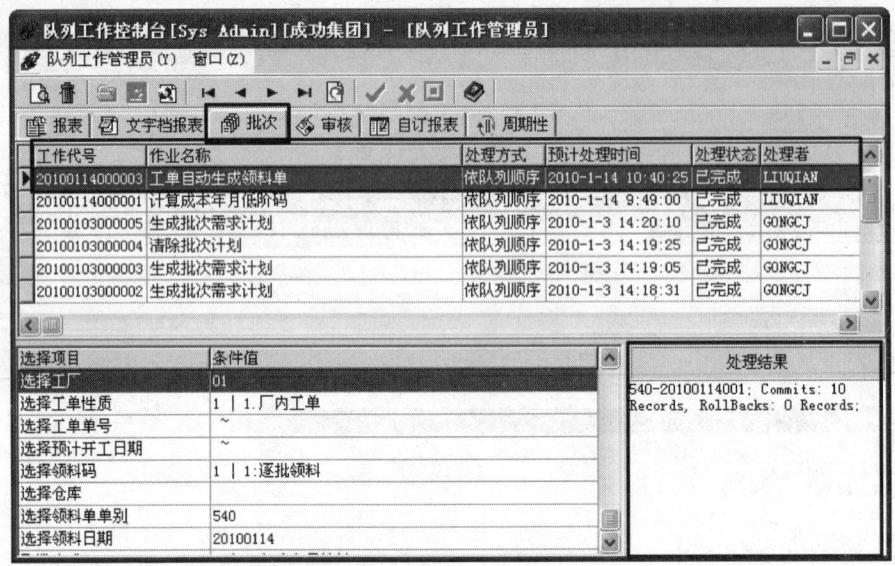

图 6-89 队列工作控制台批次界面

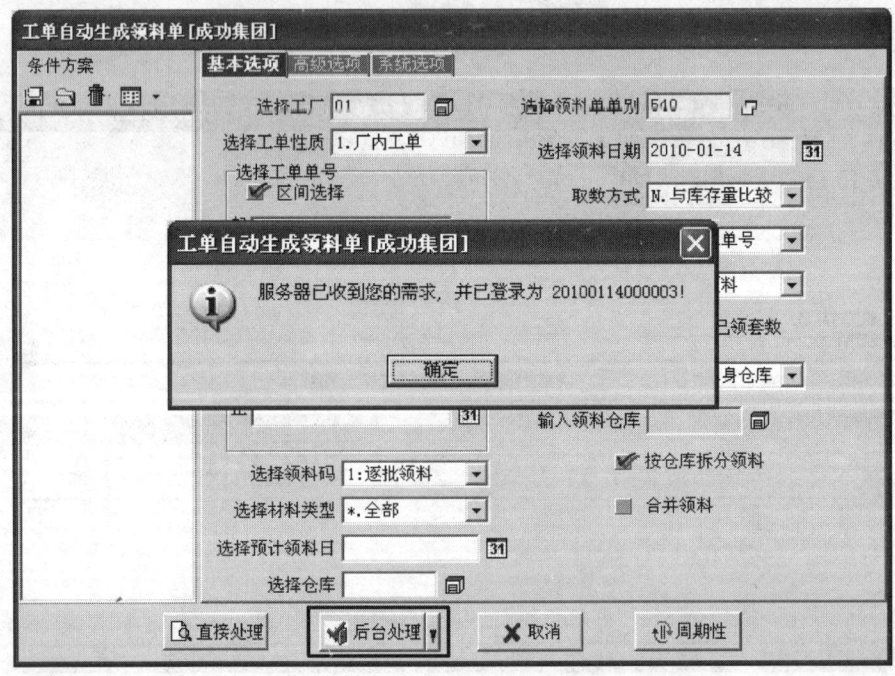

图 6-90 "工单自动生成领料单"后台处理界面

【作业重点】

打开批次作业,单击"后台处理",即可在"队列工作控制台"中,查询到相应的工作代号。

## 6.8.6 审核

【目的】

为了提高单据审核的效率,系统提供了服务器集中批次审核/撤销审核单据的功能,如图6-91所示。提交整批审核的需求后,可以在"队列工作控制台"中查看审批结果,如图6-92所示。

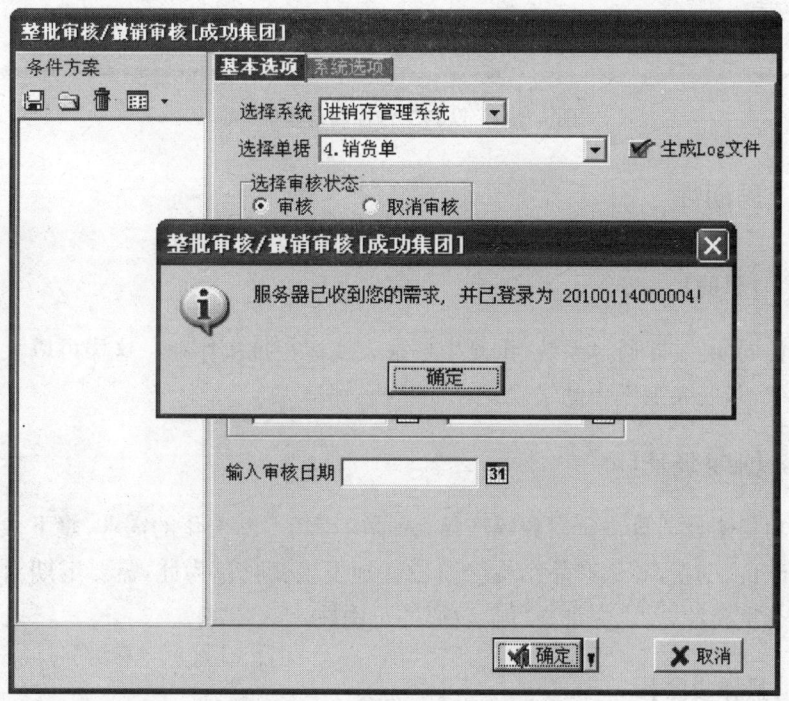

图6-91 整批审核/撤销审核

【作业重点】

在"审核"界面中,选中某个工作代号,可以查看该整批审核的处理状态、处理结果等信息。

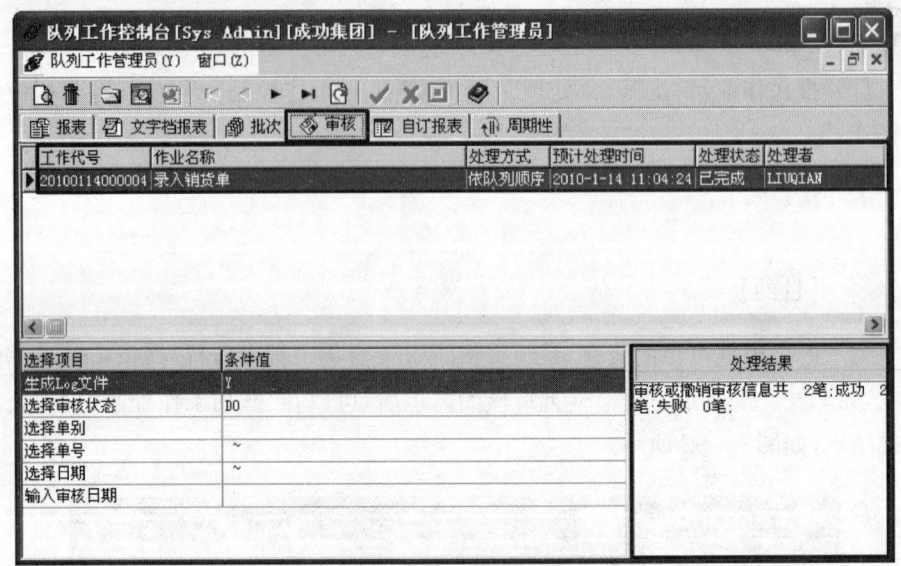

图 6-92　队列工作控制台审核界面

### 6.8.7　周期性

【目的】

设置周期性,即通过系统,重复生成报表或运行批次作业。这样可以大大提高工作效率,降低人工操作的错误。

【业务场景】

成功集团公司自主研发数码产品,为适应市场不断变化的需求,旗下数码产品需经常改良、创新,导致产品结构会阶段性地发生变化。为此,需要定期对产品低价码进行重新计算,以保证料件低阶码的正确性。

【操作步骤】

步骤一:从作业清单执行"产品结构子系统"|"批处理"|"计算低阶码"作业,进入到"计算低阶码"界面,选择"周期性设置"界面,根据实际需要与管理要求,设置程序的运行周期。如图 6-93 所示。

步骤二:设置好周期性后,单击"后台处理"按钮,将需求提交服务器。如图 6-94 所示。

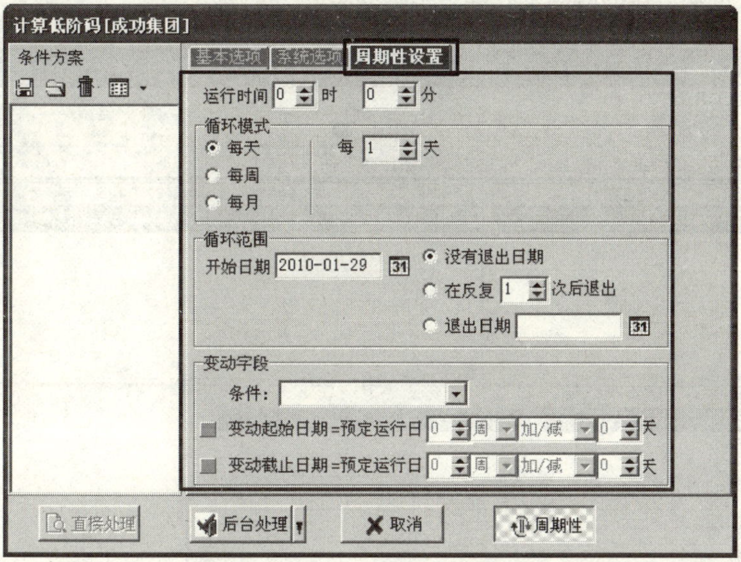

图 6-93 "计算低阶码"周期性设置

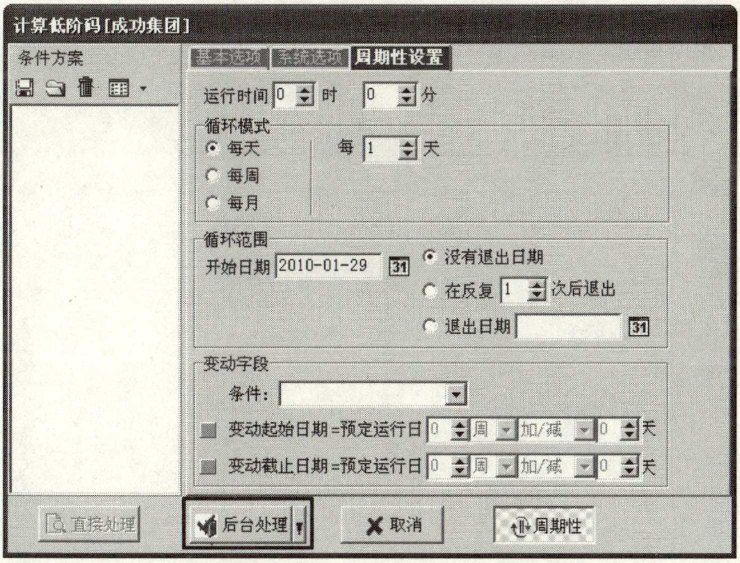

图 6-94 "计算低阶码"后台处理界面

【作业重点】

在"队列工作控制台"/"周期性"界面中,可以看到设置周期性运行的作业,以及每一次重复运行的时间及处理结果。如图 6-95 所示。

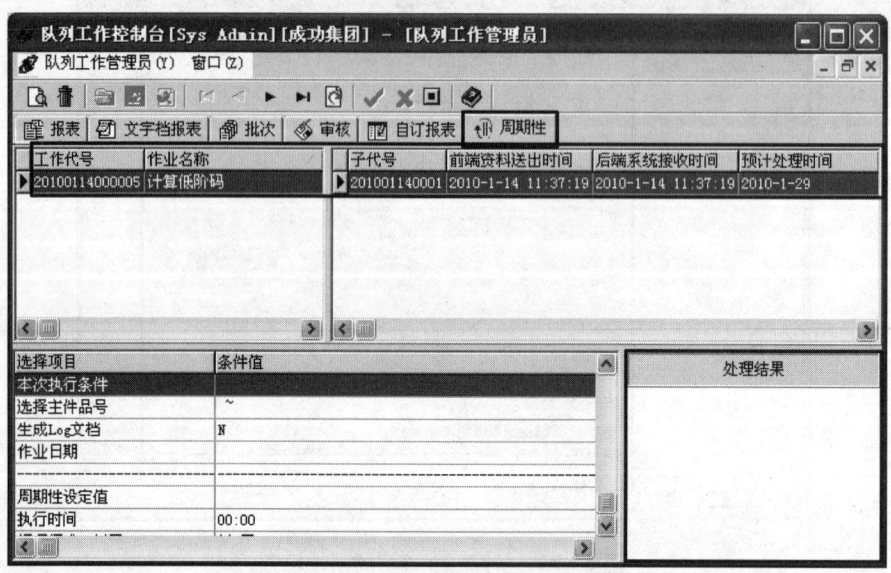

图 6-95　队列工作控制台周期性界面

# 第7章 / 管理维护子系统

## 7.1 系统简介

本章将要来说明易飞 ERP 系统实施上线前的一些基本资料设置，您可以依照我们的讲解跟着我们一步步来设置易飞 ERP 系统上线过程中的基础数据与作业参数。

企业应该指定一位专门的人员来负责维护及管理"管理维护子系统"从而确保资料的安全，最适合的人员就是企业信息中心或其主管。本系统模块的作业程序其实不多。其中"录入子系统信息"、"录入程序编号"及"录入数据表"属于易飞 ERP 内部的系统数据，除非企业有二次开发新增的程序或档案文件需要由此来增加或修改的情况，否则请不要随意增加及修改。

而其中"录入电子表单关连"及"录入工作流队列信息"两个作业，是企业必须安装工作流系统（EasyFlow 系统）后才需要设置的，如果企业没有安装工作流系统则本作业无须处理。

"录入个案凭证/审核对照资料"是针对客户订单、销货单、采购单、进货单等凭证单据，若企业有特殊的格式或功能必须经过个案设计，那么凭证调整后，必须在此作业进行设置。

其余程序作业都是上线前所必需的，请留意，以下将逐一说明：

图 7-1 为管理维护子系统主界面。

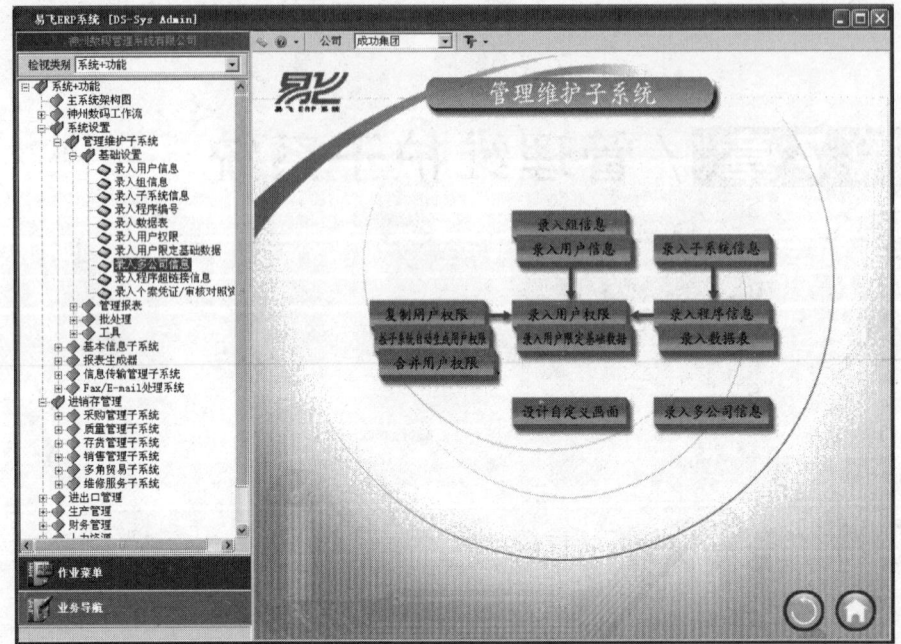

图 7-1 管理维护子系统

## 7.2 基础设置

1. 录入多公司信息

【目的】

软件安装时,工程师会设置公司账套的数据,包括预设公司名称,若该公司名称需要修改,可以进入本作业进行修改。例如,将公司名称修改为与企业同名。

若有需要建立其他的公司账套,例如,进行操作训练的演示账套等,也需要在"录入多公司信息"作业中建立。如图 7-2 所示。

2. 录入用户信息

【目的】

易飞 ERP 系统实施上线时,请将全公司所有可能会使用到易飞 ERP 系统的

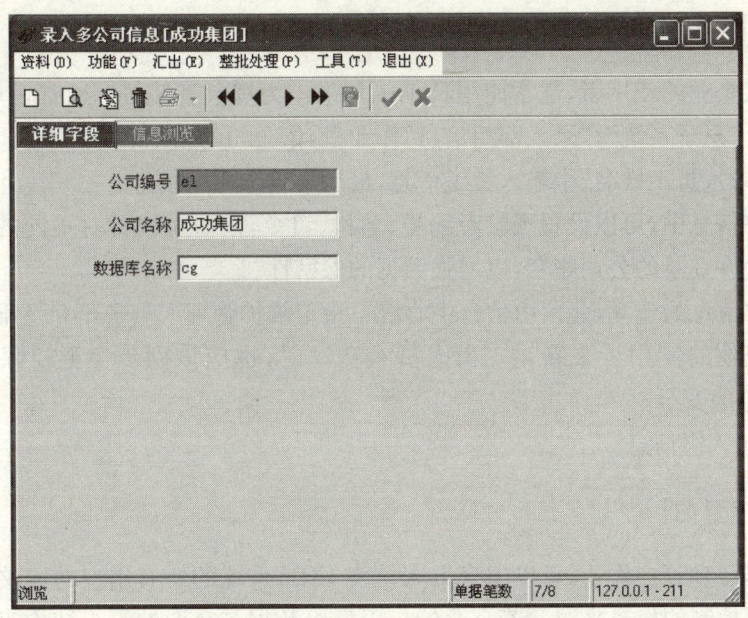

图7-2 "录入多公司信息"界面

人都统计出来。为了识别每一笔数据的"录入者"及"修改者",应为每一个用户单独设置独立的使用者登录账号。如图7-3所示。

图7-3 "录入用户信息"界面

【作业重点】

一般企业的使用者,通常使用员工代号来作为登录者编号。通常使用者会先在"基本信息子系统"|"录入部门信息"作业里,依公司的组织表,建立部门信息,然后再在"录入员工姓名"中输入员工信息,最后再输入用户信息。

用户信息中,可以设置登录者编号、名称、口令,同时可以针对不同的登录者,设置其允许登录的公司账套,以增强数据的保密性。

用户信息的建立,建议由信息中心统一指定维护管理人员来建立及维护,不要授权给其他的使用者来新增。当人员有变动时,也应该同步变更权限,以确保ERP信息的安全。

3. 录入组信息

【目的】

"录入组信息"作业,可以用来录入易飞 ERP 系统的所有用户的组关系,用以作为权限控制的信息来源。若企业的权限群组数据与企业的组织结构表相对应,您可以直接将企业的组织结构表录入到本作业中。

创建组信息的主要目的,是为了后续可以将用户以组来区分,这样就可以达到对各组用户间使用权限的控管了。群组的功能我们简单来说就是,管制隶属于同一群组中的用户,对其他人建立的数据,是否具有修改、删除、审核等权限;以及不属于同一权限群组的用户,是否可以对其他组的用户建立的数据,进行修改、删除、查询等操作。

【业务场景】

成功集团股份有限公司业务部下属几个区域业务部门(权限群组)。其中,国内业务部有张明达、黄小玲两名业务员,国外业务部有王美丽、林庆安两位业务人员。我们希望国内业务部的张明达、黄小玲可以彼此间(同部门间)互相看得到对方的客户订单,但不能删除与修改。然而张明达和黄小玲不能看到国外业务部王美丽、林庆安输入的订单,即不同部门的订单信息,完全隐藏看不到。在此我们称国内业务部与国外业务部是组信息。如图 7-4 所示。

【作业重点】

录入组信息后,还必须要跟用户的使用权限一起设置,才能发挥功能,详见"录入用户权限"说明。

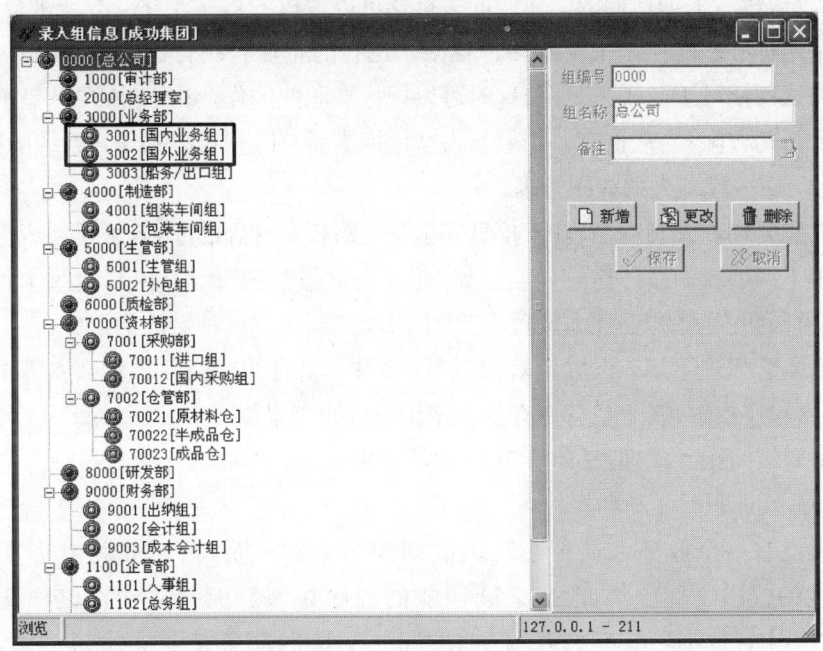

图 7-4 "录入组信息"界面

4. 录入用户权限

【目的】

易飞 ERP 的每一支作业,都可以对每一个用户的工作权责进行授权。

在设置使用者权限时,企业常发生一些管理上的问题,以下我们列举一些管理的重点与各位分享,希望透过这些说明对企业的组织管理及信息风险有所帮助。

(1) 超级用户的管理。

■ 系统软件出货时,都会预先设置一个"DS"登录者是超级用户,这是给信息中心维护人员维护系统的最高权限,请务必要设置密码并妥善管理。

■ 一般的企业超级用户只有一个人,就是维护系统及授权程序的管理者。有些企业担心建立权限太过复杂,所以每一个登录者都设置成为超级用户,表示这些使用者可通行无阻地新增、修改查询易飞 ERP 全模块的程序及数据。这样的授权甚至打破了部门分工及数据管理权限,信息风险堪忧。

(2) 新进员工的授权。

一般企业中,会设置一组标准的职能权限,如业务人员、采购人员、仓库人员、质检人员，然后依据他们的工作职能去挑选可以授权的程序作业。有新进员工时，可以采用标准职能权限来复制用户权限。也有的企业管制得比较严谨，新进员工又分为试用期员工与正式员工，这时可以把标准职能的作业再删除一些，就变成了新进人员的权限；当然也有些企业新人试用期满后，才进行易飞 ERP 系统的授权。

(3) 职务代理人的权限管理。

在职务代理人制度上，基于信息安全及组织权责管理的原则，采用组织上一层级代理下一层级的做法比较妥当。如"业务人员张明达"休假，由其上级主管来代理；或由同职能间的"业务人员黄小玲"来协助代理。这两种做法是：

- 主管代理下属：设置主管权限时，如果下属有 20 支程序，那么主管至少也有 20 支程序权限，属于主管专有的程序作业再往上累加。
- 同级间相互代理：您可利用"组权限"来设置。

(4) 人员职务变动的授权。

假设有一个业务人员黄小玲因故调职当采购人员，一定要将其原来的业务职能的权限全部取消，改成采购职能的程序权限。但是通常在工作交接的过渡过程中，黄小玲具有两种身份，中间要交接旧职务又要接任新工作，此时她就有两种职能的权限。因此，系统维护者必须要特别留意这段过渡时期的权限管理。

(5) 人员离职的授权。

离职人员当然要将其易飞 ERP 的所有权限全部取消。有些企业甚至在获知员工有离职意图时，就开始慢慢缩减其易飞 ERP 的使用权限，如只保留例行作业，而逐渐取消一些分析统计报表或更新作业程序的权限。

(6) 建立全体员工信息安全意识及基本知识。

权限安全要想做到严谨的控管，是离不开使用者的基本信息安全防范意识的。如：密码的设置简单易猜，等于没有设置密码；人员离开作业没有退出系统的习惯，其他同事就很容易窥视到他的数据等等。这些都是潜在风险。因此，建议企业应当适时加强全体员工信息安全意识教育，并普及信息安全的基本知识。

【业务场景】

本业务场景沿用"录入组信息"的业务场景：国内业务部的业务员张明达，可以新增客户订单，对他自己新增的订单，拥有查询、更改、审核、删除等基本权限。对于同组内的其他业务员，张明达可以查询，但无权修改、删除与核准。对于其他组的业务人员输入的客户订单，张明达无权查看。

【操作步骤】

步骤一：新增一个用户，同时输入其所属的组信息。如图 7-5 所示。

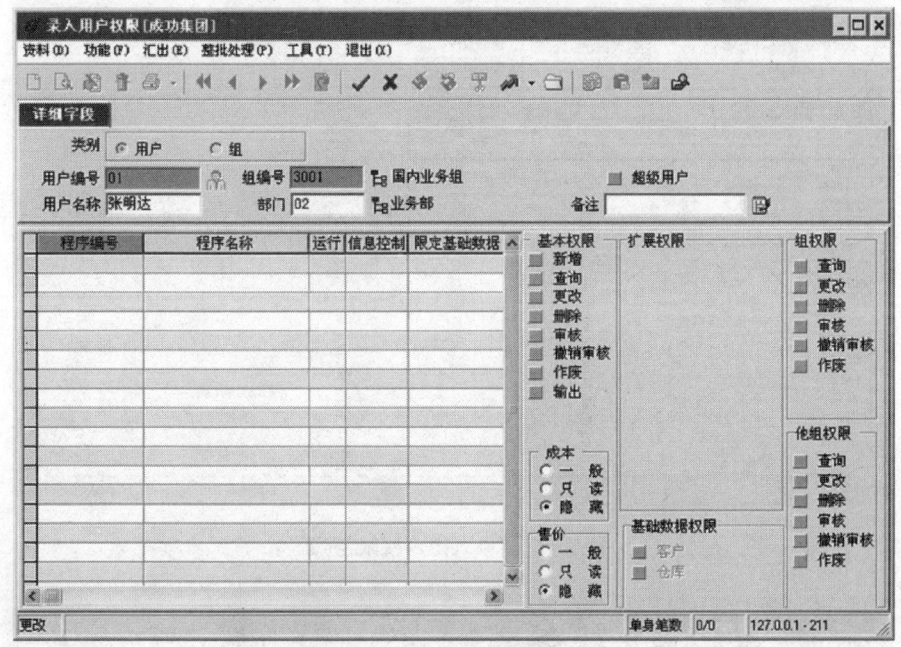

图 7-5 "录入用户权限"界面

步骤二：选择对该用户授权的程序。如图 7-6 所示。

步骤三：当选择完成后，若该用户对某个作业程序需要做权限管理，可以单击"信息控制"，然后可以设置"组权限"及"他组权限"。如图 7-7 所示。

【作业重点】

■ 勾选"超级用户"，即可成为系统的超级用户，拥有维护系统的最高权限，可以新增修改查询易飞 ERP 全模块的程序及数据。

■ 每个作业可以设置的基本权限有九种：

新增：指该用户能否输入新的单据。

查询：指该用户能否查询作业里面的信息数据。

更改：指用户能否更改作业中的数据。

删除：是指用户可否删除作业中的数据。

输出：指有没有打印以及预览凭证或报表的权限。

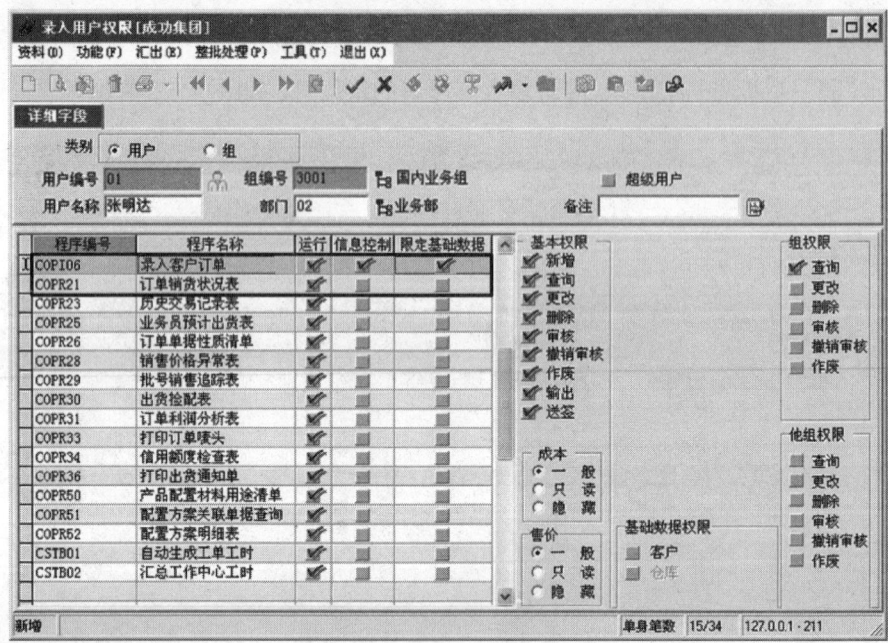

图 7-6 "录入用户权限"界面

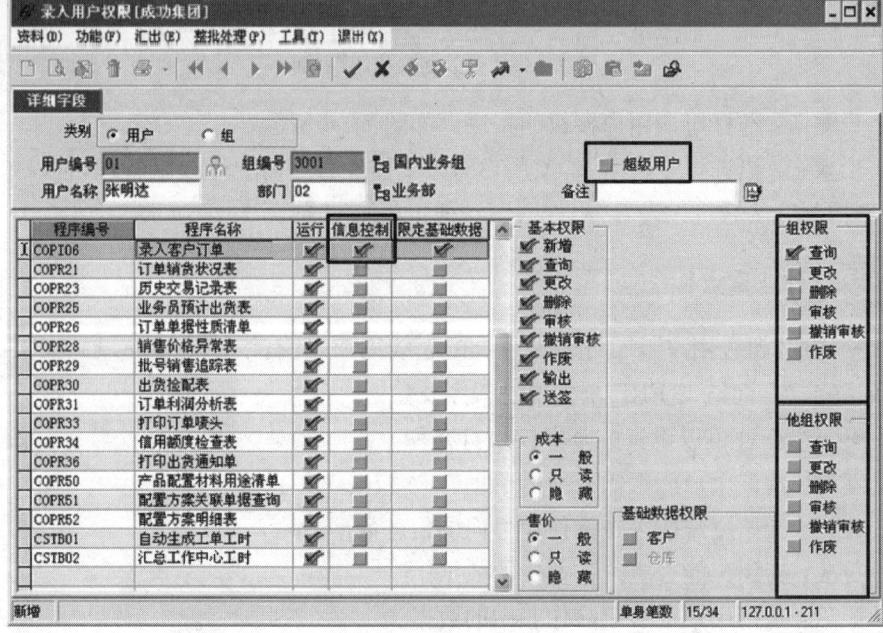

图 7-7 "录入用户权限"界面

审核：指该用户是否拥有核准单据的权限，一旦单据核准，就不可以更改，所以审核是在检查控管单据后，是否被更改或删除。

撤销审核：将原本已经审核的单据取消审核的权限。

作废：指该用户是否有作废某张单据的权限。要注意的是单据一旦作废就没有办法再还原了，所以作废的权限一定要控管好。

送签：指该用户是否有将某张单据送出签核的权限。本功能只有结合神州数码的工作流系统才可以起作用。

- 即使拥有了对作业的基本权限，也不能保证可以查询或更改有关成本或售价的字段。成本和售价的权限，在设置用户权限时，需要单独设置。赋予的权限可以分为：

一般、只读和隐藏。

一般：指拥有通用权限。如果用户可以查询或更改某个作业，而且成本或售价字段设为"一般"时，表示该用户也可以查询和更改成本或售价的字段。

只读：是指用户虽然拥有某个作业的查询和更改权限，可是针对成本或售价字段，也只能查询，不可更改。

隐藏：是指即使用户拥有对作业的查询和更改权限，但看不到任何有关成本或售价的信息。

# 第8章 / 基本信息子系统

## 8.1 系统简介

基本信息子系统,是易飞ERP的基础模块系统,它将易飞中其他各应用系统里共享的基本信息,统筹集中管理,以提高信息的集成性与管理的时效性并减少信息的重复性。

本系统的程序大多数是关于参数及共用的基本数据设置的。有些数据只应用于个别的系统模块中,有些数据是通用的易飞ERP数据。表8-1说明了部分系统作业的属性、关联模块、必要性与作业目的,其中备注必须要建立资料的,一定要先行录入。

表8-1 基本信息子系统作业简介

| 作业名称 | 必要性 | 主要关联模块 | 备注说明 |
| --- | --- | --- | --- |
| 设置共用参数 | 必要 | 一般 | |
| 设置基本参数 | 必要 | 一般 | |
| 设置进销存参数 | 必要 | 一般 | |
| 设置人事参数 | | 人事薪资子系统 | |
| 录入工厂信息 | 必要 | 进销存管理、生产管理系统 | 至少要录入一笔 |
| 录入仓库信息 | 必要 | 进销存管理、生产管理系统 | 至少要录入一笔 |
| 录入工作中心 | 必要 | 生产管理系统 | |

(续表)

| 作业名称 | 必要性 | 主要关联模块 | 备 注 说 明 |
|---|---|---|---|
| 录入部门信息 | 必要 | 一般 | 录入公司的组织结构表 |
| 录入币种汇率 | 必要 | 一般 | 至少要录入本位币 |
| 录入职务类别 |  | 一般 | 录入采购、业务、生管等职能 |
| 录入常用语 |  |  | 常用词语资料 |
| 录入交易对象分类 | 必要 | 销售、采购系统 | 录入客户、供应商的分类性质 |
| 录入金融机构 |  | 进销存管理、财务管理系统 | 录入往来的银行信息 |
| 录入页脚签核 | 必要 | 一般 | 凭证单据打印时的页脚和签核 |
| 录入程序页脚签核 |  | 一般 | 报表打印时的页脚和签核 |
| 录入假日表 | 必要 | 一般 | 假日表可以作为推算开工完工日的依据 |
| 录入员工姓名 | 必要 |  | 员工基本数据 |
| 录入工艺信息 |  | 工艺管理子系统 |  |
| 录入产能信息 |  | 工艺管理子系统 |  |
| 录入付款条件 |  | 应收应付系统 |  |
| 录入语言信息 |  | 人力资源子系统 |  |
| 录入学校资料 |  | 人力资源子系统 |  |
| 录入科系信息 |  | 人力资源子系统 |  |

## 8.2 基础设置

1. 设置基本参数(如图 8-1 所示)

【作业重点】

(1) 数量表达方式有三种:单一单位、大小单位、存货双单位,可以根据企业的产业特性进行选择。

单一单位:品号只需使用一个单位,如千克等。

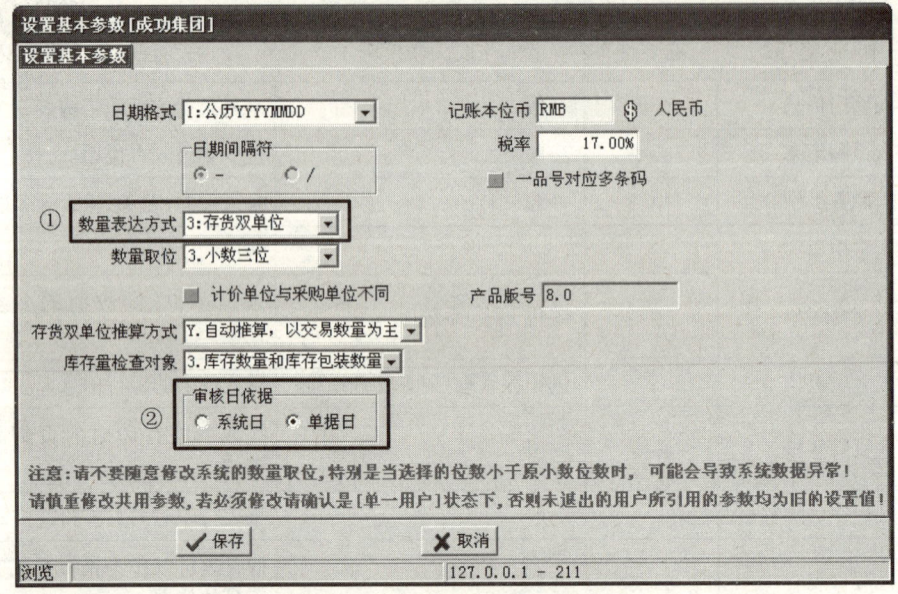

图 8-1 "设置基本参数"界面

大小单位:可同时表达两种单位,多用于流通买卖行业。

存货双单位:品号须同时控制两种单位。

(2) 审核日依据跟所有系统的交易单据都有关。有两种方式选择,一种是依系统日期设定审核日期,一种是依单据的日期设定审核日期。

如果企业要求当日的单据当日就要审核,一般我们可以选择"单据日期"作为审核日的依据。相反您可以选择"系统日"作为审核日的依据。审核交易日期的选择,完全取决于公司的管理制度。

2. 设置进销存参数(如图 8-2 所示)

【作业重点】

(1) 商品分类方式跟"存货管理子系统"|"基础数据"|"录入品号类别"有先后数据的关联。

一般企业在管理库存货物时,都会使用一些统计报表来分析存货的管理状况,大部分统计多分成财务会计面及仓管材料面的统计。

通常财务部门需要知道存货当中的原材料、半成品、产成品等分类的存货金额。而仓管材料面需要针对物料大类往下再细分,如五金零件、电子零件、塑料零件、包装材料、配件……这些分类通常是为了进行统计分析而使用的。

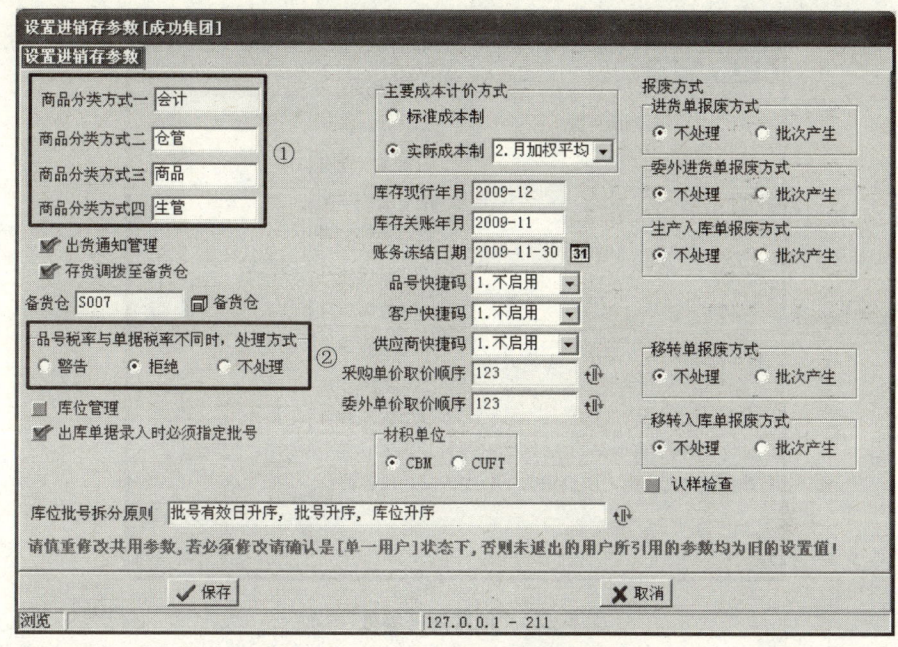

图 8-2 "设置进销存参数"界面

商品分类方式要在本作业中先设好。每种分类的内部细分,需要在"存货管理子系统"|"基础数据"|"录入品号类别"中录入。然后再在"存货管理子系统"|"基础数据"|"录入品号信息"中,录入每一个料件的归属类别。

(2) 在销货单等单据检查时,如果遇到品号的税率和整张单据的税率不同的情况,会按照此处设置的处理方式,进行处理。

(3) 设置财务参数,如图 8-3 所示。

【作业重点】

财务管理模块相关系统上线前,必须在本作业中进行设置。现行年月最初上线时,可以依据企业决定上线的年月来设置,之后需要运用系统功能加以变动。

3. 录入工厂信息(如图 8-4 所示)

【作业重点】

至少要录入一笔。在录入工单时要指定生产的工厂;在录入销货单、进货单等单据时,要指定出货、进货的工厂。

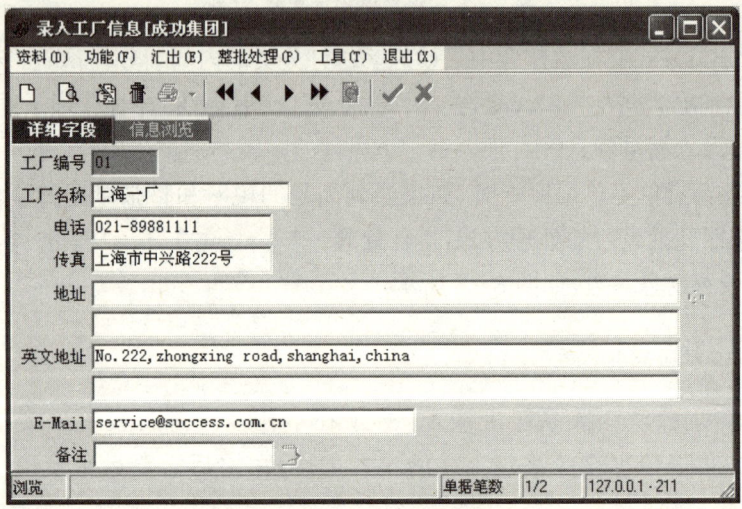

图8-3 "设置财务参数"界面

图8-4 "录入工厂信息"界面

4. 录入仓库信息(如图8-5所示)

【作业重点】

(1) 仓库性质分为存货仓和非存货仓两种。存货仓中的商品计入库存成本;

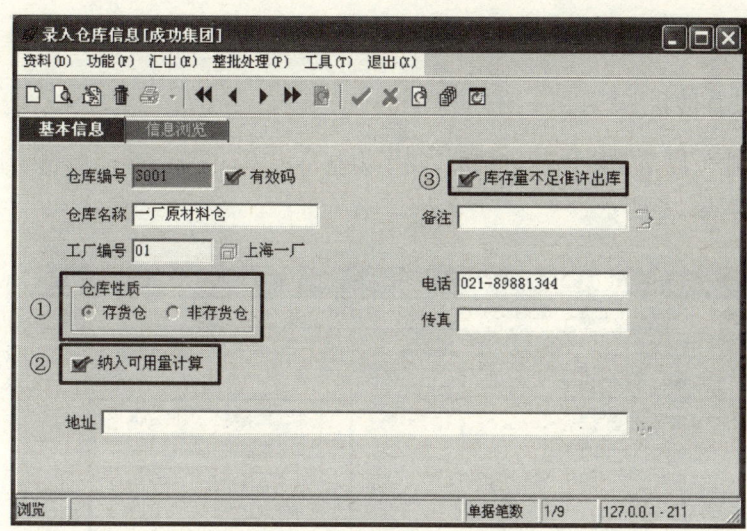

图 8-5 "录入仓库信息"界面

非存货仓中的商品不计入库存成本。

(2) 此仓库的数量可纳入可用量来累加。

注：在本系统的某些单据中，例如客户订单及销货单，均可查询品号的"可用库存量"。当库存余额显示"100 pcs"时，这 100 pcs 到底可不可以销货呢？如果良品当然就应该可以，但是若其中有 20 pcs 不良品，那么就应该只有 80 pcs 可用，我们称存放 20 pcs 的存货仓为不纳入可用量计算。

(3) "库存量不足准许出库"的设置，是为了防止仓库的库存数量，因为单据录入的时间先后顺序出现问题，而发生库存数量为零，但却可以录入销货单等出库单据的异常状况发生，所设计的预防措施。一般企业都会设定为库存量不足不可出库（选项不打钩）。

表 8-2 是企业最简单常用的仓库设置，可做参考。

表 8-2 常用仓库设置

| 库别名称 | 库别性质 | 纳入可用量计算 |
| --- | --- | --- |
| 原料仓 | 存货仓 | 是 |
| 成品仓 | 存货仓 | 是 |
| 不良品仓 | 存货仓 | 否 |
| 退货仓 | 存货仓 | 否 |
| 报废仓 | 非存货仓 | 否 |

5. 录入工作中心

【目的】

本作业可以定义厂内生产产能，或作为制造成本计算时，商品制造费用分摊的基础。如图 8-6 所示。

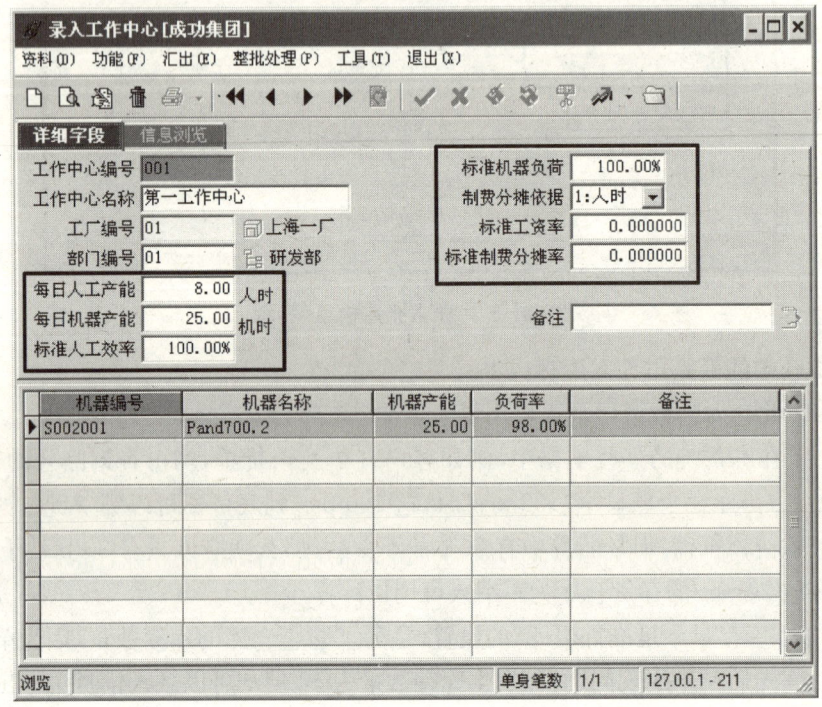

图 8-6 "录入工作中心"界面

【作业重点】

至少一笔数据，记载工单要在哪一个工作中心生产。

图中所示栏位，为生产成本相关系统所使用，详细说明，请参照"成本计算子系统"章节。

6. 录入部门信息（如图 8-7 所示）

【作业重点】

请将公司的组织结构图/表输入即可，其中"折旧科目"字段，用于"固定资产管理子系统"，按照部门摊提折旧费用时使用。

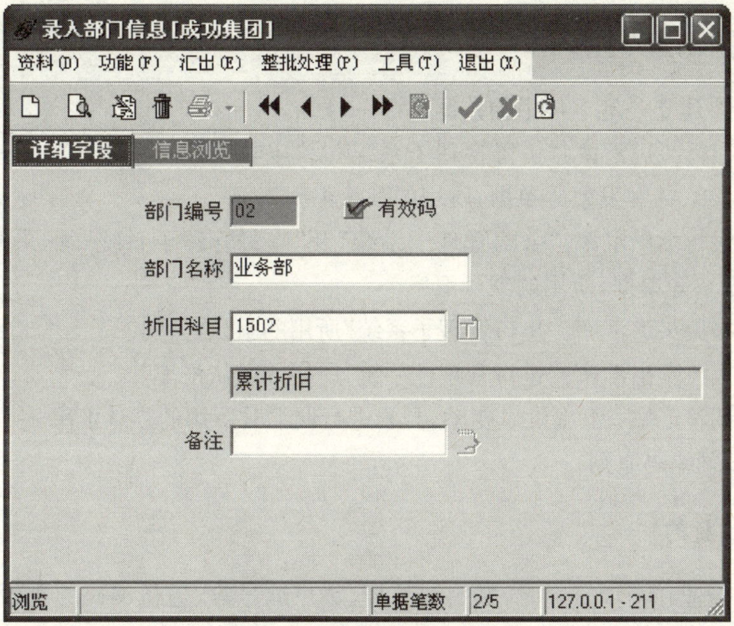

图 8-7 "录入部门信息"界面

7. 录入币种汇率(如图 8-8 所示)

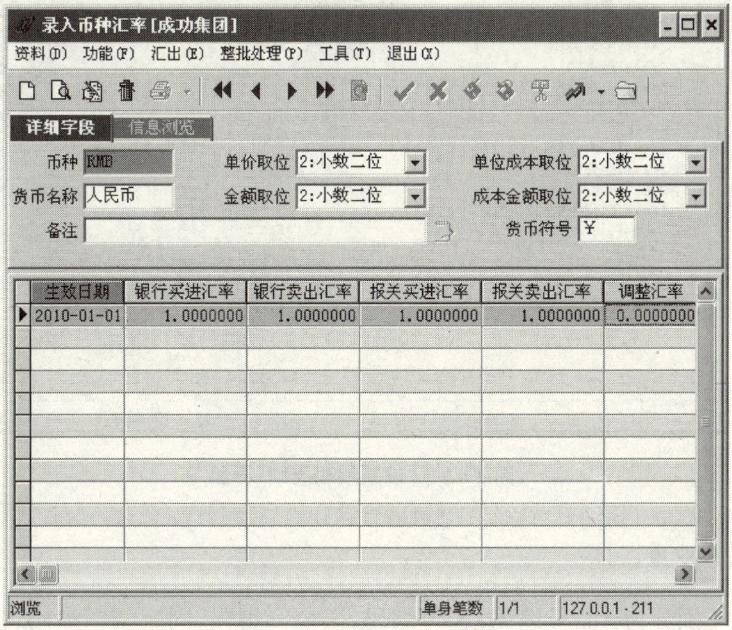

图 8-8 "录入币种汇率"界面

**【作业重点】**

至少要建立一笔本位币的数据。

(1) 银行买进汇率:"销售管理子系统"及"应收管理子系统",如报价单、客户订单、销货单、销售发票等单据,所用的默认汇率。

(2) 银行卖出汇率:"采购管理子系统"及"应付管理子系统",如采购单、进货单、采购发票等单据,所用的默认汇率。

(3) 报关买进汇率:"出口管理子系统"所用的默认汇率。

(4) 报关卖出汇率:"进口管理子系统"所用的默认汇率。

(5) 调整汇率:汇率发生变动,需要进行调汇时所用的默认汇率。

8. 设置编码原则

**【目的】**

协助企业在新增资料时,如编制品号、客户编号等,进行编码的逻辑设定。如果不设置编码原则,则需要在输入相应数据时,手工进行编码。如图 8-9 所示。

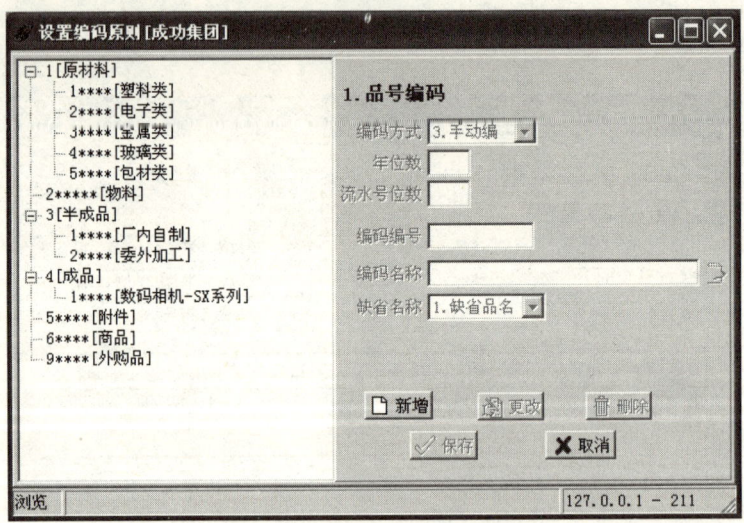

图 8-9 "设置编码原则"界面

**【作业重点】**

编码类别分为:品号编码、客户编码、供应商编码、固定资产编码、批号编码、专用发票、普通发票,共 7 种。如图 8-10 所示。

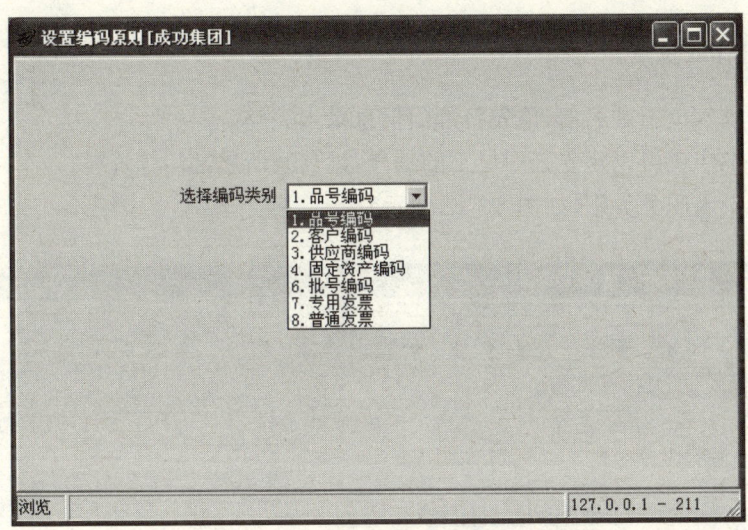

图 8-10 "设置品号编码"界面

【操作步骤】

步骤一：在所属分类项目下，单击"新增"按钮，然后设置编码方式、流水号位数、编码名称等信息。

步骤二：单击"保存"按钮。

9. 录入员工姓名（如图 8-11 所示）

图 8-11 "录入员工姓名"界面

**【作业重点】**

（1）录入员工姓名前，请先将部门信息录入完整。

（2）本作业可以建立公司员工的编号、姓名及所属部门等资料。

10. 录入职务类别（如图 8-12 所示）

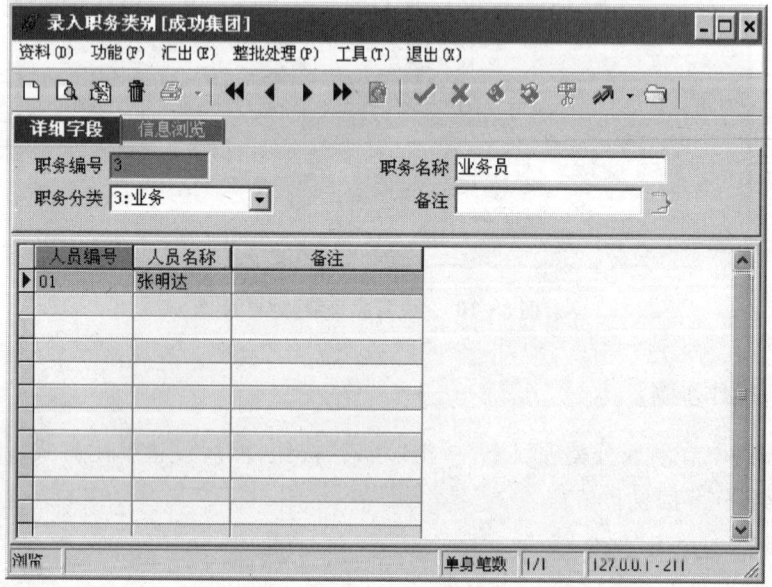

图 8-12 "录入职务类别"界面

**【作业重点】**

（1）如果交易单据上不需要输入职务类人员数据时，可不录入此作业。

（2）本作业可以将企业内员工，设置为物管、生管、业务、采购、会计、出纳、仓管、研发等职务。日后输入交易单据，如客户订单、销货单、采购单等时，可以查找并输入相应职务类别的人员。

（3）录入本数据前，请先将员工姓名录入完整。

11. 录入常用语（如图 8-13 所示）

**【作业重点】**

为了提升数据输入时的效率，将经常使用的语句、词语输入到本作业当中。常用语通常可以用在输入单据时的常用字段或"备注"字段中。

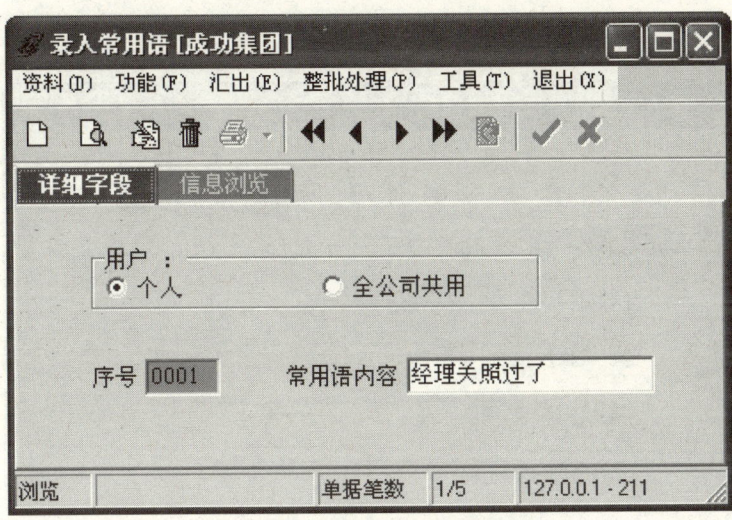

图 8-13 "录入常用语"界面

12. 录入交易对象分类(如图 8-14 所示)

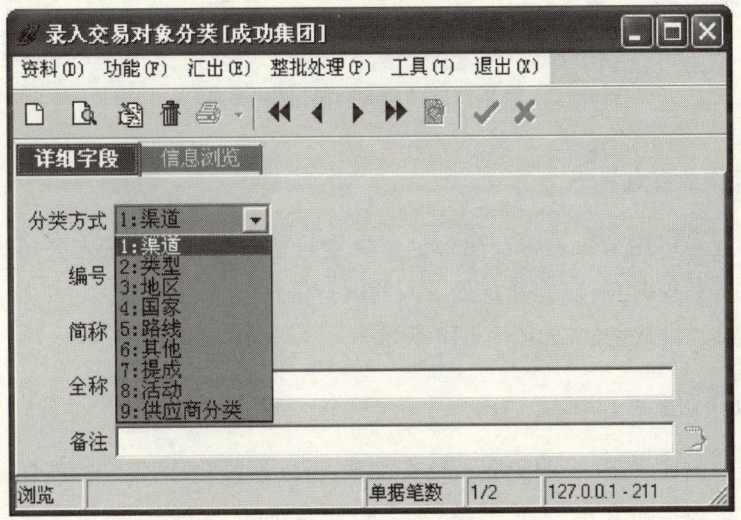

图 8-14 "录入交易对象分类"界面

【作业重点】

本作业可以对客户及供应商,按照各种分类进行细分,即从不同角度对客户与供应商进行分类。系统内预设了 9 种分类方式供使用,可以就这些分类方式中选择合适的方式建立分类细项。

13. 录入金融机构(如图 8-15 所示)

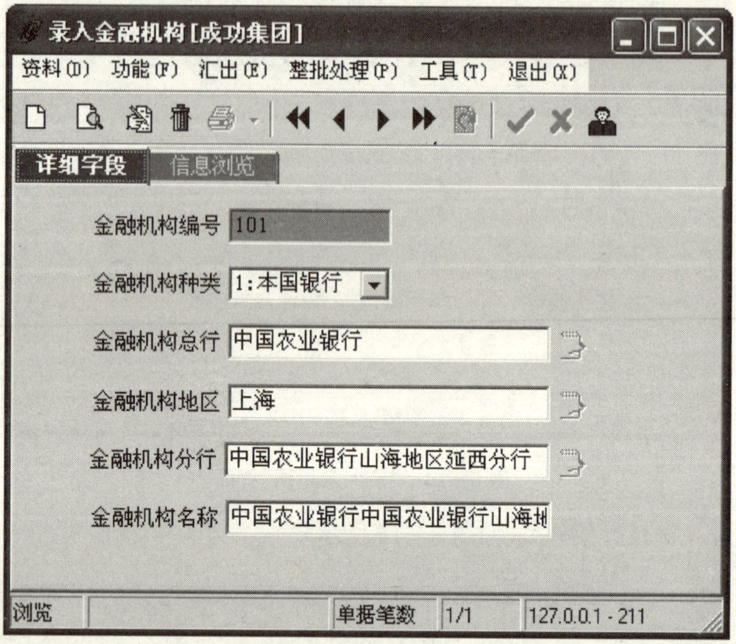

图 8-15 "录入金融机构"界面

【作业重点】

本作业可以用来录入所有往来金融机构的基本信息。在录入公司银行账号、销售发票等数据时,可以选择此处录入的银行信息。

14. 录入付款条件(如图 8-16 所示)

【作业重点】

本作业的设置,和企业资金预估有关系,可以设置"预计收(付)款日"、"资金实现日"及"取得折扣方式"。对于销售、采购及委外加工后的应收账款或应付账款,该账款何时可以预计收/付款,以及资金何时可以兑现,便会用到本作业的设置来进行推算。

15. 录入页脚/签核(如图 8-17 所示)

【作业重点】

本作业用来设置每个页脚内容或签核内容。当打印系统中的凭证单据时,如

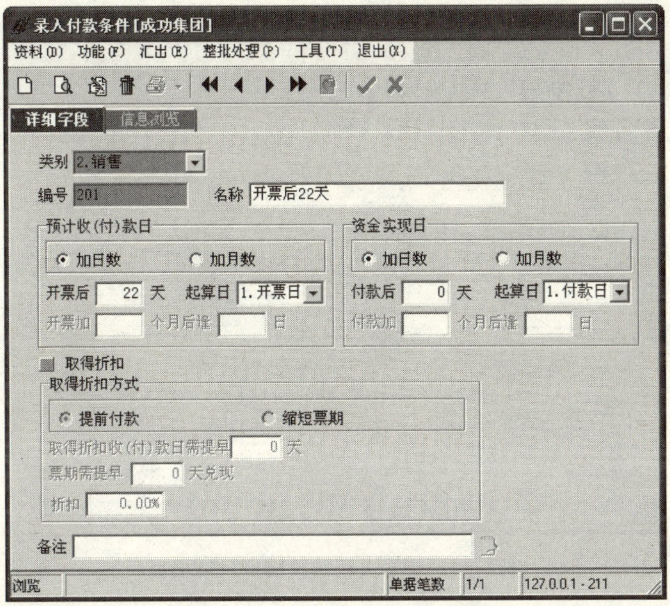

图 8-16 "录入付款条件"界面

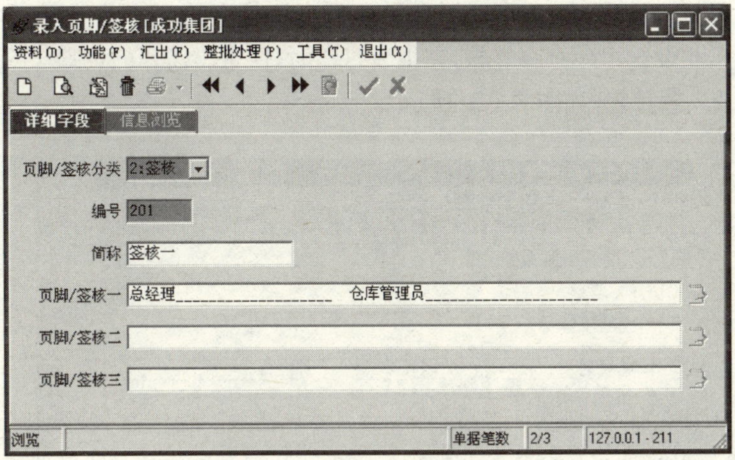

图 8-17 "录入页脚/签核"界面

报价单、销货单、客户订单等,可指定此编号,凭证打印时便可带出所指定页脚或签核编号的内容。

每个企业都有各自的签核程序,使用者可根据实际情况,自定义单据末尾的签核字段。

16. 录入程序页脚/签核(如图 8-18 所示)

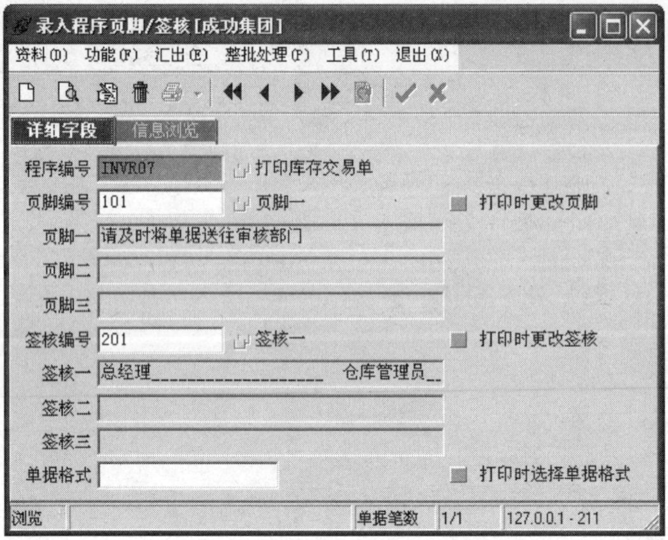

图 8-18 "录入程序页脚/签核"界面

【作业重点】

易飞 ERP 中的报表,打印时通常没有页脚签核字段。如果有管理需求时,可以通过本作业设置程序页脚签核,在报表打印时,便带出需要的页脚与签核。

17. 录入假日表(如图 8-19 所示)

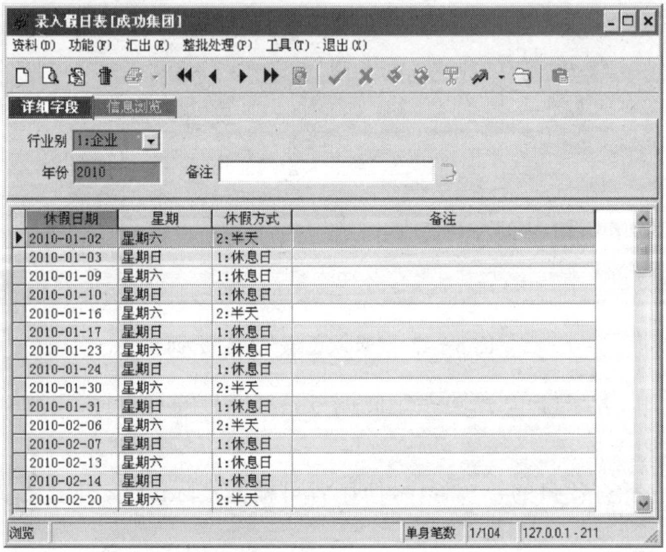

图 8-19 "录入假日表"界面

【作业重点】

可以依据每年不同的假日表修改本作业。

行业别分为：企业、银行、刷卡班别三种。通常行业别为企业的假日表，可在生成批次需求计划时，用来计算预计开工日等日期。银行行业别的假日表，可应用于"票据资金子系统"中。如果启用了"刷卡管理子系统"，可使用刷卡班别的假日表，定义工作日或休息日。